Marc Polednik ist Fernsehjournalist in Berlin. Er war acht Jahre Redakteur bei SPIEGEL TV, wo er Autor zahlreicher Filme war. Zuvor volontierte er beim Nachrichtensender N24 im Berliner Parlamentsbüro und in Washington, D. C. Er hat Jüdische Studien und Neuere deutsche Literatur studiert.

Karin Rieppel ist Fernsehjournalistin in Berlin. Sie ist seit 20 Jahren Autorin und Producerin von Dokumentationen und Kulturprogrammen für ARD, ZDF, Arte und 3sat. Ihre journalistische Laufbahn begann sie als Volontärin und Redakteurin bei der *Abendzeitung* in München.

Marc Polednik & Karin Rieppel

Gefallene Sterne

Aufstieg und Absturz in der Medienwelt

Klett-Cotta

Klett-Cotta
www.klett-cotta.de
© 2011 by J. G. Cotta'sche Buchhandlung
Nachfolger GmbH, gegr. 1659, Stuttgart
Alle Rechte vorbehalten
Printed in Germany
Schutzumschlag: Rothfos & Gabler, Hamburg
Unter Verwendung eines Fotos von © Getty-Images/Stefano Oppo
Gesetzt aus der Adobe Caslon von Elstersatz, Wildflecken
Gedruckt und gebunden von CPI – Clausen & Bosse, Leck
ISBN 978-3-608-94623-9

Bibliografische Information der Deutschen Nationalbibliothek Die Deutsche Nationalbibliothek verzeichnet diese Publikation in der Deutschen
Nationalbibliografie; detaillierte bibliografische Daten sind im Internet über
<http://dnb.d-nb.de> abrufbar.

Inhalt

5

Einleitung: »Gefallene Sterne«

»Medienstar ist man meistens nur sehr kurz.«
*(Rudolf Scharping, SPD, 2002 Rücktritt
als Bundesminister der Verteidigung)*

Den letzten Akt im Drama um den gefallenen Helden zclebrieren die Angehörigen und das Management im Staples Center in Los Angeles. Einmal war er ganz oben, auf dem Olymp eines außerirdischen Erfolges, lange bevor er zugrunde ging. Als sein goldener Sarg, begleitet von einem Gospel-Chor und dem Lied »Hallelujah«, vor das gebannte Publikum getragen wird, beginnen einige zu applaudieren. Dabei hatte man ihn längst abgeschrieben. Es ist das Fanal eines inszenierten öffentlichen Lebens, der plötzliche Tod markiert das abrupte Ende einer glitzernden und ebenso unheilvollen Karriere. Michael Jackson starb jämmerlich in seinem Bett an einer Überdosis des Narkosemittels Propofol. Triumph und Tragödie liegen so dicht beisammen: Auf der Bühne wurde er einst bejubelt, vor Gericht musste er sich später gegen Missbrauchsvorwürfe an Kindern wehren. Die Öffentlichkeit möchte sich das letzte Spektakel nicht entgehen lassen: die Trauerzeremonie sehen etwa eine Milliarde Menschen weltweit auf den Fernsehbildschirmen. In Deutschland ist die *Spiegel*-Ausgabe mit der Titelstory über »König Einsam« eine der bestverkauften im Jahr 2009. Die Fallhöhe des King of Pop ist allzu groß, es zieht uns, so scheint es, magisch an. Im Scheitern liegt das Schaudern. Das gilt mitnichten nur bei ihm.

Das Thema, das bei Michael Jackson so monströs erscheint und global wirkt, steht gleichsam symbolhaft für dieses eine sehr spezielle Medienphänomen. Damit trifft es den Kern dieses Buches.

Es handelt vom Aufstieg und Fall heutiger Medienfiguren. Anders als dieser US-Superstar stehen die Prominenten in den folgenden Kapiteln mitten im Leben, aber auch sie haben alle einmal verloren, haben in einem Moment ihres öffentlichen Wirkens falsch gehandelt, sich über- oder verschätzt, nicht die »ganze« Wahrheit gesagt, die Wahrheit denkbar weit gedehnt, gelogen, laviert, herumgeeiert oder versagt. Jeder Fall ist anders, sie alle vereint jedoch diese eine bittere Erfahrung: die des Sturzes. Alle Personen kennen wir aus unserem Alltag als Zeitungsleser, Fernsehzuschauer, als politisch Interessierte, als bewusste oder unbewusste Zuschauer und Teilnehmer unserer Medienöffentlichkeit. Es sind Mediengesichter, Medienprofis – aber sind es auch Medienopfer?

Die Gescheiterten haben zuvor das hysterische Spiel um öffentliche Aufmerksamkeit auf dem Jahrmarkt der Eitelkeiten selbst mitbestimmt, sich als Politikerin mit hoher Glaubwürdigkeit inszeniert, als Engel am Pophimmel, als mahnender Jude mit der Lizenz zur moralischen Instanz, als Sportlerin mit lupenreinen Blutwerten oder als integrer Wirtschaftslenker der sogenannten Deutschland AG. Umso schmerzhafter für sie alle, wenn ihr Markenkern wegbricht, der Aufrechte zum Sünder, die Heilige zur Büßerin, der Freiherr zum Betrüger wird. Dabei ist gar nicht immer eindeutig, wer wen manipuliert: die Prominenten die Medien oder umgekehrt?

Im Februar 2010 fährt eine bekannte Bischöfin nachts mit dem Auto, sie ist alkoholisiert, übersieht eine rote Ampel, wird von der Polizei angehalten und um eine Blutprobe gebeten. Wenige Tage später zieht sie die Konsequenzen aus ihrem Fehler und tritt von allen ihren Ämtern zurück. Es ist ein unerwartetes Ende einer steilen Karriere. Zuerst wird sie verhöhnt, verlacht und verspottet, nach dem raschen Abgang und einer kurzen Karenz, bedingungslos gelobt, gefeiert, bejubelt. Von einer machtbewussten Kirchenrepräsentantin zur Spottfigur, von der Spottfigur zur Rücktrittsikone. Binnen weniger Tage. Atemberaubend.

Aber muss man wegen ein paar Promille zu viel wirklich zurücktreten? Dieser Fall war für uns der Auslöser, dem Phänomen Käßmann nachzugehen: Was geschieht hier? Warum wird das private Vergehen, eine Trunkenheitsfahrt nach Dienstschluss, überhaupt publik? Hat die Öffentlichkeit darauf ein Anrecht? Außerdem: Warum sind wir, wenn Käßmann oder andere Prominente stolpern oder zugrunde gehen, eigentlich immer überrascht? Und wenn das erste Erstaunen verfliegt, dann sind wir mal erfreut oder amüsiert, mal schadenfroh, meist entsetzt, manchmal auch ein wenig angewidert oder einfach nur beschämt. Warum aber reagieren wir so unterschiedlich?

Es waren diese Fragen und der Fall Käßmann, die uns den Anstoß für dieses Buch gaben. Unsere mediale Welt kennt viele tragische Sinkflüge. Im neuen Zeitalter digitaler Medien wird die Kommunikation immer unmittelbarer und schnelllebiger. Die Taktrate öffentlicher Erregung nimmt zu. Ein Rücktritt, das öffentliche Aus (oder eben auch eine Trauerzeremonie) vollzieht sich in Echtzeit, live übertragen auf allen Kanälen. Wir haben uns zahlreiche Fälle aus verschiedenen gesellschaftlichen Bereichen angeschaut und eine Auswahl getroffen, sechs Frauen, sieben Männer: die Pastorin Margot Käßmann, die Fernsehmoderatoren Eva Herman und Michel Friedman, der frühere Berliner Finanzsenator Thilo Sarrazin, die Politiker Karl-Theodor zu Guttenberg, Andrea Ypsilanti, Dieter Althaus, Cem Özdemir und Gabriele Pauli, der Wirtschaftsmanager Heinrich von Pierer, die Sportlerin Claudia Pechstein, die Sängerin Nadja Benaissa und der TV-Wettermoderator Jörg Kachelmann. Die folgenden Kapitel erzählen die Geschichten ihrer medialen Existenz und die ihrer (Selbst-)Demontage. Es endet freilich und glücklicherweise nie in einem goldenen Sarg. Einige versuchen ein Comeback, einer stilisiert sich zum Märtyrer, andere verschwinden aus der öffentlichen Wahrnehmung.

Wir, die Autorin und der Autor dieses Buches, sind selbst Journalisten und Fernsehautoren. Wir kennen unseren Betrieb, den

Medienzirkus, von innen; es soll dieser Betrachtung nutzen, eine wohlfeile Medienschelte liegt uns fern. Auch den Unterhaltungsfaktor, der den Sturz einer vermeintlichen Ikone immer begleitet, wollen wir niemandem vorenthalten. Im Gegenteil, auch wir amüsieren uns über neuen Klatsch, und wir wissen um die reinigende Wirkung, die ein Abgang mancher Skandalfiguren bewirkt. Dies alles ist »part of the game« einer offenen, pluralen (Medien-) Gesellschaft, die wir durchaus zu schätzen wissen. Dennoch stellt sich die Frage, ob jede Aufregung in Hysterie umschlagen, ob jede Anklage zum Tribunal geraten muss.

Wie sind wir vorgegangen? Wir haben nahezu alle Zeitungen, Online-Seiten, zahlreiche TV-Auftritte und etliche Radiobeiträge über die jeweilige Person vorzugsweise aus der Phase ihres Abstiegs betrachtet und ausgewertet. Vor uns entfalteten sich so zu jedem Fall geradezu einzigartige neue, narrative Gesamttexte. Vor uns lagen Panoramabilder der Ereignisse, wie sie so wohl nur in der Rückschau und im Überblick möglich sind. Wir haben übrigens keine neuen Interviews mit den Betroffenen geführt, da ihre Antworten unserer Ansicht nach letztlich nur ein weiteres Puzzleteil (eine amüsante Beschönigung, eine neue Empfindung) im Spiel der Inszenierungen abgegeben hätten, wären die Gespräche auch noch so ehrlich verlaufen. Uns geht es gerade um das originäre, mediale Geschehen während der Phase der Entrüstung. Dies ist der Ausgangspunkt der Betrachtung. Nur der Panoramablick lässt das Schicksal der Gescheiterten noch einmal neu erscheinen und bewerten: Nur so erkennt man die Story hinter der Story und wie sie wirklich erzählt wurde. Auf einmal ergeben sich neue Fragen nach den Mustern der Erzählungen und nach den Motiven. Darüber hinaus kristallisieren sich bei dreizehn Einzelfallanalysen mehr und mehr Verbindungen heraus, ähnliche oder auch differierende Abläufe. Was können wir daraus für uns gewinnen?

Für die Betroffenen ist der Absturz fast immer bitter und schmerzhaft, zumal häufig ein Skandal oder ein skandalöses Ereignis den Anstoß gibt zum freien Fall. »Ich glaube, das ist wie ein Trauerprozess«, resümiert Margot Käßmann in einem Interview, als alles vorüber ist und sie einige Wochen von der Bildfläche verschwindet. Auch die SPD-Politikerin Andrea Ypsilanti meidet fast ein Jahr lang jegliche Öffentlichkeit, nachdem sie zuvor grandios scheiterte und von der Hoffnungsträgerin zur schändlichen Lügnerin mutierte. Es waren diffamierende, sicherlich auch schmerzhafte Attacken gegen sie. »So tief konnte ich mich gar nicht ducken«, sagt Andrea Ypsilanti im Nachhinein. Oder Michel Friedman, ehedem Vize-Präsident des Zentralrats der Juden in Deutschland, er stürzt über einen Drogenfund. Am Tag seines öffentlichen Bußgangs fleht er geradezu darum, man möge die Privatsphäre »wenigstens eine Zeit lang respektieren.« Und der einstige politische Überflieger Karl-Theodor zu Guttenberg beendet seine Rücktrittserklärung mit den Worten: »Ich war immer bereit zu kämpfen, aber ich habe die Grenzen meiner Kräfte erreicht.«

Solche Abstürze hinterlassen Spuren, Wut oder Ohnmacht sind die Folge. Öffentliche Angriffe auf eine Person können sogar ein (entwicklungsgeschichtlich gewachsenes) Grundvertrauen in menschliche Bindungen zerstören. Darauf macht der Kommunikationswissenschaftler Hans Mathias Kepplinger aufmerksam: Die Skandalisierung eines Menschen wecke »Zweifel, ob er das Verhalten anderer noch sinnvoll abschätzen kann«, so Kepplinger, es könne bis zum Kontrollverlust darüber führen, wie andere einen sehen und das wiederum wecke »ungewöhnlich starke Ängste, die kaum zu beherrschen sind, weil es sich um automatische Reaktionen auf Angriffe handelt, die die soziale Existenz bedrohen.«

Wie aber sehen solche Angriffe aus, was kann zu einer kraftvollen Wucht von Empörung führen, was also taugt zum Skandal und was nicht? Ein Vorwurf von allerhöchster Brisanz ist sicherlich der der Vergewaltigung. Jörg Kachelmann ist als ein beliebter und erfolgreicher TV-Wettermoderator der ARD bekannt, als er angeklagt wird und seine Karriere eine plötzliche Wende erfährt.

Dieser Fall offenbart wie kein anderer, wie ein Gerichtsprozess zur medialen Schlacht werden kann. Welche Rolle spielt der Angeklagte, welche die Medien? Wer verfolgt welche Motive?

Wenn Politiker fallen, dann ist die Motivsuche meist einfacher, denn es geht immer auch um Intrigen, Machtverlust und vor allem Machterhalt. Wobei es sehr unterschiedlich sein kann, aus welcher Ecke die Attacke kommt. Als die »schöne Landrätin« Gabriele Pauli den CSU-Chef Edmund Stoiber herausfordert, feiert man sie als Rebellin, andere hingegen trauten sich vorher nicht einmal aus der Deckung, geschweige denn gegen den bayrischen Ministerpräsidenten zu schießen. Später aber teilen sich die Männer die Macht wieder untereinander auf. Und Gabriele Pauli macht es ihnen noch dazu leicht, sie lässt sich auf pikanten Hochglanzfotos ablichten – und was passiert danach?

Auch der CDU-Politiker Dieter Althaus bietet sich dem Boulevard an, als es darum geht, unbedingt Ministerpräsident in Thüringen bleiben zu können. Er inszeniert sich nach einem eigenen, tragischen Skiunfall, bei dem eine Frau stirbt, als treuer, demütiger und verantwortungsbewusster Landesvater. Gibt es Grenzen von Inszenierungen? Ebenso merkwürdig versucht auch die Eisschnellläuferin Claudia Pechstein die Medien für sich zu instrumentalisieren. Wenn Sportler fallen, dann geht es in der Regel um Doping (so ist es beispielsweise auch bei dem Radprofi Jan Ullrich oder dem Leichtathleten Dieter Baumann). Und so ist es auch bei Claudia Pechstein. Doch ihr Fall ist noch von zusätzlicher Sprengkraft und Spannung, denn nie zuvor ist eine Dopingsünderin derartig uneinsichtig gegen ihre Verurteilung ins Feld gezogen. Ist es ihr gutes Recht? Hat sie Recht?

Eine Sonderrolle in der Berichterstattung über das Versagen und Scheitern nehmen Manager ein. Gerade die jüngste Wirtschafts-, Banken- und Finanzkrise offenbart das Dilemma für Berichterstatter: es gibt handfeste skandalöse Vorgänge, doch alles vollzieht sich nahezu gesichtslos – wer sind die Verantwortlichen? Medien brauchen unbedingt Protagonisten, an denen sie sich abarbeiten können, die dem Geschehen zuzuordnen sind, die Wirtschaftswelt jedoch ist häufig schwer zu personalisieren. Der frühere Siemens-Chef Heinrich von Pierer allerdings ist so ein Gesicht, einst war er einer der prominentesten und begehrtesten Männer der deutschen Wirtschaft, hofiert von Altkanzler Gerhard Schröder und Bundeskanzlerin Angela Merkel gleichermaßen. Bei seinem Absturz aus höchsten Höhen kommt ein eigentümlich befangenes Verhältnis der Presse zur Wirtschaftselite zum Vorschein, wie es bei keinem anderen unserer Fälle zu beobachten ist. Was geschieht hier genau und wie reagiert so ein Mann? Seine Autobiografie, erschienen Anfang 2011, sollte alles aus Pierers Sicht geraderücken.

In Hysterie verfällt das Land, wenn es um Heldendramen geht, in die man Fragen zum deutschen Selbstverständnis und zur deutschen Identität hinein trägt. »Uns treibt die Lust am Untergang«, bemerkt die *Süddeutsche Zeitung* zum Fall Michel Friedman. Nie zuvor hat ein privates Vergehen eines Moderators diese Republik derart flächendeckend in den publizistischen Ausnahmezustand versetzt. In diesem persönlichen Skandal um Drogenkonsum und Prostituierte fabriziert man die offenbar allzeit aktuelle Frage: Darf man in Deutschland einen Juden öffentlich kritisieren (und ihn fallen lassen), ohne antisemitisch zu sein? Hat sich Friedman davon eigentlich je erholt?

Der Drang nach deutscher Selbstbespiegelung lässt sich sogar noch steigern: Selten ist er so exzessiv ausgelebt worden wie im Fall des Thesenreiters Thilo Sarrazin. Aus einer sogenannten »Staatsaffäre«, wie der *Focus* notiert, wird ein Tsunami der Erregtheit, es entspinnt sich eine ausufernde Debatte über die deutsche Debattenkultur. Für Thilo Sarrazin führt der schnelle, kollektive Angriff gegen ihn zu einem jähen Ende auf dem Posten als Bundesbanker und zur kompletten Verbannung aus der politischen Klasse. Musste das so ausgehen? Schließlich zelebriert er eine eigentümliche Opferrolle. Wann und wie wird so ein Sündenbock zum Volksheld, und warum bleiben andere chancenlos? Eva Herman, die frühere *Tagesschau*-Sprecherin, hat ebenfalls einen unschönen Absturz erfahren. Sie tischte zweifelhafte Thesen zum Mutterglück und zur NS-Vergangenheit auf. Aus Kalkül, aus Naivität? Eva Herman, anders als Sarrazin, gibt man der Lächerlichkeit preis, eine groteske Fernsehtalkshow wird zum Fanal. Wollte man sie opfern? Was wollte sie?

»Skandale sind keine Naturereignisse«, hat einmal die frühere grüne Gesundheitsministerin Andrea Fischer gesagt. 2001 trat sie selbst im Zuge eines BSE-Skandals von ihrem Ministeramt zurück. Ist womöglich der äußere Auslöser für einen Fall ebenso Teil der Inszenierung? »Skandal ist Ansichtssache«, lautet die Kurzformel des Soziologen Ronald Hitzler. Anders ausgedrückt: Skandale werden gemacht, sie sind nicht einfach da, es gibt keinerlei objektive Kriterien, nach denen jemand beurteilen könnte, was aufregt und was nicht, was buchstäblich so skandalös ist, dass eine Person darüber fallen müsste. Dies bedeutet nicht, dass die Anlässe der Aufregung nicht berechtigt sein können. Dass man sie aber überhaupt in Szene setzt (und andere nicht), bedarf eben einer bewussten Auswahl und Entscheidung. Hans Mathias Kepplinger bezeichnet daher die Skandalierer, also die, die die Story spinnen, sogar als Künstler, es seien »Geschichtenerzähler, die einem disparaten Geschehen subjektiven Sinn verleihen und dadurch für die Allgemeinheit nachvollziehbar machen.« Skandale seien »moderne Märchen mit human-interest-touch«, meint der Kommunikationswissenschaftler Steffen Burkhardt. Märchen vermitteln Normen und Werte, Kinder lernen anhand von Märchenfiguren die Konsequenzen, wenn man sich so oder so verhält. Und Skandalgeschichten kreisen tatsächlich ähnlich wie Märchenstoffe um moralische Fragen, um Werte und Normen. Sie sind ebenso erzählerisch konstruiert, es gibt Haupt- und Nebenrollen, und es entsteht immer auch eine Moral, die am Ende bei uns hängen bleibt (bleiben soll).

Wer aber moralisiert, tut dies offen oder subtil. Du sollst nicht lügen! Das könnte beispielsweise das Fazit der Geschichte der gescheiterten hessischen SPD-Spitzenkandidatin Andrea Ypsilanti sein. Ja? Ist das des Pudels Kern? Du sollst verantwortungsbewusst beim Sex mit deinem Partner umgehen, das könnte auf den ersten Blick die Moral der Geschichte um Nadja Benaissa sein. Die HIV-infizierte Sängerin der Popband No Angels wird vor Gericht angeklagt, absichtlich jemanden angesteckt zu haben. Aus dem Popsternchen macht man den Todesengel. Ein Todesurteil. Welche Wertmaßstäbe offenbaren eigentlich die Macher solcher Schlagzeilen?

Alkoholrausch, Bordellbesuch, Ehebruch, ungeschützter Geschlechtsverkehr ... – immer geht es um (vermeintliche) Tabubrüche. Doch wer bestimmt, was richtig, was falsch ist? Damit sind wir wieder bei der Moral, die Konsequenz daraus liegt nahe: »Die Moral«, sagt der Kommunikationswissenschaftler Steffen Burkhardt, »ist der Schlüssel zum Verständnis des Medienskandals.« Eigenartig bleibt dabei, dass wir von öffentlichen Personen einen derartigen moralischen Rigorismus einfordern, den ein Normalsterblicher kaum erfüllen kann. Jeder begeht Fehler, es ist allzu menschlich, was aber gestatten wir unseren Helden und was nicht? Und wann verzeihen wir (oder auch nicht)? Wie ist es beispielsweise im Fall einer plagiierten Doktorarbeit und eines erschwindelten akademischen Titels? Bei dem früheren Verteidigungsminister Karl-Theodor zu Guttenberg werden bereits am Tag seines Rücktritts die Chancen einer Wiederkehr überall besprochen und ausgelotet. Seine politische Karriere ist rasant, der Absturz aus geradezu schwindelerregenden Höhen jäh und sicherlich auch persönlich blamabel. Wie konnte der ehrgeizige Freiherr so emporsteigen, warum so fallen?

Der Grünen-Politiker Cem Özdemir ist ein gutes Beispiel für ein gelungenes Comeback. Heute dürfte man sich kaum noch daran erinnern: Er stürzt als junger Mann über die Vorteilsnahme durch privat genutzte Bonusflugmeilen, und dies ausgerechnet als deutsch-türkischer Musterknabe. Oder konnte er vielleicht gerade deshalb zur leichten Beute werden?

Eine unserer Beobachtungen möchten wir noch vorausschicken: In diesem Buch wimmelt es nämlich von Dauergästen, sie haben sich auf (bequemen) Logenplätzen eingerichtet und kommentieren von dort nahezu jedes Ereignis (nicht immer führen wir sie an). Je tiefer wir uns in die Fälle eingruben, desto klarer wurde es: diese Kommentatoren sind im Grunde schon da, bevor es losgeht, nennen wir sie darum einmal die moralischen »watch dogs«, das trifft es am besten: Alice Schwarzer zum Beispiel, die verdiente Feministin, sie ist immer zur Stelle, wenn es um Frauen oder Männer geht, also eben immer – egal ob Kachelmann, Ypsilanti, Friedman … Schwarzer bildet sich eine Meinung, zuletzt auch im Boulevardblatt *Bild* und bildet damit für die Zuschauer eine verlässliche Konstante, wenn es knallt, dann weiß sie Rat, liefert bereitwillig eine Einordnung. Ihre Einordnung. Oder der Boulevardstratege Franz Josef Wagner: Der frühere Chefredakteur von *Bunte* und *BZ* hat durch seine Dauerkolumne in der *Bild* (»Post von Wagner«) ein außerordentliches Forum, eine exklusive Sonderstellung, von dort erteilt er dem gefallenen Prominenten entweder gute Ratschläge oder lenkt eben die Leser in die richtige Bahn. Ein drittes Beispiel: Henryk M. Broder. Der mal erfrischende, mal nervende Dauerkommentator hat als jüdischer Polemiker seine eigene Marke ebenfalls exzellent besetzt: Wenn alle anderen »böse!« brüllen und zur Verdammnis rufen, wie etwa im Fall Sarrazin, dann sagt Broder natürlich: »Sarrazin? Super!« Das wiederum wäre in der Causa Sarrazin im Grunde sogar sehr anregend gewesen, da es aber in der Gesamtschau all unserer Kapitel bei Broder auch permanent eine bloße Masche und Attitüde ist, erfüllt er wie alle anderen dieser prominenten Dauerkommentatoren in erster Linie eine »Scharnierfunktion« – zwischen Skandalisierten und Skandalpublikum. Dabei hat ihr Tun nicht selten etwas Zwanghaftes, als ob dem Pawlow'schen Hund die nächste Glocke geläutet wird, wodurch der Speichelfluss nachhaltig und auf jeden Fall angeregt wird. Wir werden noch erleben, wie gerne alle immerzu um sich selbst kreisen.

Zu Beginn unserer Recherchen stand Margot Käßmann, also fangen wir mit ihr an. Auf dem deutschen Medienmarkt wird mit ihrer Alkoholfahrt und dem Karriereknick ähnlich erfolgreich Auflage und Quote gemacht wie mit der Michael-Jackson-Story. Arnd Brummer, Chefredakteur der evangelischen Zeitschrift *Chrismon*, kommentiert daher zum Käßmann-Rücktritt ein wenig verbittert: »Die einzige Moral, die hier wirkt, ist die des Kapitalismus.« Geht es also vielleicht vornehmlich um ökonomisches Kalkül? Käßmann setzt man nach ihrem Aus als Ratsvorsitzende der Evangelischen Kirche übrigens einmal mehr auf den *Spiegel*-Titel als den »König Einsam« Michael Jackson. Der Name dieses Thriller-Man aber wird wohl noch für lange Zeit gleichsam stellvertretend für dieses schaurige und brutale Ritual der Medienwelt im Gedächtnis bleiben: Erst gefeiert, dann gefallen. In seinem Fall – R. I. P.

»*Die dunkle Nacht der Bischöfin*«

Margot Käßmann – von der protestantischen Übermutter zur Rücktrittsikone

»Eine Frau, die sich nachts betrinkt,
eine Frau, die sich glücklich trinkt.
Eine Frau, die nicht Bischöfin ist,
sondern eine Frau.
Eine Frau, die nicht göttlich ist.«
(Bild am 24. Februar 2010)

»Ist die Alkoholfahrt nicht nur der Tropfen
– oder der Liter –, der das Fass zum Überlaufen bringt?«
(Die Welt am 24. Februar 2010)

Jetzt, ein halbes Jahr danach, steht sie da mit einer Fahrradluft-pumpe in der Hand und schmunzelt. Es ist ihre Auskunft auf die Frage: »Vermissen Sie das Autofahren?« In den herrlichen wortlo-sen Interviews »Sagen Sie jetzt nichts!« des Magazins der *Süddeut-schen Zeitung* reden die Befragten nicht, ihre Antworten sind ein entsprechender Gesichtsausdruck, die Körperhaltung, ein Utensil, festgehalten auf Schwarzweiß-Fotos. Es ist vielleicht das beste Interview, das Margot Käßmann zu ihrem persönlichen Absturz gegeben hat. Die Frau kann also über sich selbst noch lachen.

Dabei waren es dramatische Stunden, die sich abspielten, als ihre Trunkenheit am Steuer öffentlich wurde. Dramatisch auch der Abgang: Für ihre Erklärung benötigt Margot Käßmann drei

Minuten und sechsunddreißig Sekunden, dann ist die Pastorin als Bischöfin und als Ratsvorsitzende der Evangelischen Kirche von ihren Ämtern zurückgetreten. Gerade einmal nach gut 100 Tagen als Ratsvorsitzende. Noch nie war eine Frau an der Spitze in dieser Funktion, es ist eine kurze Amtszeit, eine knappe Begründung und ein schneller Abschied durch einen Seiteneingang des Kirchenamtes der Evangelischen Kirche in Hannover.

Fragen sind auf der Pressekonferenz an diesem Februarnachmittag 2010 nicht zugelassen und während die Geschlagene den Raum verlässt, klatschen Zuhörer spontan Beifall. Anerkennung für eine Gefallene? Applaus nach einer Rücktrittserklärung? Es muss ein ungewöhnlicher Abgang sein, mit dem wir es zu tun haben.

»Mensch Käßmann – Vom Umgang mit der Schuld«, titelt *Der Spiegel* danach und räumt das gesamte Cover frei für das bloße Gesicht dieser Frau, die Augen geschlossen, sie wirkt in sich gekehrt, es ist ein freundlicher Ausdruck. Einen so »entschiedenen, schnörkellosen Rücktritt« habe »Deutschland nicht oft erlebt«, heißt es dann im Text, eine so prominent platzierte Titelgeschichte des Hamburger Nachrichtenmagazins allein über den Aufstieg und Fall einer Kirchenfrau aber auch nicht.

Die Protestantin schafft es vier Monate danach sogar noch einmal vorne auf den *Spiegel*: Diesmal ist sie abgebildet auf einem Autorücksitz, sie schaut in die Kamera, die Scheibe ist heruntergelassen, es wirkt wie ein Paparazzo-Foto. »Der Druck ist gnadenlos«, steht dazu ihr Zitat, es ist ihr erstes öffentliches Resümee nach einem atemberaubenden Sturz. Warum aber überhaupt diese immense mediale Aufmerksamkeit? Ist ihr Gesicht ein Versprechen für eine hohe Auflage? Was aber würde das erklären? Was bewegt uns an diesem Fall?

Das ungewöhnliche Vergehen, eine Promillefahrt einer Kirchenfunktionärin, allein erklärt nicht ihr Phänomen. Margot Käßmann ist eine beliebte, prominente Person, die offensiv mit Privatem umgegangen ist, so bei ihrer Brustkrebserkrankung

2006 und ihrer Scheidung 2007. Will man den Fall Käßmann wirklich verstehen, muss man sich die spannende Dramaturgie dieses Abstiegs genau anschauen, sie kennt ein Vorspiel, einen Höhepunkt, ein Ende, und schließlich noch: einen Wendepunkt. Da ist im Vorfeld die heftige Kontroverse um die Neujahrspredigt zum Krieg in Afghanistan, da ist das Verkehrsdelikt und der damit einhergehende Rücktritt, und darauf das Comeback in die Öffentlichkeit auf dem Ökumenischen Kirchentag in München, nur drei Monate nach dem tiefen Fall. Es ist der Fall einer Frau, der zugleich viele Facetten unseres Zusammenlebens behandelt: Fragen nach Schuld, Sühne, Verantwortung. Beginnen wir mit dem Ende.

Vom Suff zum Alkoholproblem

Dieses Ende der bemerkenswerten Kirchenkarriere beginnt um 22.50 Uhr am Samstag, den 20. Februar 2010. Margot Käßmann fährt alkoholisiert Auto, übersieht eine rote Ampel und gerät in eine Polizeikontrolle. Allein dies sind genügend Zutaten für Hohn und Häme, die sie über sich ergehen lassen muss: »Lalleluja«, ruft der *Berliner Kurier*, »Die dunkle Nacht der Bischöfin«, schreibt *Bild am Sonntag*, »Welcher Teufel hat sie geritten?«, fragt der *Express*, und die *Hannoversche Allgemeine* weiß: »Polizei erschüttert über Promillefahrt«. Die erste Presseschau lässt sich rasch bilanzieren: Ein Teufelswerk in dunkler Nacht. Lalleluja.

Viele Zeitungen breiten sodann genüsslich die Frage aus, wie viel und was eine so »zarte, zierliche Frau« eigentlich bei 1,54 Promille konsumiert habe: »ein Glas Prosecco, zwei Gläser Wein«, dürften es nach Schätzungen der *Bild am Sonntag* sein, »eine Flasche Wein«, sagt die *Berliner Zeitung*, »eine gute Flasche Wein«, meint die *taz*. *Die Welt* schlussfolgert: »also stockbetrunken«, »im Suff«. Auch einen Ernährungsexperten bemüht man, demnach müssten dem Alkoholpegel »0,7 Liter Wein oder 1,5 Liter Bier innerhalb einer Stunde« *(Bild am Sonntag)* zugrunde liegen. Dies alles sind bloße Behauptungen, getarnt als eine Art Faktenaufarbeitung. Es ist die Stunde der Empörung.

Margot Käßmann merkt später an, dass sie die Promillezahl aus der Zeitung erfahren habe. Zweifel an dieser Version scheinen unbegründet, es ist ein ungeheuerlicher Vorgang. Formal betrachtet handelt es sich um einen privaten Vorfall nach Dienstschluss – aber: die Frage nach Relevanz und nach dem Schutz von Persönlichkeitsrechten stellt sich in der Aufregung nicht, und dies hat nichts mit der vermeintlichen Schwere des Verkehrsdeliktes zu tun, wie man annehmen könnte, geschuldet ist es vielmehr dem logischen und zwingenden Muster einer perfekten Skandalisierung. Im Fall Margot Käßmann läuft eine Medien-Maschinerie bereits auf Hochtouren. Ihre Alkoholfahrt muss dämonisiert werden, andernfalls hätten wir es vielleicht mit ein bisschen Klatsch aus Hannover zu tun, nicht aber mit einem so augenscheinlich skandalösen Ereignis von nationalem Rang.

In einem nächsten Schritt konfrontiert man die Betroffene mit früheren Aussagen, so fällt ihr jetzt ein altes Interview zur Fastenzeit und die Frage nach Enthaltsamkeit auf die Füße, viele Zeitungen zitieren es erneut: »Ja, ich merke auf einmal«, so Käßmann damals, »wie sehr ein Glas Wein am Abend zur Gewohnheit werden kann.« Das zeigt Wirkung. In einer interaktiven Hörfunksendung von *Bayern 2* am 24. Februar 2010 fragt gleich der erste Anrufer, ein Priesteramtskandidat, ob Frau Käßmann vielleicht ein Alkoholproblem habe, und wenn dies der Fall sei, so empfiehlt der junge Mann, dann müsse sie zurücktreten.

Das *Hamburger Abendblatt* fasst die kursierenden Spekulationen zusammen, die um die Frage kreisen, »wie sehr Käßmann an Alkohol gewöhnt ist.« Ein trickreiches Stilmittel in der Berichterstattung: die Zeitung ist nicht selbst die Quelle, sondern stellt sich als Chronistin dar, die vorgeblich allein Schlagzeilen anderer anführt, um so aber zugleich die Debatte weiter anzuheizen.

Das skandalöse Geschehen um Margot Käßmann nimmt seinen Lauf und erreicht schnell eine neue Qualität: es ist die Phase der persönlichen Diffamierung. Denn wer Alkohol aus Gewohnheit trinkt, ist abhängig. Somit kursiert dieser meist verklausulierte Verdacht, die Frau könnte süchtig sein. Ebenfalls frühere Interviews mit dem TÜV Nord und einem Internetportal, in denen Käßmann Unverständnis über drogenauffällige Autofahrer artikuliert (»Das kann ich nicht nachvollziehen«), zielen jetzt im Kontext des persönlichen Fehlers auf die ethische Integrität. Diese Attacke fällt nicht mehr schwer, denn die Tat steht den Worten einer Bischöfin und Ratsvorsitzenden mit hohem moralischem Anspruch offenkundig diametral entgegen. Alle Zuspitzungen bündeln sich über kurz oder lang in der einzigen Frage, die unterschwellig überall auftaucht: Dürfen wir einer Bischöfin (noch) vertrauen, die betrunken Auto fährt?

Ein Skandal, so der Kommunikationswissenschaftler Hans Mathias Kepplinger, beruhe auf einem absoluten Geltungsanspruch sozialer Normen oder er ziele auf die Etablierung solcher Werteordnungen. Dieser Geltungsanspruch werde mit dem Ziel der öffentlichen Ächtung exemplarisch durch die Skandalisierung einer Person, die Normen verletzt, dokumentiert. Bei Margot Käßmanns Verhalten im Straßenverkehr herrscht schnell Einigkeit darüber, dass es sich um einen groben Verstoß gegen einen normativen Verhaltenskodex handelt: Betrunken Auto zu fahren ist fahrlässig, verantwortungslos – und im konkreten Fall moralisch fragwürdig.

Franz Josef Wagner spielt daher auch auf Käßmanns besondere Rolle als Kirchenrepräsentantin an und mimt den Verständnisvollen. Schwülstig schreibt der Boulevardstratege: »Auf den Schultern dieser zarten Frau Margot Käßmann liegt die ganze Evangelische Kirche Deutschlands«, und dann rät Wagner der »lieben Bischöfin«: »Schreien Sie sich Ihr Leben als Frau heraus.« Die Aufregung um Margot Käßmann erreicht somit schnell ihren

Höhepunkt und es kommen alle handwerklichen Regeln des Bou-
levardjournalismus zur Entfaltung: allein die vorhandenen Fakto-
ren reichen für eine schöne emotionale Dramatisierung: Kirche,
Alkohol – und Frau.

Wäre die mediale Begleitmusik, diese rasante Ausdehnung, anders verlaufen, wenn ein Mann in gleicher Position betrunken
Auto gefahren wäre? Wenige diskutieren diese Geschlechterfrage,
einige Blätter erinnern an die Trunkenheitsfahrt mit 1,7 Promille
des früheren CSU-Generalsekretärs Otto Wiesheu von 1983, ein
Mensch kam ums Leben, Wiesheu trat zurück, zehn Jahre danach
wurde er dennoch bayrischer Wirtschafts- und Verkehrsminister,
2006 wechselte der Politiker in den Vorstand der Deutschen Bahn.
Natürlich ruft die Causa Käßmann auch Alice Schwarzer auf den
Plan, sie formuliert im *Deutschlandradio Kultur* hier ganz zutreffend: »Ein Mann, der trinkt, der ist fidel. Bei Frauen komme dagegen sofort die Frage: Hat die Kummer?«

Auch die frühere Bischöfin Bärbel Wartenberg-Potter betont
in einem Interview mit *Spiegel Online*, dass gerade Frauen in der
Kirche immer noch in einer Pionierrolle seien, ihr bitteres Fazit
lautet daher: »Der Sexismus hat ein Neidgesicht.« Ist Käßmann
ein Opfer männlicher Konkurrenz? Diese Problematik ist in
ihrem Fall ein wenig knifflig.

Margot Käßmann waren die Frauen verachtenden Züge, die
in dem Hohngelächter zu ihrer Trunkenheitsfahrt anklingen, bereits bekannt, sie hat dies in abgeschwächter Form schon einmal
nach ihrer Scheidung 2007 erlebt. In ihrem Buch *In der Mitte
des Lebens*, das für Autorin, Verlag und Buchhandel sehr schnell
zum Verkaufsschlager avanciert, schreibt sie darüber, es habe auch
»Zurückweisung, Häme, Giftspritzen ohne Absender, Leserbriefe
ohne Barmherzigkeit, die Freude am ›tiefen Fall‹ eines Menschen,
eine Lust geradezu an der Herabsetzung« gegeben. Ähnlich wie
in der medialen Alkohol- und der Afghanistan-Debatte, in der
hauptsächlich männliche Journalisten zur Feder greifen, dürften

auch diese feindlichen Leserreaktionen auf ihr Buch von einem eher kleinen, aber agilen männlichen Publikum stammen. Denn ganz anders verhalten sich die Frauen, die Käßmann bewundern und auf Kirchentagen und Gottesdiensten geradezu frenetisch bejubeln. Es gibt eine vornehmlich evangelisch geprägte, sehr treue und große Anhängerinnenschaft. So richtet Margot Käßmann ihren Bestseller zur Lebenskrise denn auch explizit an ihr weibliches Publikum, sie weiß um ihre Fans und konstatiert gleich im Vorwort ein gemeinsames »Grundgefühl« der Frauen um die 50: »Beim Schreiben ist mir deutlich geworden, dass Männer sicher vieles anders empfinden, insofern müsste wohl in der Tat ein Mann das Buch für die Männer in der Lebensmitte schreiben.«

Gerade einige Männer lassen sich sehr schnell von Käßmann provozieren, wie wir gleich in der hitzigen Anti-Kriegs-Debatte noch sehen werden.

Die wunderbare Welt der Bischöfin

Das eigentliche Vorspiel vor ihrer Demission beginnt in der Weihnachtszeit 2009 und es erscheint im Rückblick als ideale Voraussetzung für die später wirksame Skandalisierung, denn Margot Käßmann ist interessanterweise bereits ungefähr sechs Wochen vor ihrer Alkoholfahrt in aller Munde. Und somit beim Publikum als kritische Figur brillant eingeführt. In der Predigt am Heiligabend in der Marktkirche in Hannover und in der Neujahrspredigt in der Dresdner Frauenkirche erwähnt sie den Bundeswehreinsatz am Hindukusch, sie sagt den folgenschweren Satz: »Nichts ist gut in Afghanistan.«

Seit langem steht die politische Klasse einer in der Bevölkerung ablehnenden Haltung dieses Krieges gegenüber, wie Meinungsumfragen immer wieder belegen. Es mag dies ein Grund dafür sein, weshalb die Kontroverse dann öffentlich so heftig ausfällt: Käßmanns Urteil über Afghanistan sei »hochmütig«, sie ziehe den Soldaten »nahezu den Teppich unter den Füßen« weg *(Sächsische Zeitung), Die Welt* attestiert ihr einen »Denkfehler« und bemerkt ebenso: »Hochmut von der Kanzel.« In der Wochenzeitung *Die Zeit* übernimmt gleich der Herausgeber und Auslandsexperte Josef Joffe die Kommentierung, kritisiert eine Realitätsferne und den puren Pazifismus und spricht etwas abschätzig von der »Bergpredigt für Kabul.« Freilich kann man vorzüglich darüber diskutieren, wie wohlfeil ihre Worte zu diesem Krieg sind, doch die Kritik intendiert etwas anderes und der Pfeil zielt allein in eine Richtung: direkt auf sie. Am deutlichsten ist es hier: Auch der Herausgeber von Springers *Welt*, Thomas Schmidt, greift persönlich ein, er wirft Käßmann schließlich eine Selbstverliebtheit vor – sie sage »zu gerne ich«. Mit diesem Tadel verwandelt sich die politische Debatte über Afghanistan in eine persönliche Diffamierung, auch andere Berichte beharren immer wieder auf einer gewissen Blauäugigkeit der Protestantin: »Die wunderbare Welt der Bischöfin Käßmann« *(Frankfurter Allgemeine Sonntagszeitung)*.

Sogar der Bundespräsident und die Bundeskanzlerin fühlen sich berufen und pflichten Käßmann in der hitzigen Debatte plötzlich bei. Der Verteidigungsminister verhält sich taktisch klug, er lädt die kritische Christin in einem persönlichen Gespräch ein zu einem Truppenbesuch ins Kriegsgebiet. Zu dieser Reise im Rahmen ihres Kirchenamtes wird es nicht mehr kommen.

Margot Käßmann wusste um die Wirksamkeit der Medien, sie ist ein Profi in Sachen Öffentlichkeitsarbeit, wo sie war, »war Rampenlicht«, wie die *taz* einmal trefflich formulierte, und so lange man sie als träumerische Pazifistin tituliert, scheint ihr Kalkül aufzugehen. Käßmann betont zwar immer wieder, wie stark sie überrascht worden sei von der Wucht dieser Berichterstattung, man habe einen Mini-Nebensatz aus ihrer Predigt aus dem Zusammenhang gerissen, doch besonders glaubwürdig ist diese Form der vorgetragenen Unschuld nicht. Insgesamt läuft es für sie in der Afghanistan-Debatte also gar nicht schlecht. Sie erreicht ein enormes Medienecho mit einer schlichten christlichen Anti-Kriegs-Botschaft, um so viel Aufmerksamkeit müssen die Kirchen in Deutschland sonst vergeblich buhlen.

Ein halbes Jahr nach ihrem Rücktritt beklagt sie diese fehlende Präsenz kirchlicher Inhalte in den Medien in einem *Spiegel*-Interview: »Fünf Millionen gehen regelmäßig am Sonntag in einen Gottesdienst, nur 700 000 besuchen am Wochenende ein Fußballstadion. Über Fußball aber wird ständig berichtet.« Sie und die Medien, dieses Thema treibt sie um, lässt sie nicht los, auch in ihrem Blog aus den USA (»Notizen aus Übersee«), wo sie im Herbst 2010 Gastdozentin an der Emory University in Atlanta ist, schreibt sie in ihren ersten Einträgen fast kindlich überwältigt von den vielen religiösen Sendungen auf diversen amerikanischen TV-Kanälen.

Bei ihrem Absturz aber, da erlebt sie die unschöne Seite ihrer Bekanntheit. Die Intensität der öffentlichen Anfeindung in der Afghanistan-Kontroverse dürfte Margot Käßmann bei aller Medienkompetenz stark berührt haben, und es werden diese tiefgreifenden Eindrücke sein, die bei der Entscheidung zum Rücktritt nachwirken. Dann ist es das erste Mal, dass sie bei einem (privaten) Vorgang, der Trunkenheitsfahrt, nicht selbst entscheiden kann, in welche Richtung man diskutiert und was sie preisgibt und was nicht, auf die Außenwirkung in der breiten Darstellung hat sie keinen Einfluss mehr. Am Tag ihres Abgangs geht sie darauf indirekt ein, als sie betont, wie sehr sie ihre Autorität infrage gestellt sieht: »Die harsche Kritik etwa an einem Predigtzitat wie ›Nichts ist gut in Afghanistan‹ ist nur durchzuhalten, wenn persönliche Überzeugungskraft uneingeschränkt anerkannt wird.« Ihr vorletzter Satz an diesem Tag, »Du kannst nicht tiefer fallen, als in Gottes Hand«, verdeutlicht, wie sehr sie den Abgang auch als Schmach und erschütternde Niederlage empfindet. Musste sie gehen?

Die *Berliner Zeitung* gelingt das Geschehen mit einem Schuss ironischer Selbstkritik: »Die Medien haben nur zwei Tage benötigt, um sie zur Strecke zu bringen. Chapeau!«

Die Ikonisierung

Erst gefallen, dann gefeiert: Für ihre flotte und unmittelbare Nie-
derlegung aller Ämter überschüttet man Margot Käßmann nach
ihrem Scheitern in fast allen Publikationen mit Lob, sie ist jetzt
»die Frau, die einen neuen Maßstab für Rücktritte gesetzt hat«
(Der Spiegel). »Ein starker Abgang«, kommentiert die *Hannoversche Allgemeine,* und *Bild* heuchelt: »Käßmann verdient Achtung.«
Das Boulevardblatt treibt es dann noch auf die Spitze und lässt
einen honorigen Gastautoren, Professor Ernst Elitz, Gründungs-
intendant des *Deutschlandradios,* einen »Ehrentitel« für Käßmann
vergeben. Sein Artikel endet mit den Worten: »Sie ist eine tapfere
Frau.« Das klingt sehr nach den schmalen Wagner'schen Schultern,
auf denen diese personifizierte, weibliche Tapferkeit bekanntlich
alle Lasten zu tragen hat. Die Gescheiterte verwandelt sich unfrei-
willig zur Ikone. *Aus der Achtung des Fehltritts wird die Achtung für
den Rücktritt. Ein seltener Vorgang.*

Ihre Entscheidung fällt in eine Zeit, in der die andere Kirche in
Deutschland, die katholische, wegen Missbrauchsfällen am Pran-
ger steht. Käßmanns Offenheit und Konsequenz wird daher in
Kontrast zu dem Verhalten der katholischen Amtsträger gesetzt.
»Warum macht es Mixa nicht wie Käßmann«, fragt *Bild* dann im
Sommer 2010, als der katholische Bischof trotz massiver Vor-
würfe gegen ihn nicht abtritt. Das Blatt beschreibt dieses evange-
lisch-katholische Gegensatzpaar – wörtlich – so: » Beauty and the
Beast«. Punktsieg für Beauty, die Schöne.

Somit gelingt Margot Käßmann durch die rasche Ämternieder-
legung eine kluge und weitsichtige Schadensbegrenzung in eige-
ner Sache, das unterscheidet diesen Fall generell von den Sündern
in anderen Skandalen, die es vorziehen möglichst lange im Amt
zu bleiben, dadurch aber die Reputation vollständig verlieren. Wir
lernen solche Kandidaten noch kennen. Margot Käßmann weiß
darum. So ist sie zudem kein bloßes Medienopfer, das ist ihr klar,

denn nur sie trägt die Verantwortung für die alkoholisierte Auto-fahrt. Allein die Wirkung beim Publikum können »die« Medien beeinflussen, verstärken, mildern – und tun es auch –, sie begehen aber nie das Missliche, die Schmach, die Blamage, den Grund aller Aufregung selbst.

In der Hochphase der Anklage geht es um den Vorwurf der Doppelmoral (Wasser predigen, Wein trinken), durch ihren Abschied nimmt Margot Käßmann jetzt das Heft des Handelns wieder in die Hand, sie agiert, bereut, bittet die Zuhörer um Vergebung. Aus der Sünderin wird die Reuige, so behält die Gescholtene ihre Glaubwürdigkeit und schafft damit zugleich bereits beim Abgang beste Voraussetzungen für eine künftige Rehabilitation. Ihr Eingeständnis eines schweren Fehlers ist ein öffentlich inszeniertes Demutsritual. Bei ihr ist es der Schlüssel für eine fortwährende Beliebtheit. Das funktioniert nicht immer, bei Margot Käßmann aber schon. Warum?

Weil sie authentisch auftritt. Sie ist die Frau der biografischen Brüche, so hat sie sich bisher dargestellt. Dieser Ruf kommt ihr in der Phase tiefster Schmach entgegen. Sie gewann ihr Ansehen in den Jahren zuvor durch ihre (wohldosierte) Offenheit bei ihrer Krebserkrankung und ebenso bei ihrer Scheidung. Sie galt als die Frau, die Veränderungen meistert, und imponierte. In dem Abgang drückt sich zudem noch eine ureigene protestantische Position aus, die es in der katholischen Kirche so gar nicht geben kann: Es ist die Vorstellung vom Priestertum aller Glaubenden, nach der die Bischöfin nur ein Amt ausübt (und kein Weihesakrament), ansonsten aber eben ein gewöhnlicher Mensch bleibt. Vom Amt kann man zurücktreten, genau das tut sie jetzt. Eine klare Haltung, die erneut imponierte.

Und dann ist es still. Die Gestrauchelte taucht drei Monate nicht mehr in den Medien auf. Ihre erste große öffentliche Präsentation nach dem Rücktritt ist dafür umso fulminanter, jetzt tituliert man sie als »Star«, aber etwas hat sich verändert, wie wir gleich sehen werden. Diese Rückkehr in die Öffentlichkeit vollzieht sie im Mai 2010 in einer Münchener Buchhandlung, zweieinhalb Stunden vor der offiziellen Eröffnung des Ökumenischen Kirchentages. Margot Käßmann stellt ihr neues Buch *Das große Du* vor; es behandelt das Vaterunser, Beten im Alltag. Die Trunkenheitsfahrt spielt für sie scheinbar keine Rolle mehr, sie betreibt auf dem Kirchentag Basisarbeit, Lesungen, Predigtauslegungen. Ihre Veranstaltungen sind überfüllt, Interviews gibt sie fast keine, man soll sie in ihrer Arbeit erleben, bei der Basis. Dadurch bleiben ihre Auftritte für sie kontrollierbar. Ihre Anhänger weiß sie auf ihrer Seite, bei Journalisten wähnt sie sich nach den jüngsten Erfahrungen wohl nicht mehr so sicher.

Das Medienecho ist immens: »Die Auferstandene«, »Aus der Asche«, »Comeback einer Sünderin«, »Die Zauberin ist wieder da«, und allgemein herrscht Freude über die neu entdeckte Dreifaltigkeit: »Popstar, Übermutter, Mängelexemplar.« Nach der Ikonisierung beginnt die Heiligsprechung. So spinnt sich die Geschichte der Gefallenen zu einer neuen Episode, die sich erfolgreich vertreiben lässt. Durch ihre selbst gewählte mediale Auszeit, verknappte sie das »Produkt Käßmann« am Markt, jetzt, da es wieder lieferbar ist, sorgt es mit dem Label »heilig« für noch mehr Absatz. Das mag zynisch klingen, aber alle Beteiligten sind erwachsen und wissen, worum es geht. Die eine möchte wieder etwas sagen, die anderen wollen an ihrer Botschaft – genauer: an ihrer Geschichte vom Aufstieg und Absturz – verdienen. Allein dem Publikum bleibt die Wahl, ob es zuhören oder sich abwenden will.

Wie sehr Margot Käßmann das Spiel um das knappe Gut medialer Aufmerksamkeit beherrscht, zeigt ihre einkalkulierte Provokation zum Thema Verhütung auf diesem Kirchentag. Bei einem Gottesdienst in der Münchner Liebfrauenkirche äußert sie, man könne die Pille »auch als ein Geschenk Gottes sehen« – in einer katholischen Kirche eine Ungeheuerlichkeit, an diesem Ort hätte man die protestantische Position auch weniger pathetisch ausdrücken können. Jedoch bleibt die Empörung aus, der Wendepunkt ist längst überschritten. Diesmal verläuft es nicht wie bei der Afghanistan-Debatte: Das Wort der früheren Kirchenfunktionärin verpufft. Noch vor wenigen Wochen hätte ihr Lob der Pille auf katholischem Terrain, als sie noch Landesbischöfin und Ratsvorsitzende der EKD war, wahrscheinlich heftigste Reaktionen hervorgerufen. Aber diesmal schweigen der Vorsitzende der Bayrischen und der Vorsitzende der Deutschen Bischofskonferenz. Zu einem Eklat, der öffentliche Aufmerksamkeit sichert, gehören zwei: Die, die provoziert und die, die sich erregen lassen. Daran zeigt sich wunderbar, welche Rolle Medien ebenfalls spielen: Sie sind keine Akteure, sondern vermieten die Bühne. Ohne einen Kronzeugen ist kein Spektakel von Dauer, ohne einen Ankläger funktioniert keine Empörung. Medien können selektieren, zuspitzen, auch unfair spielen, freilich selbst enthüllen, doch letztlich bieten sie zuvorderst die Plattform, auf dem Podium aber, da müssen die Kontrahenten schon agieren wollen, sonst würde es sehr schnell sehr öde.

Die Pille als Geschenk Gottes? Aus Käßmanns Mund sorgt eine solche Äußerung nach der Aufgabe ihrer Ämter für keine Entrüstung mehr. Erstmals dürfte sie nach ihrem Rücktritt gespürt haben, was es bedeutet, ohne rhetorische Macht qua Amt zu sein. Sie hat ihre Geradlinigkeit im Abgang bewiesen, dafür ist sie gefeiert worden. Gewonnen aber haben einstweilen auch ihre (männlichen) Kritiker und Gegner, denen diese machtbewusste Frau an der Spitze der Evangelischen Kirche ein Dorn im Auge war.

Vier Monate nach ihrem Ausscheiden resümiert sie in einem *Spiegel*-Interview: »Für eine Fahrlässigkeit hat die ganze Angelegenheit eine große Dimension bekommen«, sie beurteilt den öffentlichen Umgang mit ihrer Trunkenheitsfahrt als »unverhältnismäßig«. Doch zu keinem Zeitpunkt ging es um die Verhältnismäßigkeit oder die Relevanz des Geschehens; es ging um Emotionen, und dafür war die Story – salopp gesagt – einfach zu gut.

Margot Käßmann mag sich grämen, es nützt nichts. Sie habe sich gefühlt wie in einem Monopoly-Spiel: »Gehe zurück auf Los!«, sagt sie noch, nachdem alles vorbei war. Es soll nach ihrer Auslegung des sehr weltlichen Geschehens wohl heißen: Das Spiel kann jederzeit neu beginnen.

Debakel oder Desaster

Andrea Ypsilanti – vom Shootingstar zur »Lügilanti«

Das Märchen vom wahren Lügner (Auszug)
Der wahre Lügner ist so lügenhaft beschaffen, dass er allzeit lügt,
und dass es ihm nur um Lügen wohl ist. Er lügt nachts und er lügt
am Tage; er lügt, was er nur lügen kann … Stets und immerdar steht
sein Maul nach Lügen … So lügt der Lügner, dass sich die Balken
biegen und manche alte Wand wackelt. Er lügt das Blaue vom Himmel und das Schwarze von der Erde, er lügt wie gedruckt. Zeitungen
sind auch gedruckt.
(Ludwig Bechstein, 1847)

Kurz nach ihrem politischen Aus im Januar 2009 hatte sie den
Karneval noch gemieden, im Februar 2010 aber, nach vielen Monaten des Schweigens, drängt es Andrea Ypsilanti erstmals wieder in die Öffentlichkeit. Auf einer politischen Aschermittwoch-
veranstaltung ihrer Partei in Frankfurt sagt sie gut ein Jahr nach
ihrem Rücktritt: »Ich hatte nie vor, von der Bühne zu verschwinden.« Nun ist sie Mitinitiatorin eines neugegründeten linken Ver-
eins in der Hauptstadt, der sich »Institut Solidarische Moderne«
nennt. Es soll um das große Ganze gehen, kein Klein-Klein, ein
neuer Politikentwurf. Sie zielt inhaltlich sofort wieder auf die höheren Sphären der Weltpolitik, zur Bankenkrise sagt sie, dass sie
es da wie Barack Obama halte (»We want our money back!«). Sie
und der US-Präsident, die ganz große Bühne eben.

So sollte es schon einmal sein: Als die US-Bürger ihren ersten schwarzen Präsidenten wählten, am 4. November 2008, da wollte auch sie sich mit dem »Projekt der sozialen Moderne« zur ersten Ministerpräsidentin in Hessen wählen lassen. Washington schrieb Geschichte, in Wiesbaden endete an dem Tag die Geschichte eines spektakulären Sinkfluges einer deutschen Politikerin.

Ypsilantis Wandel erfolgt rasant. Von der gefeierten Hoffnungsträgerin zum verspotteten Hassobjekt: Die umjubelte »Mutter Courage von Wiesbaden«, die nette »Ypsi«, der »Shootingstar«, mutiert binnen weniger Wochen zur skandalisierten »Tricksilanti«, zur »Lügilanti«, zur »Frau am Abgrund«.

Dabei hatte es so vielversprechend begonnen: Am 27. Januar 2008 liegt bei der hessischen Landtagswahl die CDU (36,8 Prozent) nur hauchdünn vor der SPD (36,7 Prozent) und der Spitzenkandidatin Andrea Ypsilanti. Der amtierende Ministerpräsident Roland Koch verliert 12 Prozentpunkte. Außerdem schaffen die FDP (9,4 Prozent), die Grünen (7,5 Prozent) und die Linke (5,1 Prozent) den Sprung in das Parlament. Es reicht weder für Schwarz-Gelb noch für Rot-Grün. Andrea Ypsilanti lässt sich wegen ihrer beachtlichen Zugewinne als Siegerin feiern. Die Wähler interpretieren es ähnlich. Noch.

Wenige Tage nach der Wahl sprechen sich im Deutschlandtrend des Forschungsinstituts Infratest Dimap 50 Prozent der Befragten dafür aus, dass Andrea Ypsilanti Ministerpräsidentin werden soll. Nur ein halbes Jahr danach ist alles anders: Die SPD-Politikerin ist im ZDF-Politbarometer eine der unbeliebtesten Deutschen, nur noch 24 Prozent unterstützen sie. Ein Absturz, empirisch messbar. Wie konnte das passieren? War es allein die gebrochene Wahlankündigung, nie mit den Linken, mit denen Andrea Ypsilanti dann aber doch wollte? Das kann kaum die volle Wucht der Ablehnung und die Dramatik dieses Scheiterns erklären. War es die beispiellose »mediale Hexenjagd«, wie der Publizist Martin Hecht in der *Frankfurter Rundschau* damals befand? Andrea

Ypsilanti trage das »Kainsmal der Lüge« auf der Stirn, kommentierte *Die Welt*. Es ist ein vernichtendes Urteil. Es ist der Kern des Skandals.

Politische Tugenden

Die Geschichte ihres Absturzes berichtet ununterbrochen von der Lüge einer Politikerin. Darum wollen wir mit der Geschichte der Lüge in der Politik beginnen. Denn diese Lüge ist eines der ewigen Probleme, das schon beinahe alle Philosophen dieser Welt zu lösen versuchten. Sie dürften alle gescheitert sein. Platon sah die politische Lüge zum Nutzen und im Sinne des Gemeinwohls sogar als geboten an, viel später nahm das der Florentiner Niccolò Machiavelli auf, heute steht sein Name ja gleichsam als Synonym für eine Machtpolitik ohne Moral. Und genau deshalb werden einige über Andrea Ypsilanti schließlich behaupten, sie handle machiavellistisch. War es so?

In jedem Fall haben wir es bei Andrea Ypsilanti mit einem klassischen Fall zu tun, er reicht von der Antike bis wenigstens – sagen wir – zum 1. Untersuchungsausschuss der 15. Wahlperiode des Deutschen Bundestages (2002/2003). Denn in diesem »Lügen-Ausschuss«, wie man ihn salopp nannte, wollte die Opposition, die Unions-Fraktion, der Schröder-Regierung nachweisen, vor der Wahl 2002 wissentlich Unwahrheiten verbreitet zu haben. Der Abschlussbericht konnte das nicht bestätigen, was die Opposition dennoch veranlasste, sich voll bestätigt zu fühlen. Was für ein Schauspiel! Oscar Wilde hätte bestimmt seine wahre Freude daran gehabt, er beklagte bereits Ende des 19. Jahrhunderts den »Verfall der Lüge«: »In London verlangt man sogar von Politikern, dass sie moralisch sind. Die Folgen sind verheerend: Einer nach dem anderen verschwindet in der Versenkung.«

Ein parlamentarischer Wahrheitsfindungsausschuss blieb Andrea Ypsilanti erspart, was ihr blühte, war allerdings weitaus weniger komfortabel. Es war die Steinigung, dazu gleich. Die Lüge gehöre zur »Kernkompetenz der Politiker«, so formuliert es Bestseller-Autor Roger Willemsen in seinem Dialog zur »Weltgeschichte der Lüge« mit dem Kabarettisten Dieter Hildebrandt. Man kann es auch so sagen, erstens: Die Tatsache, dass banale Versprechen nach der Wahl nicht eingehalten werden, gehört seit jeher zum politischen Geschäft, was es weder erklärt noch entschuldigt, ebendieses Geschäft hingegen genau beschreibt. Nur ein Beispiel: »Merkel-Steuer, das wird teuer«, reimte die SPD im Wahlkampf 2005 gegen die angekündigte Mehrwertsteuer-Erhöhung der Union, um sie dann nach der Wahl in der großen Koalition problemlos mitzumachen. Hat sich darüber ernsthaft jemand aufgeregt?

Zweitens: Auch Koalitionsaussagen – Ypsilantis Nein zur Linken war ja eine – werden stets nach der Wahl nicht so heiß gegessen, wie im Wahlkampf gekocht. Dazu zwei kurze Beispiele: Schwarz-Grün – von beiden Parteien vorher ausdrücklich abgelehnt – deutete man 2008 in Hamburg zunächst noch zum »Prestige- und Reformprojekt« um. Einer großen Koalition im Bund – zweites Beispiel – hatten 2005 Union und SPD vorab eine klare Absage erteilt; diese Konstellation sind beide Parteien dann zur Verwunderung vieler nahezu reibungslos eingegangen. Parteien sprechen dann gerne vom Wählerauftrag, der die Sachlage bedinge ... Andrea Ypsilanti indessen kam mit den handelsüblichen Verfahrensweisen keinesfalls durch. Warum? Was ist hier los? Ihr Wort gegen eine Partei, gegen die Linke, bewerten ausnahmslos alle Politiker, alle Medien und bis zu einem gewissen Zeitpunkt auch sie selbst als sakrosankt. Wieso aber gilt bei ihr nicht, was alle ohnehin immer mit einkalkulieren, wenn man die politischen Akteure betrachtet?

Freilich tragen viele Ursachen zum grandiosen Scheitern von Andrea Ypsilanti bei. Es liegt sicher an ihrer Taktik, es sind auch innerparteiliche, harte Machtkämpfe, zu denen sich sehr spezifische regionale hessische Verhältnisse gesellen, die sich in der Politik seit Jahrzehnten schärfer als anderswo ausprägen. Hessen, so viel zur Erinnerung, ist das Bundesland des ersten grünen Turnschuhministers Joschka Fischer, aber auch der Erzengel des Konservativismus, Alfred Dregger und Manfred Kanther. Hier kumulieren seit jeher alle Grabenkämpfe der alten westdeutschen Bundesrepublik und erregen die Aufmerksamkeit der gesamten Republik. Ist man sich dieser Hintergründe bewusst, verwundert weniger, dass die Linkspartei so maßlos als Reizfigur aufgebauscht wird. Reflexartig wird, wie zur Zeit der Ost-West-Gegensätze und des Kalten Krieges, unerbittlich gegen Kommunisten polemisiert und gegen alle, die dafür gehalten werden. Aber der Reihe nach.

Der Yps-Faktor

Andrea Ypsilantis Aufstieg beginnt spätestens mit der Kür zur Spitzenkandidatin der Hessen-SPD im Dezember 2006, ihre Hochphase erlebt sie kurz vor der Wahl im Januar 2008. Freudig feiert man sie als »eschte Hessin« mit Lokalkolorit. Sogar die politisch unverdächtige Frauenzeitschrift *Brigitte* widmet ihr einen mehrseitigen, heimeligen Beitrag, in dem zu erfahren ist, dass die private Andrea Ypsilanti »weich, offen, verletzlich« sei. Allerdings legt sie – noch im harmonischen Duett mit den Medien – gerade zu diesem Zeitpunkt bereits den Grundstein für ihr fatales Ende, was damals weder sie noch andere erahnen. Aber sie spielt das Spiel allzu gerne mit. Jedenfalls kommt ihr die Inszenierung des *underdogs* gelegen: Die redliche Ypsilanti gegen den kaltblütigen Koch. Moderne Frau gegen den Mann von gestern. Gut gegen Böse.

Sie stellt sich als klassische sozialdemokratische Aufsteigerin dar, von dem Arbeiterkind (ihr Vater war Werkzeugmachermeister bei Opel), von der ehemaligen Stewardess (sie arbeitete drei Jahre bei der Lufthansa) zur Diplom-Soziologin, zur Kämpferin für Gerechtigkeit. Karriere durch Bildung, eine typische SPD-

Biografie. Ihr politischer Freund und potentieller Koalitionspartner von den Grünen, Tarek Al-Wazir (Ypsilanti nennt ihn auf ihren Wahlveranstaltungen liebevoll den »Offenbacher Bub«) beschreibt sie während des Wahlkampfes so: »Sie hat Werte. Sie hat Glaubwürdigkeit. Sie hat Rückgrat.«

Diese allgemein positive Stimmung, die kurz nach der Wahl durch den Erfolg noch beflügelt wird, krönt ein peinlicher *stern*-Artikel am 31. Januar 2008: »Andrea Ypsilanti hat das Warme, das Weiche, das Linke wiederbelebt … Die SPD mit Herz. Mit viel Herz. Herz-Dame sticht Pik-König. Eigentlich unmöglich.« Es ist eine distanzlos schwülstige Schwärmerei, die sich jedoch wenige Zeilen weiter sogar noch steigern lässt: »Ypsi, die vom Himmel gefallen schien. Das Wort vom Yps-Faktor überschwemmte das Land. Yps-Faktor. Glücks-Faktor. Ein Phänomen.« Dieser Yps-Faktor resultiert aus der Zeit, als Andrea Ypsilanti nach ihrer Kritik an den rot-grünen Arbeitsmarktreformen von Bundeskanzler Gerhard Schröder als unbedeutende »Frau XY« abgespeist wurde. Das machte Ypsilanti mit dem »Y« (der griechische Name stammt von ihrem geschiedenen Ehemann) erst bundesweit bekannt, der »Yps-Faktor« wurde ihr Markenzeichen – und eben auch die damit assoziierte Wahrhaftigkeit: Diese Politikerin sagt, was sie denkt. »Frau Ypsilanti ist glaubwürdig, gut gelaunt und kompetent«, so die Selbstauskunft von Andrea Ypsilanti in einem *Bild-am-Sonntag*-Interview. Sie also ist die ehrliche Haut mit dem großen Herzen. Wäre die Sache gut gegangen, vermutlich hätte diesen Schmalz niemand mehr bemerkt, andererseits: bereits hier hätte man ahnen können, das kann auch schiefgehen. Bis zur Penetranz betont sie selbst indirekt oder direkt immer wieder ihre Glaubwürdigkeit, die sie ausdrücklich hervorhebt, um ihren politischen Gegner Roland Koch zu diskreditieren. Kurz vor ihrem Wahlerfolg analysiert die *Frankfurter Rundschau*: »Niemand hat Ypsilanti zugetraut, dass sie so nah herankommen könnte. Gewonnen hat sie deshalb schon jetzt.« Wie falsch.

Später, als der Glanz verblasst, unterstellt man ihr eine Hybris, die begründet sei durch ihre Erfolge in der eigenen Partei (sie setzte sich gegen ihren Widersacher Jürgen Walter durch) und gegen Roland Koch. Laut klagen auch die, die sie zuvor in den Himmel lobten. *Verlierergeschichten und Skandale sind für Opportunisten wie geschaffen.*

Not oder Elend

Die Linkspartei kommt also gerade so ins Parlament. Immer wieder hatte Andrea Ypsilanti vor und auch noch nach der Wahl betont: nicht mit den Linken (»Da bin ich ganz standhaft«). Keine Zusammenarbeit. Nie. Immer und immer wieder in allen Variationen: Nein, nein, nein. Kein Hintertürchen. Und darauf ihr Wort.

»Wort halten«, schreibt dann gleich nach der Wahl die linksalternative *taz* und betont: »Sie weiß, dass sie (…) vor allem daran gemessen werden wird.« Dieser Gedanke zieht sich unisono durch alle Kommentare, Leitartikel, Berichte, eigentlich alle Veröffentlichungen und geht auf das Bild der besonders glaubwürdigen Politikerin zurück, das Andrea Ypsilanti von Beginn an selbst initiierte und strapazierte. Erst nach einigen Wochen bekommt der Bann gegen Andrea Ypsilanti dann Züge einer gezielten Kampagne.

Die Welt veranschaulicht das Dilemma einen Monat nach der Wahl mit dem Vergleich zur griechischen Tragödie – und wird Recht behalten: »Welchen Weg auch immer die Protagonistin einschlägt, er kann fast nur mit ihrem Sturz enden.« Der Rhetorik-Professor Joachim Knape bemerkt kurz darauf in der *Frankfurter Allgemeinen Sonntagszeitung*, Andrea Ypsilanti sei in die »Nie-Falle« gelaufen, dabei habe schon Napoleon Politikern geraten, das Wörtchen »nie« nie zu verwenden. »Not oder Elend«, »Debakel oder Desaster«, so beschreibt es die *Frankfurter Rundschau* viel später, kurz bevor alles vorbei ist.

Jetzt aber geht es erst richtig los. Als nach einigen Pirouetten von SPD, Grünen und FDP feststeht, dass Andrea Ypsilanti ohne die Linkspartei keine Regierung bilden kann, beginnt sie mit ihrer fatalen Argumentation, in der sie Hierarchien von abgegebenen Versprechen konstruiert. Am 28. Februar 2008 sagt sie im *ZDF-Morgenmagazin*, es gehe beim Thema Glaubwürdigkeit um die politischen Inhalte, sie sei auch für einen »Politikwechsel in Hessen« gewählt worden, daran müsse sie denken. »Wortbruch kann viele Facetten haben«, fabuliert sie bereits am 2. März 2008 in der *Frankfurter Allgemeinen Sonntagszeitung* und sehr deutlich drückt sie sich am 5. März 2008 in der *Welt* aus: »Es wird vielleicht so ausgehen, dass ich mein Versprechen nicht halten kann – mich nicht von den Linken wählen zu lassen.«

Das war es. Ab sofort wird sie mit dem Verdikt »Lüge« bedacht; der Skandal avanciert zur Stunde höchster politisch-moralischer Dichtkunst, in der feine Wortneuschöpfungen kreiert werden: »Lügilanti«, »Tricksilanti« – kurzum: »eine ganz linke Nummer, Deutschland fühlt sich belogen!« *(Bild)*. Mittlerweile »fühlt« sich folglich ein ganzes Land übervorteilt. Spätestens jetzt stilisiert man Andrea Ypsilanti zur politischen Figur von nationalem Interesse mit lukrativem Nebeneffekt: Skandale brauchen Reichweite, sonst hauchen sie ihre Kurzlebigkeit als Provinzposse aus. Hessische Politik lässt sich mit so einer Story aber auch bundesweit sprichwörtlich verkaufen: Als Fortsetzungsgeschichte einer überführten Lügnerin.

Bild-Kolumnist Franz Josef Wagner historisiert für das eigene Publikum erstaunlich salbungsvoll: »In der Kulturgeschichte der Lüge wird Frau Ypsilanti einen bemerkenswerten Platz einnehmen.« Da ist er wieder, der uralte Denker-Diskurs zur Lüge in der Politik. Oder was meint Wagner hier? An die *Kleine Kulturgeschichte der Lüge* von Steffen Dietzsch dürfte er jedenfalls dabei wohl kaum gedacht haben. Der Philosoph muntert freudig dazu auf, dass wir lernen sollten mit der Lüge, dem »Normalfall der

Kommunikation«, umzugehen. Nein, bei Andrea Ypsilanti zeigt sich Wagner streng. Und gnadenlos.

»Wenn Lügen in Deutschland schick werden«, so Wagner in einem Brief an »Liebe Andrea Ypsilanti«, »dann haben wir einen nationalen Notstand.« Wäre noch mehr Dramatik möglich? Einen »nationalen Notstand« gibt es hierzulande sonst bei Rinderwahnsinn, Schweinegrippe oder wenn Fußball-Deutschland über den richtigen Kapitän debattiert. Aber einen »nationalen Notstand« auszurufen, weil sich die hessische Spitzenkandidatin der Sozialdemokraten auf der Suche nach einer Mehrheit in einem Landesparlament abnutzt?

Andrea Ypsilanti ist längst im freien Fall, doch ihre Geschichte wird noch brisanter. Denn bereits im März 2008 spricht sich die SPD-Landtagsabgeordnete Dagmar Metzger gegen die Wahl der hessischen SPD-Landesvorsitzenden zur Ministerpräsidentin einer rot-grünen Minderheitsregierung mit den Stimmen der Linken aus. Metzger erklärt, sie fühle sich aus Gewissensgründen an ihr abgegebenes Versprechen gebunden, nicht mit den Linken zu kooperieren. Außerdem führt sie biografische Gründe an, sie habe Mauerbau und Stasi in der eigenen Familie erlebt. Eine Minderheitsregierung unter der Führung von Andrea Ypsilanti ist (im ersten Anlauf) gescheitert.

Sofort werden die Programmhefte neu gedruckt, denn jetzt steht das alte Bühnenstück Gut (das reine Gewissen der Dagmar M.) gegen Böse (das schäbige Verhalten der Andrea Y.) in neuer Besetzung zur Uraufführung an: »Drama um Deutschlands ehrlichste Politikerin«, nennt es *Bild*, die Premiere diesmal handelt vom Mobbing der »Lügilantis«, dem die »tapfere Daggi« ausgesetzt sei. Wie zuvor einmal Andrea Ypsilanti glänzt augenblicklich Dagmar Metzger als nationale Ikone der Ehrlichkeit. »Andrea Dilettanti«, kommentiert der *Deutschlandfunk* das Geschehen perfide. Seit Wochen bezichtigt man Ypsilanti überall der Lüge; als eine Regierungsbildung scheitert, ist sie die Versagerin, dabei hätte man doch froh sein können, niemand wollte auf diesem »Fundament der Lüge« *(Süddeutsche Zeitung)* eine Regierung. »Skandal« ruft die CDU immerzu; aber Ypsilanti fällt nicht. Noch nicht.

An dieser Stelle offenbart sich ein Charakteristikum eines solchen Dramas: Solange die eigenen Parteifreunde zum Gescholtenen halten, steht die Machtbasis. »Die Kunst des erfolgreichen Skandalisierens besteht deshalb darin«, so der Kommunikationswissenschaftler Hans Mathias Kepplinger, »die Anhänger des Angegriffenen zur Distanzierung zu zwingen.« Bei Andrea Ypsilanti geschieht das Gegenteil: Auf einem außerordentlichen Parteitag Ende März in Hanau, nach dem gescheiterten Versuch der Regierungsbildung, unterstützen die Genossen ihre überall gescholtene Spitzenkandidatin, die Diffamierungen der letzten Wochen führen im eigenen Kreis zur Solidarisierung. Daraufhin konstatiert die *Frankfurter Allgemeine Sonntagszeitung* eine Wandlung »von der Volkspartei zur Sekte«. *Bild* wundert sich, Ypsilanti werde von der Hessen-SPD wie ein »Popstar« gefeiert. Auf *faz.net* ist zu lesen: »… wie in einer romantischen Kinokomödie.« Dass die so Geschmähte, die überführte Lügnerin noch Anhänger hat, das kann einfach nicht mit rechten Dingen zugehen. Andernfalls hätte die gesamte Berichterstattung der letzten Tage falsch gelegen. Also müssen die, die ihr Applaus spenden, verrückt sein (Sekte), berauscht (Popstar) oder komplett benebelt (wie die Akteure einer Liebesschnulze).

Die Parteitagsmeldungen folgen der bisherigen Skandalisierungsdramaturgie. Will man eine in sich logische und stringente Geschichte erzählen, bedingt der eine Teil der Story (gebrandmarkte Lügnerin), auch alles andere: Ihre Parteigenossen können demzufolge nur pathologisch sein, ihre Widersacherin dagegen einzig aufrecht und so entstehen stereotype Muster. Dieses Storytelling geschieht nicht immer vorsätzlich, der mediale Gleichklang wie im Fall Ypsilanti bedusselt auf Dauer offenbar alle Beteiligten. So nehmen aber auch die an einer kampagnenartigen

Entwicklung teil, die dies weit von sich weisen würden. Der Skandal entwickelt sich gewissermaßen zur *self-fulfilling prophecy*.

Das Motiv der Irren aus Hessen taucht immer wieder auf, auch noch kurz vor der Neuwahl, als Andrea Ypsilanti bereits nicht mehr Spitzenkandidatin ist. Da hofft *Die Zeit* in dem Beitrag »Eine Partei im Wahn«, dass Ypsilantis Nachfolger »das Wunder von Wiesbaden schafft: die SPD zurückzuverwandeln von einer geschlossenen Anstalt in eine normale Partei.« Man mag es nahezu ausschließen, dass ein Lexikon zur bundesrepublikanischen Parteiengeschichte davon berichtet, dass irgendwann schon einmal zuvor die SPD oder auch die CDU in Gänze zu einer Art geschlossenen Anstalt für psychisch Kranke erklärt wurden.

Die Macht im eigenen Haus scheint für Andrea Ypsilanti durch die Mehrheit der Hessen-SPD noch gesichert, und es vergehen einige Monate, einige Koalitionsverhandlungen und einige Probeabstimmungen bis Andrea Ypsilanti im Herbst 2008 dann den zweiten Anlauf nimmt – allen Ratschlägen auch aus der eigenen Partei zum Trotz, und trotz der Stimmung gegen sie. Immer wieder betont sie in diesen Monaten, es gehe um Inhalte, um die »soziale Moderne«, und nicht um ihre Person, für diesen »Politikwechsel« sei sie schließlich auch gewählt worden. Hier bewahrheitet sich eine goldene Regel: Je stärker Politiker hervorheben, es gehe ausschließlich um Inhalte, desto sicherer darf man sein, es geht um die Person, vor allem ihre. Natürlich ging es allein um sie. Je lauter Politiker rufen, man wolle aus dieser oder jener Frage jetzt keinen Wahlkampf machen, desto sicherer kann man sein: Die nächste Wahl naht.

Ypsiland ist abgebrannt

Weltpolitisch ist der Herbst 2008 die Zeit, in der sich in den Vereinigten Staaten die Ablösung des Republikaners George W. Bush durch den charismatischen Präsidentschaftskandidaten der

Demokraten, Barack Obama, anbahnt. Andrea Ypsilanti überhöht ihre mögliche eigene Wahl mit dem parallelen Geschehen in den USA. Obamas »Yes we can« wandelt sie in den Slogan »Yes we do« und prophezeit ihrer Partei, man werde bald den konservativen Roland Koch in die Wüste schicken (gemeint war: Genauso wie es die US-Amerikaner mit dem ungeliebten George W. Bush und dem republikanischen Kandidaten John McCain beabsichtigten und taten).

Während die eine sich und ihre Partei emphatisch in weltpolitische Dimensionen erhebt, wollen die anderen ähnlich pathetisch ihre Verbannung inszenieren. Linke Tyrannei statt sozialer Moderne drohe, wie ihre Kritiker warnen. Und die Springer-Blätter scheuen sich nicht, CDU-Wahlkampfslogans wie »Links-Block verhindern!« variantenreich bis an die Grenze zur Peinlichkeit wiederzukäuen. Der Wahlkampf-Schlager »Freiheit statt Sozialismus« erlebt gesampelt seine Neueinspielung und ein *revival*. Gut dreißig Jahre nach der Wahl von 1976 heißt das Motto: »Back to the roots.«

Der langjährige Springer-Publizist Hugo Müller-Vogg kritisiert mit viel Pathos in *Bild* bereits im August 2008, Ypsilanti wolle »ausgerechnet am 13. August, dem 47. Jahrestag des Mauerbaus« in einer Sitzung den Weg frei machen. In einem anderen Kommentar nimmt Müller-Vogg Oskar Lafontaine gleich in Mithaftung und beschwört eine weitreichende kommunistische Gefahr herauf: »Die rot-rote Republik wird einen anderen Namen brauchen: Volksrepublik Deutschland!« Muss man sich diese Republik wie eine chinesische Oase des himmlischen Friedens vorstellen oder vielleicht eher wie die dunkle Orwell'sche Zukunftsvision aus dem Roman *1984*, wo »die Partei« alles reguliert und dann ausgerechnet das »Ministerium für Wahrheit« regiert? Aber nein, während Lafontaine und Ypsilanti nicht einmal in einem Putsch das Land übernehmen, bastelt Müller-Vogg weiter an seiner düsteren Dystopie. Sein Roman *Volksrepubik Deutschland* ist tatsächlich im Handel erhältlich, seine Science-Fiction aber bleibt eine Fata Morgana, denn Hessen und Deutschland werden nach wie vor bürgerlich regiert.

Zurück zu ihr: Als existenzielle Gefahr entpuppen sich für Andrea Ypsilanti nicht ihre offenen Gegner, sondern allein die eigenen Parteifreunde. Am Tag vor der geplanten Wahl im Landtag, am 3. November 2008, erklären die SPD-Mitglieder Silke Tesch, Carmen Everts, Jürgen Walter und noch einmal Dagmar Metzger, sie würden die Wahl von Andrea Ypsilanti zur Ministerpräsidentin mit den Stimmen der Linkspartei nicht unterstützen. Die geplante Koalition von SPD und Grünen, toleriert durch die Linke, ist somit unmöglich und am Ende, bevor sie überhaupt begann. Aus Gewissensgründen. Wie wenig aufrecht die allseits als die »Aufrechten« bezeichneten tatsächlich agieren, hat Volker Zastrow, Journalist der *Frankfurter Allgemeinen Zeitung*, in seinem Buch *Die Vier – eine Intrige* exzellent beschrieben.

Das Aus der vormals hofierten politischen Neuentdeckung ist mit diesem Auftritt der »Rebellen« besiegelt. Der mediale Overkill beginnt jedoch erst jetzt. »Ypsiland ist angebrannt«, dichtet *Bild*, doch während die Zeitungen insgesamt fast ein wenig erschöpft wirken (es gibt wohl zu »Lügilanti« keine richtig gute Steigerung mehr), läuft mit einem Mal das Fernsehen zu Höchstform auf. *ARD und ZDF*, Reinhold Beckmann und Johannes B. Kerner, teilen sich in ihren Talk-Runden die Helden und die Verlierer auf, der *Tagesspiegel* kommentiert diese »hessischen Fernsehfestspiele« sehr passend: »So viel Hessen war seit Heinz Schenk und ›Der Blaue Bock‹ nicht, jener kultigen TV-Äppelwoi-Unterhaltungssendung aus den 70er und 80er Jahren.«

Bei der Neuwahl zum hessischen Landesparlament am 18. Januar 2009 verzichtet Andrea Ypsilanti auf die Spitzenkandidatur, die SPD verliert 13 Prozentpunkte und landet mit dem zuvor noch schnell installierten neuen Frontmann Thomas Schäfer-Gümbel auf miserablen 23,7 Prozent. Andrea Ypsilanti übernimmt noch am Abend die politische Verantwortung und tritt – fast genau ein Jahr nach ihrem Beinahe-Sieg – von ihren Ämtern als Landes- und Fraktionsvorsitzende zurück.

Musste das so ausgehen? Politiker berufen sich gerne auf etwaige Medienkampagnen, wenn es nicht so läuft, wie sie es wünschen, wie wir beispielsweise noch bei Gabriele Pauli betrachten können. Und auch Andrea Ypsilanti wittert einen gezielten Feldzug gegen sie. Hat sie Recht? Wie war es hier? Der altgediente Nationalökonom Albrecht Müller kennt sich aus mit Kampagnen. Als Redenschreiber von SPD-Wirtschaftsminister Karl Schiller und Leiter der Planungsabteilung im Bundeskanzleramt bei Willy Brandt und Helmut Schmidt war er einst selbst Meinungsmacher. In seinem Buch *Meinungsmache* legt er anhand mannigfaltiger Beispiele dar, wie gleichgerichtetes Denken durchaus zu Manipulationen von Meinung und Politik führen könne. So weist er unter anderem nach, dass die bloße, aber fortdauernde Behauptung eines Linksrucks in der bundesrepublikanischen Geschichte immer auch faktisch sachliche und personelle Folgen hatte. Darum: politische Skandale können Kampagnencharakter entfalten, die zur Beeinflussung oder sogar Manipulation der öffentlichen Meinung führen. Aber hatte Andrea Ypsilanti nicht tatsächlich gelogen? Und musste sie seither nicht mit den Konsequenzen leben? Wer alles darauf verengt, verkennt diese Skandalisierungsmechanismen und zugleich die potentielle Wirkung publizistischer Einflussnahme. Müller nennt als die gängigsten Methoden dieser Beeinflussung die Übertreibung (hier: »rot-rote Volksrepublik!«), die permanente Wiederholung aus allen Richtungen (hier: »Wortbruch! Lüge!«) und den Missbrauch der Sprache (hier: »Lügilanti!«).

Es hallt bis heute nach. Wer den Begriff »Wortbruch« googelt, den lotst eines der ersten Suchergebnisse noch immer zielstrebig nach Hessen, und damit zu Ypsilanti. Man landet bei der aus vergangenen Wahlkampfzeiten stammenden Initiative »Rückgrat gegen Wortbruch«. Die dort heraufbeschworene Gefahr einer »Regierungsbeteiligung von Extremisten« ist zwar längst passé, der Wortbruch aber, so scheint es, lässt sich ewig mit ihr in Verbindung setzen. Andrea Ypsilanti und dieser Begriff sind mittlerweile eine geradezu symbiotische Beziehung eingegangen. Skandale haben im Allgemeinen eine kurze Halbwertszeit, doch als fortdauerndes, sich autark verknüpfendes Gedächtnis fungiert das Internet, selbst wenn der Hype um die Gefallene längst vorüber ist.

Der Wortbruch konnte auch deshalb zum Leitmotiv werden, weil sich Andrea Ypsilanti zuvor selbst als personifizierte Glaubwürdigkeit inszenierte, sie versprach sich damit einen Wettbewerbsvorteil, der sich schließlich in einen Bumerang verwandelt hatte und schneller als erwartet zurückkam. Politische Strategien (wer mit wem?) wurden eine Frage der Moral, die Akteurin wurde dämonisiert, ihr Absturz bejubelt. Am Ende schlug die Stimmung um zugunsten ihres zuvor einhellig abgewählten Widersachers Roland Koch. Dabei war gerade das Verhältnis des brutalst möglichen Aufklärers zur Wahrheit in der Zeit der hessischen CDU-Spendenaffäre besonders fragwürdig. Nur: Es zählt nicht unbedingt, wie ehrlich ein Politiker ist, sondern: wie authentisch er ist. Jetzt war Roland Koch im Vorteil. Die Skandalisierung seiner Konkurrentin hatte er nicht (vorrangig) betrieben, wurde aber deren Hauptprofiteur.

Nach der kollektiven Empörung über Andrea Ypsilanti, folgte am Ende schließlich die Genugtuung, die allein dadurch getrübt schien, dass sie »in Raten« zurücktrat (bei der Neuwahl war sie zwar nicht Spitzenkandidatin, blieb aber bis zum Wahlabend noch Landes- und Fraktionsvorsitzende). Für alle blieb Hessen als negatives Paradebeispiel in Erinnerung. Skandalisierungen dieser Art wirken so immer auch wie Schauprozesse – mit einem Lerneffekt für das breite Publikum. Wie geräuschlos ein Machtwechsel bei ähnlicher Ausgangslage erfolgen kann, exerzierte zwei Jahre später, im Juli 2010, die SPD-Politikerin Hannelore Kraft in Nordrhein-

Westfalen. Das hessische Schauspiel sollte sich in Düsseldorf mit ihr nicht wiederholen, auch wenn die CDU kurzzeitig versuchte mit einer sogenannten »Kraftilanti«-Kampagne zu diffamieren und somit zu punkten. Vergeblich. Für alle nachfolgenden Politikergenerationen aber bleibt der archaische Kampf um Wahrheit und Lüge selbstverständlich erhalten. Wir dürfen gespannt sein.

Eigentlich hätte Andrea Ypsilanti nicht von ihrem Vorbild Barack Obama, sondern von einem anderen US-Präsidenten lernen können. Fast brachte einmal eine Praktikantin namens Monica Lewinsky den mächtigsten Mann der Welt zu Fall, als der schwor, keinen Sex mit ihr gehabt zu haben (»I did not have sexual relations with that woman«). Interessanterweise war im Zuge dieser Skandalisierung um Bill Clinton nie wirklich der mögliche Seitensprung wichtig (das hätte man ihm vielleicht sogar im prüden Amerika verziehen), es ging letztlich um die alles entscheidende Frage: Hat er gelogen oder nicht?!

Bei Andrea Ypsilanti ist diese Frage im Grunde leicht zu beantworten. Eine Lüge setzt eine gewisse Täuschungsabsicht voraus, nur: die hatte Ypsilanti nicht. Als sie begann, ihr Versprechen abzugeben, war es ein billiges. Die Linkspartei schien keine Chance zu haben, den Sprung in das Parlament zu schaffen. Als es kurz vor der Wahl aber knapp wurde, hielt Andrea Ypsilanti trotzdem an ihrer Linie fest, weil sie dachte, damit die Linke aus dem Parlament heraushalten zu können. Wenn keiner mit denen regieren will, muss man sie auch nicht wählen. Das Kalkül ging nicht auf, es war eine Fehleinschätzung. Aber eine Lüge?

Politische Torheit, das war es in jedem Fall. Nur leider ist die Kehrseite der Dummheit meist die Arroganz und Andrea Ypsilanti war nicht frei davon. Sie schien in ihren Auftritten zunehmend überheblich. Das machte sie noch angreifbarer, auch diese Wirkung spielte ihren Gegnern in die Hände.

Zum Schlussakkord noch einmal Franz Josef Wagner in seinem »Abschiedsbrief« an Andrea Ypsilanti: »Ich möchte Ihnen ja gerne verzeihen, weil ich jeder Frau gerne verzeihe. Wenn sie nur ihren Seitensprung bereut. Verzeihen könnte ich dieser Frau schon, aber lieben könnte ich Sie nicht mehr. Herzlichst Ihr ...« (*Bild,* 11. November 2008) Diesen Liebesentzug sollte sie problemlos verkraftet haben, ihr politischer Macht- und öffentlicher Bedeutungsverlust wiegt da schwerer. Sie dürfte weiter versuchen, sich nicht mehr allein auf Karnevalveranstaltungen Gehör zu verschaffen. In einem vorweihnachtlichen *Bunte*-Interview vom 23. Dezember 2009 gibt Andrea Ypsilanti zu: »Ich kann nicht verhehlen, dass meine politische Leidenschaft mit meiner derzeitigen Tätigkeit nicht befriedigt ist.« So ehrlich sagt das kaum jemand.

Der gute Mensch von Erlangen

Heinrich von Pierer – von Mr. Siemens zum Schrebergärtner

»Er hätte alles werden können, vom Bundespräsidenten an abwärts«
(Süddeutsche Zeitung, 25. Januar 2007)

»Tiefer könnte ein Fall kaum sein«
(Frankfurter Rundschau, 21. April 2007)

Es gibt nicht nur den Phantomschmerz, es gibt auch das Phantominterview. Beim Phantominterview spricht man mit einer Person mitunter lange Zeit über Dinge, die man gar nicht von ihr wissen will. Bis man dann irgendwann zum Eigentlichen kommt. Ein solches Interview führte der *Focus* im Oktober 2009 mit Heinrich von Pierer, dem Ex-Siemens-Chef. Zweieinhalb Jahre nachdem er wegen der Korruptionsaffäre vom Aufsichtsratsvorsitz zurücktreten musste und seinen Ruf mehr oder weniger ruiniert hatte, war seine Meinung eigentlich nicht mehr besonders gefragt. Trotzdem ging es in dem Interview um den Wahlkampf von Frau Merkel, die Finanzkrise, den Mauerfall, die blühenden Landschaften etc. etc., seitenlang. Die Simulation war perfekt, diente aber nur einem Zweck: Was sagt er dazu, dass Siemens nunmehr sechs Millionen Euro Schadenersatz von ihm verlangt? Dazu wollte er gar nichts sagen und so nahm das Gespräch ein trostloses Ende: »Frage: Gehen Sie in Erlangen nach wie vor gern

über den Markt? Antwort: Ja, mit Vergnügen. Da habe ich meinen
Gärtner, bei dem ich meine vielen schönen Pflanzen gekauft habe.
Ich habe einen Gemüsegarten mit so ziemlich allem, was man
sich vorstellen kann. Melonen, Radieschen, Rettiche, gelbe Rü-
ben, Zucchini, Gurken, Kohlrabi, Mais, Kürbisse für eine schöne
Suppe, Kartoffeln, Erdbeeren natürlich, Himbeeren. Es ist ein
richtiges Himbeerjahr dieses Jahr. Und auch meine Tomaten sind
dieses Jahr eine Pracht, ganz phänomenal.« Fehlt noch ein Ge-
müse? Heinrich von Pierer, einst hoch angesehener und mächtiger
Wirtschaftsführer der Deutschland AG, als duldsamer Rentner
im Gemüsebeet – das ist auch eine Form der (Selbst-)Demontage.
Vermutlich wollte man ihm wegen seiner großen Verdienste um
die deutsche Wirtschaft nicht übel-, sondern wohlgesonnen sein.
Dennoch hatte man ihm einen Bärendienst erwiesen, nicht nur in
diesem Interview. Vor lauter Respekt vor der Lebensleistung ver-
gaß so manch einer zu fragen, ob es nicht auch eine Lebenslüge
gab.

Es war der 15. November 2006, als rund 200 Polizeibeamte,
Staatsanwälte und Steuerfahnder in einer groß angelegten Razzia die Siemens-Konzernzentrale in München durchsuchten. Am
16. November ging die Razzia groß durch die Presse, am 17. November war die Rede vom Verdacht der Untreue einzelner, zum
Teil hochrangiger Mitarbeiter, von Bestechungsgeldern für Auf-
traggeber, von schwarzen Kassen und einem dubiosen Finanz-
system. Gegen fünf Mitarbeiter erging Haftbefehl, darunter auch
gegen einen Bereichsvorstand. Es wurden auch Namen genannt
von (ehemaligen) Vorstandsmitgliedern, die das geheime Finanz-
system federführend entwickelt und betrieben haben sollen. Die
Staatsanwaltschaft München sprach davon, dass bei Siemens über
Tarn- und Auslandsgesellschaften vermutlich rund 20 Millionen
Euro veruntreut worden seien. Noch wusste niemand so recht,
welche Dimension das Ganze hatte, weder die Staatsanwaltschaft
noch die Presse.

Was in der Folgezeit ins Rollen kam, war eine Schmiergeld-affäre gigantischen Ausmaßes, die größte der jüngeren deutschen Wirtschaftsgeschichte. Wochen- und monatelang jagte eine Ent-hüllung die nächste. Vorstandsvorsitzender war zu dieser Zeit Klaus Kleinfeld, er führte den Konzern seit Januar 2005. Natür-lich waren er und andere Vorstände für das System der »schwar-zen Kassen« verantwortlich, doch ins Zentrum der Kritik rückte jemand anders: Mr. Siemens, Heinrich von Pierer. Er hatte den Konzern von 1992 bis 2005 als Vorstandsvorsitzender geführt, war 2006 Vorsitzender des Aufsichtsrates. Und in den Ermitt-lungen der Staatsanwaltschaft ging es vor allem um den Zeitraum vor 2004. Doch von Pierer wies alles Wissen um und jede Ver-antwortung für die Bestechungsaffäre von sich. Schon bald gab es die ersten Rücktrittsforderungen von Seiten der Aktionärsschüt-zer, schließlich könne er nicht als Aufsichtsratsvorsitzender mit der gebührenden Neutralität aufklären, wofür er als Vorstandsvor-sitzender einst verantwortlich war. Auch das wies von Pierer weit von sich: »Wenn man jedes Mal eine politische Verantwortung konstruieren würde, hätten wir alle paar Monate einen neuen Vor-stand«, so wurde er damals zitiert. Er habe erst durch die Razzia von der Existenz schwarzer Kassen erfahren. Gründe für persönli-che Konsequenzen erkenne er nicht. Er halte es für seine Aufgabe, die Aufklärung voranzutreiben. *(Süddeutsche Zeitung)* Ein Rück-tritt käme einem Schuldeingeständnis gleich. Heinrich von Pierer sah sich als Teil der Lösung, nicht als Teil des Problems.

Das Denkmal wackelt, aber noch fällt es nicht

Was hat er wann gewusst, natürlich wurde diese Frage in den Me-dien diskutiert. Doch kaum eine Frage und kaum eine Kritik ohne den Hinweis auf Pierers absolute Untadeligkeit. Der lautere, all-seits respektierte Konzernlenker als tragische Figur, der angesichts der Korruptionsaffäre um seine Lebensleistung fürchten muss, das hatte zuweilen Züge von vorauseilendem Gehorsam, denn man konnte damals noch gar nicht wissen, ob er tatsächlich über jeden Verdacht erhaben sei, ob er auch so untadelig aus dem Skandal um die Schmiergeldzahlungen hervorginge – die Affäre stand ja noch ganz am Anfang. Der Persilschein ist ja nur die Vorverurteilung unter umgekehrten Vorzeichen und genauso fragwürdig. Teile der Medien führten den Skandal vor allem als wirtschaftspolitische Debatte um die *Corporate Governance* genannten Unternehmens-regeln, wozu auch gehört, dass Vorstände nicht in die Aufsichts-räte des eigenen Unternehmens wechseln sollen. Es gab in der gesamten öffentlichen Diskussion am Anfang die Tendenz, das Problem auf diesen Aspekt zu verengen, dass von Pierers Wech-sel vom Vorstands- auf den Aufsichtsratsposten sein eigentlicher schwerer Fehler sei. Dabei existierte die Schmiergeldaffäre völlig unabhängig von dieser Frage. Es ging um die Verantwortung für kriminelle Handlungen in einer Zeit, als Pierer Vorstandschef war. Korruption bei Auslandsgeschäften war bis 1999 nicht verboten, inzwischen aber ein Straftatbestand. Natürlich war es im Kontext der Aufklärung dieser Affäre nicht falsch, erstens auf die generelle Problematik des Wechsels vom Vorstandsvorsitz in den Aufsichts-ratsvorsitz im selben Unternehmen hinzuweisen und zweitens die besondere Problematik hervorzuheben, Pierer fehle es mög-licherweise an Objektivität und Neutralität bei der Aufklärung des Schmiergeld-Skandals. Trotzdem wirkte die Diskussion um den Wechsel in den Aufsichtsrat zum Teil wie ein Ablenkungs-manöver, man machte ihm quasi schwere Vorwürfe in einer min-der schweren Sache. Man kam zwar nicht umhin, ihn publizistisch zu kritisieren, konfrontierte ihn aber nur sehr zurückhaltend mit der Tatsache, dass er aktiver Vorstandschef war, als das System der schwarzen Kassen installiert worden war. Die Rücktrittsdis-kussion – es gab ja bereits entsprechende Forderungen, z. B. durch Aktionärsschützer – wurde in dieser frühen Phase des Skandals sehr defensiv geführt. Keine Aufforderungen à la »Herr von Pierer, machen Sie den Weg frei für einen Neuanfang« o.ä. Stattdessen wurden Aufsichtsräte, Rechts- und Wirtschaftsexperten bemüht, um die Opportunität eines Rücktritts zu formulieren und zu begründen. Ein solch gebremstes publizistisches Vorgehen erklärt sich vielleicht auch ein Stück weit dadurch, dass staatliche Ermittlungsbehörden und nicht die Medien den Skandal ins Rollen gebracht hatten. Das änderte sich im weiteren Verlauf, vor allem die *Süddeutsche Zeitung* trat mit einer eigenen investigativen Berichterstattung hervor. Doch auch das anfänglich gebremste Vorgehen blieb nicht ohne Einfluss auf die Dynamik, mit der sich der Skandal medial entwickelte. Heinrich von Pierer selbst erklärte weiterhin: Ich habe mir nichts vorzuwerfen.

Unaufhaltsam und mit hohem Tempo konkretisierten sich die Vorwürfe gegen die Führungsspitze, der Verweis auf kriminelle Machenschaften subalterner Mitarbeiter war Makulatur. Knapp einen Monat nach der ersten Razzia räumte Siemens selbst schwere Fehler ein und erklärte, dubiose Zahlungen in Höhe von 420 Millionen Euro identifiziert zu haben. Schmiergeldzahlungen, um an Auslandsaufträge zu kommen, fast eine halbe Milliarde. *Die Zeit* war schließlich eine der ersten Publikationen, die kurz vor Weihnachten 2006 deutlich wurde: »Ein unaufhaltsamer Fall: Alle Erfahrung mit der Dynamik von Skandalen lehrt: Es ist nur eine Frage der Zeit, bis es auch den Mann an der Spitze erwischt. Heinrich v. Pierer, der amtierende Vorsitzende des Aufsichtsrates, war Vorstandsvorsitzender, als die Millionen versickerten.«

Erklärt sich ein Teil der Zurückhaltung, des verklausulierten Zitierens und der ungewöhnlich häufigen indirekten Rede evtl. auch aus der Tatsache, dass inzwischen Heerscharen hochkarätiger und hochbezahlter Anwälte unterwegs waren? In dem gleichen *Zeit*-Artikel wird nicht direkt gefragt: »Kann wirklich beinahe eine halbe Milliarde verschwinden, ohne dass der Vorstandsvorsitzende etwas merkt?«(eine extrem nahe liegende Frage), sondern man zitiert den namentlich nicht genannten Anwalt eines namentlich nicht genannten unter Verdacht stehenden leitenden Mitarbeiters … Siemens selbst hatte inzwischen renommierte Wirtschaftsprüfer und Anwälte engagiert, darunter auch US-Kanzleien, um alle Details des Skandals aufzuklären. Zum Beispiel auch die Frage, ob es diese Art der Korruption tatsächlich, wie bisher behauptet, nur in der so genannten Com-Sparte, dem für Telekommunikation zuständigen Bereich des Unternehmens, gab und warum denn z.B. beim Deal mit Kraftwerken völlig andere Sitten geherrscht haben sollten.

Als der Skandal publik wurde, befand sich Heinrich von Pierer im Zenit seines öffentlichen Ansehens. Seit er nicht mehr Vorstandsvorsitzender, sondern Chef des Aufsichtsrates war (Januar 2005), rückte er aus der rein wirtschaftlichen Sphäre immer stärker in die wirtschafts- und gesellschaftspolitische Sphäre, mit der entsprechenden publizistischen Begleitung. Als Vorzeige-Konzernchef mit ausgezeichnetem Ruf in der politischen Szene hatte er schon Helmut Kohl und Gerhard Schröder beraten und auf Auslandsreisen nach Osteuropa, Russland und China begleitet. 2005 holte ihn Angela Merkel in ihr Wahlkampf-Kompetenzteam (zuständig für Innovation) und er war als Superminister für ihr zukünftiges Kabinett im Gespräch. Im Jahr zuvor, 2004, wurde von Pierer sogar als Nachfolger von Johannes Rau im Amt des Bundespräsidenten gehandelt. Entsprechend groß war in dieser Zeit der publizistische Niederschlag, er wurde zum Mitspieler im Chor der Meinungsführer:

»Noch ein Aushängeschild« *(Frankfurter Rundschau)*,

»Erst Schröder, jetzt Merkel: Heinrich von Pierer weiß Rat« *(Welt)*,

»Von Pierer rät Merkel zu Gentechnik« *(taz)*,

»Bremsen lösen: Heinrich von Pierer über eine neue deutsche Innovationsoffensive« *(Wirtschaftswoche)*,

»Der Kanzler-Flüsterer« *(Focus)*,

»Viele kleine Schritte nötig: Siemens-Aufsichtsratschef Heinrich von Pierer über seine Rolle als Berater von Angela Merkel, die Ernsthaftigkeit einer neuen Innovationsoffensive und deutsche Befindlichkeiten« *(Spiegel)*.

Im Mai 2006 installierte Bundeskanzlerin Merkel den »Rat für Innovationen und Wachstum« unter Pierers Führung als hochkarätiges Beratergremium der Bundesregierung. Dieses Agieren an der Nahtstelle von Politik, Wirtschaft und Wissenschaft, das war es, was ihn so gereizt hatte. Schon während seiner aktiven Zeit bei Siemens, schrieb die *Frankfurter Allgemeine Sonntagszeitung,* war Politik immer Chefsache: »Über Pierer steht nur noch der Papst und der UN-Generalsekretär, spotteten sie damals am Wittelsbacher Platz über den Vorstandsvorsitzenden und dessen Lieblingsrolle als Vorzeigemanager der Deutschland AG. Wo immer er auftrat, es ging nie nur um Glühbirnen und Gasturbinen, sondern um das große Ganze: den Standort Deutschland«.

Im Januar 2007 fand die erste Siemens-Hauptversammlung seit Bekanntwerden der Schmiergeldaffäre statt. Die Öffentlichkeit rechnete damit, dass Vorstandschef Klaus Kleinfeld, vor allem aber auch Heinrich von Pierer dort von den Aktionären massiv kritisiert und zur Verantwortung gezogen würden und war erstaunt, wie glimpflich das Ganze für die beiden ausging, trotz eines schlechten Abstimmungsergebnisses über die Entlastung der Siemensführung. Beide Manager hatten sich entschuldigt und Pierer hatte sich als reumütiger Sünder präsentiert. Er beteuerte einmal mehr, wie viel er während seiner Amtszeit als Konzernchef zur Bekämpfung der Korruption unternommen habe und wie bedrückt er sei, dass diese Maßnahmen offensichtlich nicht ausgereicht hätten. Vielleicht war es der Anflug von Larmoyanz bei diesem Auftritt, der die Medien nunmehr gegen Pierer aufbrachte, vielleicht war es das inzwischen gebetsmühlenartige Wiederholen von Sätzen wie »Ich habe mit dieser Sache nichts zu tun«, vielleicht war es auch einfach der Anlass der Aktionärsversammlung – jedenfalls war man nicht mehr gewillt, ihn zu schonen. Siemens brauche einen Neuanfang und dazu gehöre Pierers Rücktritt vom Aufsichtsrat, so der Tenor und

Bild, die Pierer lange Zeit die Treue gehalten hatte, schrieb Ende Januar: »Pleiten, Pech und Pierer«.

Und dann eine überraschende Entwicklung im Schmiergeld-skandal: Ende März 2007 wurde nach einer Durchsuchungsak-tion das Vorstandsmitglied Johannes Feldmayer verhaftet und damit zum ersten Mal ein aktiver Zentralvorstand. Der neue Verdacht: Siemens hat Schmiergeld gezahlt an eine Arbeitnehmerorganisa-tion namens AUB (Arbeitsgemeinschaft Unabhängiger Betriebsan-gehöriger), um sie als Gegenorganisation gegen die Gewerkschaft IG Metall zu unterstützen. Siemens hatte, so die damaligen Er-mittlungen, mehr als 20 Jahre lang die AUB verdeckt gesteuert und finanziert und so eine Art Hausgewerkschaft gehalten. Der AUB-Gründer und langjährige Chef, ein Nürnberger Unternehmensbe-rater, soll im Laufe der Zeit ca. 14,5 Millionen Euro für Beratertä-tigkeit bekommen haben und diese angeblich hauptsächlich für die AUB verwendet haben. Die *Süddeutsche Zeitung* berichtete in die-sem Kontext Ende April 2007, aus dem Protokoll einer Aufsichts-ratssitzung vom Dezember 1997 gehe hervor, dass Pierer und seine Vorstandskollegen damals von IG-Metall-Vertretern mit dem Vor-wurf der heimlichen Zahlungen an die AUB konfrontiert worden seien. »Eine neue Amigo-Affäre«, nannte das die *Welt* und ging hart mit dem Konzern ins Gericht: »Siemens scheint immer tiefer in den Sumpf zu geraten. Das einstige deutsche Vorzeigeunternehmen hat inzwischen den Ruf, chaotisch und korrupt geführt zu werden.«

Der Ton wird schärfer

Der AUB-Skandal hatte zu einem Paradigmenwechsel in der Be-richterstattung geführt. Keiner mochte mehr glauben, dass es sich bei allen bisherigen Vorkommnissen um Einzelfälle und um Ver-fehlungen Einzelner handelte. Das System Siemens rückte in den Mittelpunkt des Interesses und der Kritik, eine Unternehmens-kultur, die keine war, die offensichtlich von Hochmut und Selbstüberschätzung geprägt war und ein weit verzweigtes Netz der Korruption geduldet hatte. Jetzt gab es kein Pardon mehr und Pierer wurde nun klipp und klar mit dem Kern seiner Verantwortung konfrontiert: Wenn er denn, wie er sagte, nichts von dem Geschehen wusste, dann müsse er sich die Frage gefallen lassen, warum er nicht entsprechende Kontrollsysteme geschaffen habe, die solche Korruption verhindern. Trotzdem wurde immer wieder betont, dass er sich, soweit man das beurteilen konnte, nicht persönlich bereichert habe. Heinrich von Pierer, der gute Mensch von Erlangen, der Bodenständige unter den Global Players, der den Traditionskonzern trotz anfänglicher Probleme erfolgreich in die neue Zeit geführt hatte, konservativ, beständig und verlässlich, das war sein Image. Korruption wollte zu diesem Image einfach nicht passen.

In der öffentlichen Wahrnehmung eines Skandals wiegt die Form der direkten persönlichen Verfehlung, die persönliche Bereicherung besonders schwer. Natürlich, etwas auf der hohen Kante in Liechtenstein, Luxusvillen und Luxusweiber – da geht in der Berichterstattung die Post ab und das Publikum kann eindeutig Partei beziehen. Als es bei Siemens krachte, war die Bestechungsaffäre bei Volkswagen, die 2005 ans Licht kam, noch präsent. Dort hätte man sich gewünscht, dass das Geld wenigstens dazu verwendet worden wäre, um für VW Aufträge an Land zu ziehen. Stattdessen Sodom und Gomorrha bei Vorstand und Betriebsrat mit so genannten Lustreisen und Bordellbesuchen. Der damalige VW-Personalvorstand Peter Hartz wurde wegen Untreue verurteilt und war erledigt, die beteiligten Betriebsräte sowieso. In solchen Skandalen wird unweigerlich alles ans Licht gezogen, die Beteiligten scheinen das Recht auf den Schutz ihrer Privat- und Intimsphäre verwirkt zu haben. Jede noch so persönliche, peinliche Entgleisung wird öffentlich breitgetreten und mit Spott und Häme abgestraft. Im Unterschied dazu der Fall Heinrich von Pierer, wo der häufige Verweis darauf, dass er sich nicht persönlich bereichert habe, die Trennlinie in der Berichterstattung markierte. Wenn man sich überhaupt für sein Privatleben interessierte, dann dergestalt, dass er stets ein bodenständiges Leben geführt hatte oder aber, um nach dem Verlust der Macht und der dazugehörigen Insignien die Fallhöhe in das Leben danach zu illustrieren.

Anders als der VW-Skandal sind die meisten Wirtschaftsskandale sehr viel komplexer und manchmal ist das Dickicht der Vergehen kaum zu durchdringen. Manchmal gibt es keine Gesetze, mit deren Hilfe man bestimmte Vergehen ahnden könnte, wie sich zuletzt im Banken- und Finanzskandal zeigte. Schmieren und Bestechen war, da waren sich Experten einig, auch in deutschen Firmen an der Tagesordnung. Gerade im Ausland gern mit dem Verweis darauf, dass dies dort üblich sei und man anders gar keine Geschäfte machen könne. Wirtschaftskriminologen hielten das für ein scheinheiliges Ablenkungsmanöver, im Inland gebe es Bestechung genauso. Hans See von der Bürgerrechtsorganisation *Business Crime Control* sagte in einem Interview im Dezember 2006: »Weltkonzerne wie Siemens bestechen überall, wo sie es für nötig halten, Konkurrenten oder politische Hindernisse aus dem Weg zu räumen.« *(Die Welt).* Und in einem *Spiegel Online* Interview von April 2007 sagte Hansjörg Elshorst, der damalige Verantwortliche von *Transparency International:* »Ich halte es für völlig sicher, dass Pierer wusste, dass es schwarze Kassen gab. Aber die gab es eben viele Jahre lang legal, bis 1999 war Korruption im Ausland ja nicht verboten. Wahrscheinlich hat Pierer danach zwar angeordnet, diese Kassen abzuschaffen, hat dann aber nicht weiter nachgehakt bzw. die Kontrollinstrumente nicht so gestaltet, dass diese Vorgabe auch wirklich umgesetzt wurde.« Immerhin waren diese Versäumnisse so gravierend, dass sie Siemens die schwerste Krise seiner 160-jährigen Geschichte bescherten und den Konzern fast in den Abgrund gezogen hätten. Dass solchen Stimmen jetzt ein Forum gegeben wurde, war ein deutlicher Hinweis für die mediale Verschärfung der Gangart im Siemens-Skandal.

Der Mann, der Mr. Siemens war. Bis zuletzt glaubte er, unentbehrlich zu sein. Sein Rücktritt, den er im April 2007 bekannt gab – am Abend des 19. April hatte Siemens den Rücktritt öffentlich gemacht, kurz danach gab Pierer selbst eine Pressemitteilung heraus – wurde in den Medien als überfällig bezeichnet. Verbunden mit der Hoffnung, dass er sich für Siemens als Befreiungsschlag erweisen möge. Und man wies Pierer darauf hin, wenn es denn eine Beschädigung seiner Lebensleistung gab, dann durch ihn selbst, durch seine Weigerung, sich der Realität des Schmiergeldskandals zu stellen, durch seine Weigerung, Verantwortung zu übernehmen, durch seine Weigerung, den Aufsichtsratsvorsitz zu räumen. Ein Abgang, der alles andere als souverän war. Und den man wohl gerade von ihm so nicht erwartet hätte.

Nur wenige Tage nach dem Rücktritt Pierers musste auch der Vorstandsvorsitzende Klaus Kleinfeld auf Drängen maßgeblicher Aufsichtsräte aufgeben. An der Spitze des affärengebeutelten Weltkonzerns drohte ein Machtvakuum. Erst Ende Mai fand man in dem Pharma-Manager Peter Löscher einen neuen Vorstandsvorsitzenden. Pierers Job im Aufsichtsrat hatte zuvor schon Gerhard Cromme übernommen, der damals Vorsitzender der *Corporate-Governance-Regierungskommission* zur Unternehmensführung und -kontrolle war. Cromme war, wie berichtet wurde, bis zu diesem Zeitpunkt ein Duzfreund von Pierer, danach aber vermutlich nicht mehr. Der *Focus* meinte herausgefunden zu haben (»so berichteten Eingeweihte«), dass Cromme maßgeblich am Sturz Pierers (und auch Kleinfelds) beteiligt war, weil er selbst scharf war auf den mit so hohem internationalem Renommee verbundenen Aufsichtsratsvorsitz bei Siemens (23. April 2007).

Der Skandal geht in die Verlängerung

War's das? Nein, im Gegenteil. Im August nahm die Korruptionsaffäre neue Dimensionen an. Die *Süddeutsche Zeitung* berichtete, dass eine von Siemens beauftragte Anwaltskanzlei in den USA in der Kommunikationssparte dubiose Zahlungen von fast 900 Millionen Euro entdeckt hatte. Unter Verdacht geriet nun auch die Kraftwerkssparte im Zusammenhang mit Geschäften in Indonesien und China. Im Oktober 2007 verhängte das Landgericht München wegen der schwarzen Kassen im Kommunikationsbereich gegen den Siemens-Konzern eine Geldbuße von 201 Millionen Euro. Im November 2007 teilte Siemens mit, dass nach Untersuchung aller Geschäftsbereiche bisher zweifelhafte Zahlungen von rund 1,3 Milliarden Euro entdeckt worden seien. Das sprengte in der Tat alle Dimensionen.

2008, 2009 und sogar noch 2010 gingen die Enthüllungen und Auseinandersetzungen weiter. Heinrich von Pierer, der vermutlich gehofft hatte, mit seinem Rücktritt das Schlimmste hinter sich zu haben, geriet gleich dreifach unter neuen Beschuss, durch die Staatsanwaltschaft, durch Siemens selbst und durch die US-Börsenaufsicht bzw. das US-Justizministerium, und damit erneut in die Negativ-Schlagzeilen: Im Mai 2008 leitete die Staatsanwaltschaft München gegen Pierer und andere ehemalige Führungskräfte ein Ordnungswidrigkeiten-Verfahren (immerhin, kein Strafverfahren) wegen Verletzung der Aufsichtsratspflicht ein. Im Juli 2008 beschloss der Siemens-Aufsichtsrat, von Pierer, Kleinfeld und neun weiteren ehemaligen Zentralvorständen wegen Verletzung ihrer Organisations- und Aufsichtspflichten Schadenersatz zu verlangen. Im November 2008 gab der Konzern bekannt, dass auf Beschluss des Aufsichtsrats die Aktienoptionen Pierers und anderer in Höhe mehrerer Millionen Euro eingefroren würden. Im Dezember 2008 berichtete die *Süddeutsche Zeitung,* dass das US-Justizministerium in seiner Anklageschrift gegen Siemens – der Konzern war seit 2001 an der New Yorker Börse notiert – Pierer und andere Ex-Vorstände schwer belaste. Zwar werde keiner namentlich genannt, es sei aber leicht auszumachen, dass mit »Officer A« Heinrich von Pierer gemeint sei. »Officer A« und der Rest der Siemens-Spitze seien wiederholt mit mutmaßlichen Korruptionsfällen konfrontiert worden, ohne etwas dagegen zu unternehmen. Siemens wurde von den US-Behörden zu einer Strafzahlung von 800 Millionen Dollar verdonnert und konnte, wie Experten meinten, froh sein, dass es so glimpflich davon kam. Die US-Behörden sind für ihre gnadenlose Verfolgung solch illegaler Praktiken bekannt.

Die US-Kritik an Pierer war eine Steilvorlage für die neue Siemens-Führung. Aufsichtsratschef Cromme prangerte in einem Interview im *Manager Magazin* Pierer und Kleinfeld an, man sei »überzeugt, dass der frühere Vorstand sich Fehlverhalten zu Schulden hat kommen lassen, für das wir ihn zivilrechtlich belangen müssen.« Pierer wehrte sich vehement gegen diese Vorwürfe. Die Medien thematisierten jetzt vor allem den Schlagabtausch zwischen dem neuen starken Mann bei Siemens, Gerhard Cromme, und dem schon so tief gefallenen einstigen Vorzeige-Konzernchef Heinrich von Pierer. Noch tiefer hätte er wohl nur noch fallen können, wenn man ihm eine strafrechtlich relevante Verstrickung in den Korruptionsskandal nachgewiesen hätte. Objektiv, also was das Publikwerden bisher unbekannter Sachverhalte betraf, stagnierte die Affäre. Subjektiv, was die beteiligten Personen und ihr Vorgehen betraf, gewann sie noch einmal an Fahrt.

Als im Januar 2009 bekannt wurde, dass Siemens von Pierer sechs Millionen Euro will, war man sich weitgehend einig, dass dies erstens vor allem ein symbolischer Betrag war und dass er zweitens Pierer nicht in die Armut stürzen würde. Es gab aber auch Stimmen, die das Vorgehen der neuen Siemens-Führungsspitze gegen Pierer schäbig und rachsüchtig fanden. Was, außer einer weiteren Demütigung, bezweckte man dann mit dieser Forderung? Zugleich verfolgte die Presse mit einer Mischung aus Mitleid und Bewunderung, wie Pierer sich auch dagegen wehrte. Er wollte nicht zahlen, weil das seiner Auffassung nach einem Schuldeingeständnis gleichgekommen wäre. Die monatelangen Auseinandersetzungen um diese Schadenersatz-Zahlung gingen im Oktober 2009 nach einem Ultimatum des Konzerns in die heiße

Phase. Bis Mitte November sollten Pierer und die anderen betroffenen Ex-Manager zahlen, sonst würde Siemens sie verklagen. »Mr. Siemens soll büßen«, schrieben die Zeitungen und es war in der Tat ein höchst ungewöhnlicher Vorgang, dass ein Konzern von seinem ehemaligen Vorstandschef Schadenersatz in Millionenhöhe verlangte. Pierer empfand die geforderte Summe als schreiende Ungerechtigkeit und weigerte sich weiterhin standhaft. Wenn man ihn verklagen müsse, weil er nicht bereit sei, die sechs Millionen Euro zu zahlen, ließ Siemens verlauten, dann gehe es vor Gericht nicht nur um sechs Millionen, sondern um sein gesamtes Privatvermögen. Ein Nervenkrieg. Vor allem ein persönlicher zwischen Heinrich von Pierer, der nicht als Hauptsünder dastehen wollte, und Gerhard Cromme, dem Aufsichtsratschef, der sich als forscher Retter profiliert hatte, als der Mann, der Siemens aus dem Sumpf gezogen hatte. Man ging davon aus, dass mit dieser großen Abrechnung das letzte Kapitel der Korruptionsaffäre aufgeschlagen wurde und so begann die Phase des Bilanzierens und der Nachrufe.

Heinrich von Pierer war der erste Wirtschaftsführer, der vor der UN-Hauptversammlung in New York sprechen durfte. Er war lange Zeit der unangefochtene Führer eines Weltkonzerns mit mehr als 450 000 Mitarbeitern. Seine Macht war vollkommen, sein Selbstbild ungetrübt, nicht zuletzt auch deshalb, weil man ihn als gutmütigen Patriarchen idealisierte. Und dann der Sturz ins Unendliche. »Wer so tief stürzt wie er«, schrieb die *Frankfurter Allgemeine Sonntagszeitung*, »hat an den Folgen lange zu leiden« und machte bei allem Verständnis zugleich klar, dass seine Zeit unwiderruflich vorbei war: »Pierer will die Rehabilitierung. Im Grunde will er, dass alles wieder so wird, wie es vorher war. Dass dies unmöglich ist, ganz gleich, wie die Gerichte urteilen, ist die Tragik der Geschichte. Nie wieder kehrt er auf die Bühne zurück als der strahlende Held, der König der deutschen Industrie.« Siemens ließ ihn fallen, seine Managerkollegen ließen ihn fallen, doch noch empörender fand die *Frankfurter Allgemeine Sonntags-*

zeitung, wie die Politik mit ihm umgegangen war. Eben noch hätten sie ihn mit Ehrenzeichen und Verdienstkreuzen beworfen, plötzlich sei er Persona non grata gewesen: »Wie eiskalt Bundeskanzlerin Angela Merkel ihren Mister Hightech … abserviert hat, war eine Klasse für sich: Als Ersatz für den Innovationsrat, dem Pierer vorstand, hat sie flugs eine neue Expertenrunde erfunden; Problem gelöst, Pierer erledigt, ohne dass die Kanzlerin den Namen auch nur noch mal in den Mund nehmen musste.«

Als Heinrich von Pierer sich im Dezember 2009 schließlich doch noch bereit erklärt hatte, fünf Millionen Euro zu zahlen und damit auch einem jahrelangen Streit vor Gericht aus dem Weg ging, sah die *Süddeutsche Zeitung* darin einen vorläufigen Schlussstrich unter diese Affäre und eine Signalwirkung über die Causa Siemens hinaus: »Deutsche Konzerne dulden nicht mehr, was früher üblich war: die kleine oder große Zahlung nebenbei.« Und man reflektierte auch die eigene Rolle, die sich von der Nachrichten-Vermittlung (Bekanntmachungen der Staatsanwaltschaft, von Siemens etc.) zur komplexen Recherche-Berichterstattung entwickelt hatte: »Es ging darum einen Skandal zu entschlüsseln, der zunächst klein zu sein schien und immer monströser wurde. Ermittler und Journalisten konnten nicht glauben, was sie alles vorfanden: ein dichtes Netz aus schwarzen Kassen in nahezu allen Steueroasen der Welt; eine Buchhaltung, in der wichtige Zahlungsbelege mit kleinen gelben Post-it-Zetteln frisiert wurden; ein Netzwerk aus Dunkelmännern, Ja-Sagern und Wegguckern.«

Wie so oft beim Entschlüsseln von Skandalen machten die Betroffenen den Journalisten Vorwürfe, sahen sich zu Unrecht verfolgt, witterten Verschwörungen. Dazu kam, dass das Verhältnis zwischen der deutschen Wirtschaftselite und Teilen der Presse schon immer etwas gespannt war und auch Heinrich von Pierer beklagte sich über die Berichterstattung, sah Vernichtung, wo es um Aufklärung ging. Die Presse jedenfalls hatte ihm seine Würde nicht genommen.

Anfang März 2010 wurde bekannt, dass Pierer einen rechtskräftigen Bußgeldbescheid erhalten hatte und bereit war, wegen fahrlässiger Verletzung seiner Aufsichtspflichten ein Bußgeld in Höhe von maximal 500000 Euro (Obergrenze bei Fahrlässigkeit) zu zahlen. Auch das alles in allem ein glimpfliches Ende, keine Straftat, nur eine Ordnungswidrigkeit. Aber, so meinte *Bild*, »Strafe muss sein«.

Gelbe Bananen statt schwarzer Kassen

Im Januar 2011, kurz vor seinem 70. Geburtstag, stellte Heinrich von Pierer auf einer Pressekonferenz in Berlin seine Autobiografie vor: *Gipfel-Stürme*. Es war das erste Mal seit langer Zeit, dass er so offensiv die Öffentlichkeit suchte und das mediale Interesse war groß. Allerdings auch die Enttäuschung. Natürlich, wer auf ein solch ereignisreiches Leben zurückblickt, der soll von dem großen Abenteuer schreiben, einen Weltkonzern zu lenken, darf es auch getrost anreichern mit Anekdotischem, zum Beispiel, dass die erste Banane aus der Hand eines amerikanischen GIs nicht schmeckte, weil der kleine Junge nicht wusste, dass man die Banane schälen muss. Doch wie Pierer in diesem Buch mit dem Siemens-Skandal und seiner Rolle dabei umgeht, das stieß auf großes Unverständnis und harte Kritik. Pierer bleibt nicht nur dabei, von den schwarzen Kassen nichts gewusst zu haben (»In dieser Zeit wurde ich immer wieder aufgefordert, für die Bestechungsvorgänge bei Siemens die Gesamtverantwortung zu übernehmen, weil sie in meine Zeit als Vorstandsvorsitzender zurückreichten. Aber in welcher Form hätte ich Verantwortung für Vorgänge übernehmen sollen, die mir nicht bekannt waren?« zitiert aus *Gipfel-Stürme*), sondern stilisiert sich zum Motor der Aufklärung des Skandals. Und er betreibt Medienschelte. Das Verhältnis zwischen Heinrich von Pierer und der Presse, es bleibt getrübt. Ein Happy End ist nicht in Sicht.

»Autobahn geht gar nicht«

Eva Herman – vom Fernsehliebling zur Unperson

»Ist Eva Herman braun oder nur doof?«
(Bild, 11. Oktober 2007)

»Tatsächlich trägt der Fall Herman absurde Züge, die in der jüngeren deutschen Mediengeschichte ihresgleichen suchen. So wurden ihre wirren Worte von der Berliner Buchvorstellung (…) vielerorts mit solcher Akribie analysiert, dass man fast von einer neuen Wissenschaft sprechen könnte, der Hermaneutik.«
(Frankfurter Allgemeine Sonntagszeitung, 9. Mai 2010)

Die Frau hatte doch so ein schönes Leben, via *Tagesschau* in Millionen Wohnzimmer, als Kontrast zu diesem eher etwas strengen Job fröhliche Talk- und Musikshow-Moderationen, die Wahl zur beliebtesten Moderatorin Deutschlands in einer Emnid-Umfrage im Jahr 2003 – warum setzte sie all das aufs Spiel für ein paar aberwitzige Gedanken über die Frau als Hüterin von Kind und Familienglück? Selten waren das Staunen und das Unverständnis über eine Skandal-Protagonistin so groß wie bei Eva Herman. Vielleicht war auch das ein Grund dafür, weshalb man derart heftig auf sie einprügelte.

Im Nachhinein sah Eva Herman sich als Medienopfer. Damit hatte sie nicht ganz unrecht, sie war aber auch nicht ganz unschuldig daran. Ihr permanenter missionarischer Eifer, mit dem sie ihr krudes Weltbild von Frau und Familie vortrug, all die Bücher und öffentlichen Auftritte, bei denen sie ihre Ansichten immer wieder bekräftigte und auf die Spitze trieb, all das war für die Medien ein ständiger Reiz, eine ständige Aufforderung, sich zu äußern. Wie in einer Schiffschaukel schaukelte man einander hoch und immer höher, und beide Seiten schlugen über die Stränge. Der Fall Eva Herman, ein Skandal in Fortsetzungen, ein jahrelang währender *follow up*. Eva Herman landete schließlich in einer Ecke jenseits der gesellschaftlichen Mitte, aus der es kein Entkommen mehr gab. In diese Ecke hatten ihre Kritiker sie gedrängt, und sie hatte sich selbst hineinmanövriert.

Mit ihrem 2010 im Kopp Verlag – zu den Schwerpunkten des Verlages gehören u.a. *Sakrale Rätsel, Geheimbünde, Neue Weltbilder* – erschienenen Buch *Die Wahrheit und ihr Preis – Meinung, Macht und Medien*, hatte Eva Herman eine neue und womöglich nicht die letzte Runde in dieser Auseinandersetzung eingeläutet. Sie schildert in dem Buch den Skandal um ihre Person aus ihrer Sicht: »Wie kam es zu dieser rasanten Hexenjagd und was darf man in Deutschland heute eigentlich noch gefahrlos sagen?« Schon im Klappentext findet man sie also wieder, diese Herman'sche Mixtur aus Verfolgungswahn und Verschwörungstheorie. Manch einer wirkte schon müde und gequält, dass er sich erneut mit der Causa Herman befassen »muss« (»Still geworden ist es um Still-Expertin Eva Herman«, *Bild am Sonntag*), und doch wollte keiner die Finger davon lassen.

Angefangen hatte es im Mai 2006. Da erschien in der Zeitschrift *Cicero* der Artikel »Die Emanzipation – ein Irrtum«. Autorin Eva Herman. Der Tenor dieses Artikels: Die Deutschen sterben aus – und das könnte daran liegen, dass der Feminismus die Frauen zwischen widersprüchlichen Rollenanforderungen zerrieben und für die Mutterrolle unbrauchbar gemacht hat. Für regelmäßige *Cicero*-Leser war das vermutlich keine große Überraschung, stand der damalige Chefredakteur Wolfram Weimer, inzwischen Chefredakteur des *Focus*, doch für publizistische Provokationen rechts von der Mitte. Vielleicht waren sie ein wenig überrascht von der unzeitgemäßen Schwülstigkeit einzelner Formulierungen: »Wer einmal den Wert häuslichen Friedens in Harmonie und Wärme kennen lernen durfte, einen Ort, der Sicherheit, Glück und Seelenfrieden gibt, weiß, wovon die Rede ist.« oder »Diesen Boden kann nur die weibliche Seite bereiten. Es ist die Frau, die in der Wahrnehmung ihres Schöpfungsauftrages die Familie zusammenhalten kann«, vielleicht hatten sie aber auch schon Schlechteres gelesen. Doch die Autorin, die *Cicero* da aus dem Hut gezaubert hatte, das war, so sicher die Hoffnung, ein gelungener Coup: Eva Herman, ein Fernsehgesicht, eine moderne, erfolgreiche Karrierefrau, eine berufstätige Mutter, die ganz Deutschland kennt, brach den Stab und forderte melodramatisch die Feministinnen heraus: »Wo sind sie jetzt, die Anführerinnen, die in den meisten Fällen selber niemals Kinder, geschweige denn Männer hatten? Sie wussten damals schon nicht, was das Glück bedeutet, ein Baby zu bekommen, einen liebenden Mann an der Seite zu haben und manchmal unter größten Mühen etwas zu erschaffen, was man den Familiensegen nennt.« Das war zwar eine Provokation aus der antifeministischen Mottenkiste, doch das Kalkül des *Cicero* ging auf: Der Artikel löste ein riesiges Medienecho aus. Immer mehr Spieler betraten die mediale Bühne, der Skandal warf seine Schatten voraus.

Vom Glück des Stillens und *Mein Kind schläft durch* hießen die Bücher, die Eva Herman bereits 2003 und 2005 veröffentlichte, offenbar unter dem Eindruck ihrer späten Mutterschaft mit 37 Jahren. Allerdings war ihr Sohn, als diese Bücher erschienen, schon sechs bzw. acht Jahre alt, so dass es möglicherweise noch andere Kriterien als die eigene unmittelbare Erfahrung für diese Zeitpunkte gab. Ein Sendungsbewusstsein? Eine geschickte Vermarktung des durch das Fernsehen so bekannten Namens? Jedenfalls gingen die Bücher weg wie warme Semmeln, wurden aber in den Zeitungen bereits mit einer gewissen Irritation zur Kenntnis genommen. Was sollte dieses inbrünstige Mutti-Bekenntnis? So kannte man sie nicht und so wollte man sie nicht. Sie, die *Tagesschau*-Sprecherin, die Talkshow- und Unterhaltungsmoderatorin, sie gehörte in die bunten Blätter, mit ihren vielen Ehen und Scheidungen und ihrem scheinbar so aufregenden Privatleben. Im Nachhinein betrachtet könnte man sagen, diese Bücher, das waren die *warm ups* einer Frau auf der Suche nach ihrem Lebensthema und ihrem großen Durchbruch im ernsten Fach.

Mit dem *Cicero*-Artikel durfte sie ihren ersten Ausflug in diese Sparte der gesellschaftspolitischen und ideologischen Debatten machen. Und natürlich gehörte Alice Schwarzer zu den Ersten, die auf Hermans antifeministische Provokationen reagierten. Auf *Emma online* wurde der *NDR* mehr oder weniger aufgefordert, Eva Herman zu entlassen: »Die *ARD* muss sich fragen, ob ihre *Tagesschau*-Sprecherin mit so sexistischen Elaboraten nicht gegen die Grundsätze der öffentlich-rechtlichen Rundfunkanstalten verstößt – und die vorgeschriebene ›Glaubwürdigkeit‹ einer Nachrichtensprecherin demontiert.« Was für eine Glaubwürdigkeit? War Alice Schwarzer besorgt, dass Eva Herman als Nachrichtensprecherin bei der nächsten Meldung über die neuesten Kita-Verlautbarungen aus dem Familienministerium zum Beispiel plötzlich von »Legebatterien« statt von Kitas sprechen würde, weil das ihrer persönlichen Auffassung entsprach? Alice Schwarzer dreht halt auch gern am großen Rad. Und natürlich wurde sie als unvermeidliche »Expertin« von anderen Medien zu Herman befragt. Man füttert sie ein bisschen an und wird garantiert mit der einen oder anderen pointierten Formulierung belohnt. Im *Spiegel* beispielsweise sagte sie den im Laufe des Skandals immer wieder gern zitierten Satz: »Wir müssen doch im Jahr 2006 dem Führer kein Kind mehr schenken.« Damit war das Dritte Reich zumindest schon einmal im Beiboot der Debatte.

Sind wir hier im falschen Film?

Ab August 2006 ließ Eva Herman, wohl nicht ganz freiwillig, ihre Arbeit als Nachrichtensprecherin ruhen. Die anderen Fernsehjobs machte sie weiter. Vor allem aber arbeitete sie gemeinsam mit der damaligen *Cicero*-Redakteurin Christine Eichel an einem neuen Buch, auf das man nach dem *Cicero*-Artikel schon sehr gespannt war: *Das Eva-Prinzip – Für eine neue Weiblichkeit*. Die Verrisse ließen nicht auf sich warten: »Mit einem Sachbuch (…), das alte Hüte und steile Thesen vereint, versucht sich die blonde Ostfriesin nun als Gesellschafts-Theoretikerin, Tcilzeit-Soziologin und Verhaltensforscherin. Frank Schirrmacher war gestern. Nun soll an Evas Wesen ganz Deutschland genesen …« *(stern)*. Eva Herman trat nunmehr auf 250 Seiten als konservative Tabubrecherin auf, und man fragt sich, mit wem sie hier eigentlich abrechnet. Dabei reichten schon die Adjektive, um einem die Lektüre zu verleiden: Man trifft sich in »kleinen Restaurants«, erzählt von »einer der berührendsten Reaktionen« oder »dieser bewundernswerten Frau« und »eine These gehört zu den verhängnisvollsten Behauptungen unserer Gegenwart«. Die publizistischen Angriffe wurden nach Erscheinen dieses Buches inhaltlich schärfer und hämischer. Leger ausgedrückt: Eva Herman nervte, und selbst die *Welt*, die doch ein gewisses Faible für konservative Querdenker hat, schrieb: »Lesen Sie bitte nicht das Buch.«

Warum aber wurde dann darüber berichtet? Weil alle es taten. Weil offensichtlich alle der Meinung waren, dass sie die Aktivitäten einer so bekannten Person, ihre publizistischen Äußerungen und die Aufregung darum, nicht ignorieren konnten. Dass auch die eigenen Leser/Hörer/Zuschauer wissen wollten, was es damit auf sich hatte. Dass man sich diesem Sog der gesteigerten Aufmerksamkeit für Eva Hermans Tun nicht entziehen wollte und konnte. Dass man nicht der Einzige sein wollte, der womöglich nicht darüber berichtete. Ob es dabei um etwas Relevantes ging oder nicht, spielte keine Rolle, denn Prominenz ist in der heutigen Medienwelt, unabhängig von ihrer Qualität, zu einer eigenen Währung geworden. Mit dieser Währung wird nicht mehr, wie früher, nur auf dem Boulevard gerechnet, auch die seriöse Presse bedient inzwischen solche Themen, zwar nicht auf der Titelseite, aber durchaus mit einiger Beachtung. Und Verachtung ist kein Ausschlussgrund, im Gegenteil. Wenn es um nichts geht, dann kann der Journalist, gern auch die so genannte Edelfeder, sich einmal mit beschwingter Leichtigkeit und hämisch austoben, zum Amusement der gehobenen Stände. Eva Hermans Buch *Das Eva-Prinzip – Für eine neue Weiblichkeit* wurde übrigens mehr als 100 000 Mal verkauft und stand zehn Wochen lang auf der *Spiegel*-Bestseller-Liste.

Ein Jahr später, September 2007. Eva Herman und der Pendo Verlag haben siegestrunken nachgelegt, noch eine Nummer größer als das Eva-Prinzip: *Das Prinzip Arche Noah – Warum wir die Familie retten müssen.* Das Buch ist ein erweiterter Aufguss des *Eva-Prinzips,* die Leidenschaft für Adjektive ist leider ungebrochen. Es geht nunmehr um eine »unerträgliche Verdächtigung«, »schlimmste Vorurteile«, »Vorfälle, die uns zutiefst schockieren«, »unerschütterliche Beziehungen« und Antworten, die zu »einer bestürzenden Lebensbilanz« geraten. Die »Arche Noah« wurde auf einer Pressekonferenz in Berlin vorgestellt, rund 30 Journalisten von Print, Funk und Fernsehen waren anwesend. Was zu diesem Zeitpunkt noch keiner ahnte: Ab jetzt wurde jedes Wort auf die Goldwaage gelegt, alles wurde gerichtsmassig. Der Skandal war – endlich – da!

Eva Herman und ihr Verleger hätten gewarnt sein können. Schon bei der Veröffentlichung des *Cicero*-Artikels wurden Assoziationen zum Dritten Reich bemüht, beim *Eva-Prinzip* wurde der Autorin lautstark und heftig Affinität zur Nazi-Ideologie unterstellt. Man bewegte sich also bereits auf vermintem Terrain. Die Medien waren »angefixt«, warteten auf das Unkorrekte, der

Vollzug des verbalen Nazi-Fehltritts lag schon in der Luft. Der Nationalsozialismus, das ist in Deutschland nach wie vor das skandalträchtigste Thema, das es gibt, und jede Verharmlosung oder Verherrlichung ist der größte denkbare Tabubruch in unserer Gesellschaft. Eva Herman, das ahnte oder hoffte man, war schon ganz nah an diesem Tabubruch. Wer ihn begeht, tatsächlich oder auch nur vermeintlich, auf den wird für gewöhnlich medial eingeschlagen, bis kein Gras mehr wächst. Im Fall der ehemaligen Bundesjustizministerin Herta Däubler-Gmelin kam die Presse kaum dazu, das Vergehen zu ahnden, denn zwischen ihrer tatsächlichen oder angeblichen skandalösen Äußerung im Jahr 2002 – laut *Schwäbischem Tageblatt* soll sie auf einer Diskussionsrunde mit Betriebsräten über die Irak-Politik von US-Präsident Bush gesagt haben: »Bush will von seinen innenpolitischen Schwierigkeiten ablenken. Das ist eine beliebte Methode. Das hat auch Hitler schon gemacht.« – und ihrem Rücktritt verging nur eine Woche. Dass es so schnell ging, lag wohl auch daran, dass sich erstens die US-Regierung beschwerte und zweitens Gerhard Schröder eventuell nicht unglücklich war, seine Ministerin loszuwerden.

Wie gefährlich dieses Minenfeld ist, zeigte besonders eindrücklich der Fall Philipp Jenninger. Der damalige Bundestagspräsident hielt am 10. November 1988, zum 50. Jahrestag der antijüdischen Pogrome im Dritten Reich, die Gedenkrede im Bundestag. Noch während er sprach, verließen zahlreiche Abgeordnete unter Protest den Bundestag, weil sie den Eindruck hatten, Jenninger würde mit dem Nationalsozialismus sympathisieren. Am nächsten Tag titelten Zeitungen nicht nur in Deutschland, sondern rund um die Welt: »Schämen Sie sich, Herr Präsident« oder »Jenninger vom Faschismus fasziniert«. Erst nachdem sich der mediale Sturm gelegt hatte – Jenninger musste schon am nächsten Tag zurücktreten – kamen Zweifel auf, ob man ihm nicht vielleicht Unrecht getan hatte. Schließlich stellte sich heraus, dass Jenninger als schlechter Rhetoriker die Gänsefüßchen in seiner Rede nicht vorgetragen hatte, dass sein Stilmittel der »erlebten Rede«, mit dem er die Stimmungslage der Deutschen gegenüber dem Nationalsozialismus charakterisieren wollte, zu dem Missverständnis führte, Jenninger selbst sei diesem Faszinosum erlegen. Das klingt nicht nur kompliziert, das ist es auch, und insofern ein Lehrbeispiel für das aufgeladene mediale Handling des Themas.

Das Verhängnis nimmt seinen Lauf

Im Fall Eva Herman wird es so weit kommen, dass zum Schluss kaum noch jemand weiß, ob es für den Skandal einen tatsächlichen oder einen vermeintlichen Anlass gab. Oder womöglich beides? Eva Herman und ihr Verleger Christian Strasser verlesen auf der Pressekonferenz im September 2007 eine so genannte Schlussbemerkung aus dem neuen Buch. Damit will man den Journalisten den Wind für rechtsradikale Verdächtigungen aus den Segeln nehmen. Wenn sie es dabei belassen hätten, hätte das Schlimmste vielleicht vermieden werden können. Doch beide fühlen sich berufen, in anschließender freier Rede, das bereits Gesagte zu erläutern und mit Nachdruck zu bekräftigen.

Am nächsten Tag stand im *Hamburger Abendblatt* am Ende eines Artikels über Eva Herman und ihr neues Buch: »(…) In diesem Zusammenhang machte die Autorin einen Schlenker zum Dritten Reich. Da sei vieles sehr schlecht gewesen, zum Beispiel Adolf Hitler, aber einiges eben auch sehr gut. Zum Beispiel die Wertschätzung der Mutter. Die hätten die 68er abgeschafft, und deshalb habe man nun den gesellschaftlichen Salat. Kurz danach war diese Buchvorstellung Gott sei Dank zu Ende.«

Die gesamte bundesdeutsche Presse stürzte sich auf diese – tatsächliche oder vermeintliche – Aussage, die Lawine rollte. Kurz darauf schien Eva Herman diese umstrittene Aussage in einem Statement für die *Bild am Sonntag* mehr oder weniger wiederholt zu haben. Der *NDR*, bei dem sie ihre Arbeit als *Tagesschau*-Sprecherin bereits ruhen ließ, aber nach wie vor als Talkshow-Moderatorin *(Herman und Tietjen)* im Einsatz war, trennte sich daraufhin von ihr, beendete die Zusammenarbeit mit sofortiger Wirkung. Sie selbst bestritt vehement, das Dritte Reich gelobt zu haben, sprach von Missverständnis und einem mutwillig verkürzten und damit sinnentstellten Zitat aus ihren Äußerungen auf der Berliner Pressekonferenz. Auch der *Bild am Sonntag* gegenüber habe sie sich so nie geäußert. In ihrem schon erwähnten Buch von 2010 *Die Wahrheit und ihr Preis* sieht sie sich als Opfer einer medialen Vernichtungsaktion unter Führung des *Spiegel*. Dort war man mit ihr immer wieder besonders hart ins Gericht gegangen: »Diejenigen, die schon immer den Verdacht hatten, der Teufel suche sich bevorzugt schwache Frauenleiber und -hirne aus, um in diese hineinzufahren, dürfen sich dieser Tage bestätigt fühlen. Denn welchen Reim soll man sich sonst darauf machen, dass eine ehemalige Nachrichtensprecherin (…) nun das Dritte Reich dafür lobt, dass in ihm ›Werte wie Familie, Kinder und das Mutterdasein gefördert wurden‹?«

Und was hatte sie nun gesagt? Da auch Rundfunk- und TV-Reporter auf der Pressekonferenz anwesend waren, ist die inkriminierte Passage komplett dokumentiert: »Wir müssen den Familien Entlastung und nicht Belastung zumuten und müssen auch 'ne Gerechtigkeit schaffen zwischen den kinderlosen und kinderreichen Familien. Und wir müssen vor allem das Bild der Mutter in Deutschland auch wieder wertschätzen lernen, das leider ja mit dem Nationalsozialismus und der darauf folgenden 68er-Bewegung abgeschafft wurde. Mit den 68ern wurde damals praktisch alles das – alles, was wir an Werten hatten – es war eine grausame Zeit, das war ein völlig durchgeknallter, hochgefährlicher Politiker, der das deutsche Volk ins Verderben geführt hat, das wissen wir alle – aber es ist eben auch das, was gut war – und das sind Werte, das sind Kinder, das sind Mütter, das sind Familien, das ist Zusammenhalt – das wurde abgeschafft. Es durfte nichts mehr stehen bleiben.«

Wie bitte? Von vielen wurde dieses frei gesprochene Statement als »wirr« charakterisiert. Man könnte auch fragen: Hatte sie womöglich beides getan? Sich einerseits vom Dritten Reich distanziert, und es andererseits zugleich doch auch gelobt? Sie war nicht die Einzige, die sich an Analogien zwischen Nationalsozialismus und 68ern versuchte und auch nicht die Einzige, die darüber stolperte.

Eva Herman selbst ließ sich zu einem späteren Zeitpunkt von einem Sprachwissenschaftler (!) bescheinigen, dass sie in diesem Statement auf der Berliner Pressekonferenz das Dritte Reich nicht gelobt habe. Ein Gericht gab ihr später Recht, das *Hamburger Abendblatt*, das mit seiner Berichterstattung die Lawine losgetreten hatte, wurde zur Zahlung eines Schmerzensgeldes in Höhe von 25 000 Euro verurteilt. Doch das war später, im Jahr 2009.

Zunächst einmal war der skandalöse Vergleich auf dem Markt und dort beriefen sich die meisten Kritiker, auch die seriöser Zeitungen, auf das Zitat im *Hamburger Abendblatt*.

Eva Hermans Versuche, sich zu erklären, scheiterten, auch, weil sie nicht die richtigen Worte fand. Im Gegenteil, meist redete sie sich um Kopf und Kragen. Im ernsten Fach der öffentlichen ideologischen Debatten wird nicht nur scharf, sondern auch rhetorisch präzise geschossen, jeder Schuss ein verbaler Treffer. Eva Herman ist keine Intellektuelle und so geriet ihr ihre Mission außer Kontrolle. Verständnis konnte sie im publizistischen Haifischbecken nicht erwarten. Sie war es ja, die die Öffentlichkeit gesucht hatte, penetrant bis zur Schmerzgrenze. Als Medienprofi hätte sie wissen müssen, dass sich die Dinge durch ihr Zutun immer weiter hochschaukelten und dass ihre Gegner dem Nazi-Fauxpas längst entgegengefiebert hatten. Eklats, die mit der Nazi-Zeit zu tun haben, sind eben nicht nur skandalträchtig, sie bescheren uns Deutschen noch immer dieses schaurig-schöne Lustgefühl des Tabubruchs. Und so wurde der Skandal breit und lustvoll-empört zelebriert und kommentiert:

»Frau Herman missbraucht Deutschland als ihre private Schadstoffdeponie. Aber was will man von einer schlecht blondierten Nachrichtenaussteigerin schon erwarten?« ließ die kaum weniger schlecht blondierte Kabarettistin Desirée Nick über *stern online* verlauten, und bei der *Westdeutschen Allgemeinen Zeitung* ahnte jemand das Grauen, das da noch kommen könnte, voraus: »Da fehlte eigentlich nur noch etwas Nettes über die Autobahnen, die Arbeitslosen …«

Den absoluten Höhepunkt hatte der Eva-Herman-Skandal im Herbst 2007 noch vor sich, ein »finales Standgericht« *(Frankfurter Rundschau)* in der Talkshow von Johannes B. Kerner, damals noch *ZDF*, am 9. Oktober 2007. Dort war sie zunächst ein-, dann aus- und dann doch wieder eingeladen worden: »Und ich begrüße sehr herzlich die Moderatorin Eva Herman, die sich ein wenig verharmlosend über die Familienpolitik im Dritten Reich geäußert hat und vor einem Monat von ihrem Arbeitgeber, dem *NDR*, entlassen wurde. Herzlich willkommen Eva Herman.« (O-Ton Johannes B. Kerner)

Was dann folgte, wurde im Nachhinein von vielen als Inquisition bezeichnet. Warum ging ausgerechnet jemand wie sie, die doch wusste, wie das TV-Business funktioniert, zu diesem Zeitpunkt in eine Fernseh-Talkshow? Aus missionarischem Eifer? Aus Naivität? Konnte sie sich nicht vorstellen, dass man ihr hier an den Kragen wollte, nach all ihren Werbefeldzügen für das »Modell Mutterkuh« *(Frankfurter Rundschau)* und der Medienschelte für ein vermeintliches Nazi-Lob?

»Endlich habe ich die Möglichkeit, in aller Öffentlichkeit darzulegen, was ich wirklich gesagt habe. Endlich kann ich den furchtbaren Irrtum aufklären«, schreibt Eva Hermann selbst in ihrem Buch *Die Wahrheit und ihr Preis.* Wenn das ernst gemeint ist, dann paarte sich hier missionarischer Eifer mit Selbstüberschätzung. »Alles war hergerichtet für die Bekehrung der Sünderin. Die frauenbewegte Senta Berger übernahm den mütterlichen Part (wie alt waren Sie

1968?), Margarethe Schreinemakers als diplomierte Soziologin urteilte mitfühlend, Herman habe sich zu viel ›auf die Schulter gepackt‹, der Historiker Wolfgang Wippermann hielt Herman eine strenge Lektion über die NS-Zeit. Einer solchen Übermacht zeigte sich Herman, obzwar selbst Medienprofi, nicht gewachsen.« *(Frankfurter Allgemeine)* Johannes B. Kerner verlangte öffentliche Buße, Eva Herman war dazu nicht bereit. Im Gegenteil, sie gab sich trotzig und uneinsichtig und redete sich, unter wachsender Empörung der anderen Talkshow-Gäste, immer tiefer ins Unglück. Sie beklagte die Böswilligkeit der Medien und »dass man über den Verlauf unserer Geschichte nicht sprechen darf, ohne in Gefahr zu geraten.« Damit nicht genug, bemühte sie schließlich den Verharmlosungsklassiker »Es war nicht alles schlecht unter Hitler«: »Es sind auch Autobahnen gebaut worden, und wir fahren drauf.«

Später werden zahlreiche Kommentare zu dieser Sendung diesen Satz »als rein faktisch völlig korrekt« bezeichnen. Bei Johannes B. Kerner sorgte er vor allem für Stimmung, Senta Berger und Margarethe Schreinemakers waren maßlos empört und wollten gehen, der Moderator selbst brachte das Ganze recht schlicht folgendermaßen auf den Punkt: »Es gibt Sachen, die gehen gar nicht. Autobahn geht gar nicht.« Dafür musste Eva Herman gehen. »Es sind ja doch die besonders spannenden Momente, wo man sich selbst so ein bisschen Gedanken macht und überlegt, wie man weitermacht, und die hab ich mir jetzt gemacht und hab mich entschieden, dass ich mit meinen drei Gästen jetzt weiterrede und dich, Eva, verabschiede.« (O-Ton Johannes B. Kerner).

Nachträglich wurde in einer Reihe von Zeitungen vermutet, dass Johannes B. Kerner »sich selbst so ein bisschen Gedanken, wie man weitermacht«, schon vorher gemacht hatte, dass der Rausschmiss kalkuliert war. Die Quote jedenfalls war, um im Bild zu bleiben, bombig. 2,65 Millionen Zuschauer, das war Rekord. »Die Eva-Herman-Schlacht war geschlagen. So tapfer sind die Deutschen, wenn es um nichts geht.« *(Jüdische Allgemeine)*

Was sich in diesen Tagen im Herbst 2007 vor ihrem Haus ab-
spielte, schildert Eva Herman so: »Unser Haus ist umstellt. Überall
stehen, hocken, liegen oder kauern Fotografen und Kameraleute.
Der nächste Schock. Sie machen nicht vor den Kindern Halt, sie
verfolgen sie, um sie zu fotografieren. Stundenlang lauern die Papa-
razzi hinter den Hecken, parkenden Autos, übernachten in ihren
eigenen Fahrzeugen, sind immer wach, zum Sprung bereit.« *(Die
Wahrheit und ihr Preis)*. Zweifel an dieser Darstellung sind eher
nicht angebracht. Es ist diese Art von Skandal-Berichterstattung
um jeden Preis, die in jeder Hinsicht aus dem Ruder gelaufen ist
und die sich, so ist zu befürchten, auch nicht wieder einfangen lässt.

Der Skandal im Skandal

In den Zeitungen gab es nach diesem Talkshow-Rausschmiss eine
gewisse Fraktionierung. Der Boulevard schlug zwar noch auf sie
ein (»Ist Eva Herman braun oder nur doof«, *Bild*) und schöpfte
das TV-Ereignis maximal aus, doch gleichzeitig wurde prakti-
sche Lebenshilfe bemüht, wurde nach Erklärungen gesucht und
Diplompsychologen gaben Ratschläge wie »Mein Rat wäre sofortiger Rückzug aus der Öffentlichkeit. Zeit zum Nachdenken
nehmen und besonnene Dritte einbeziehen.« *(Bild)*. Die *BZ*
scheuchte Eva Hermans ehemaligen Politik-Lehrer auf und fragte
ihn, ob das Dritte Reich im Unterricht behandelt wurde. Ja, sagte
der, die Nazizeit stand damals nicht im Mittelpunkt, aber behandelt wurde sie natürlich. Und *Bild* versuchte auch herauszufinden,
»Warum diese Frau so ist, wie sie ist!«: Es gab, bei allem Getöse,
vorsichtige Signale Richtung Mitleid und Versöhnung.

Den seriösen Blättern hatte der Talkshow-Eklat einen Skandal
im Skandal beschert. Eva Herman geht gar nicht, Autobahn geht
gar nicht, aber was noch mehr gar nicht ging, war Johannes B. Kerner.
TV-Bashing ist bei der Schreib-Elite der Printmedien eine äußerst
beliebte Disziplin. »Die Simulation einer gesellschaftlichen Kontro-

verse mit den Mitteln des Fernsehens geht so«, schrieb die *Welt*, die *Süddeutsche Zeitung* wunderte sich, wie jemand, der so ahnungslos ist, sich so viele Jahre als Moderatorin durchschlagen konnte, und die *Welt am Sonntag* sah hektische Öffentlichkeitsarbeiter am Werk, die ein zerstreutes Publikum mit Banalitäten bedienten. Mit der dem Fernsehen gegenüber gebotenen Überheblichkeit wurde jetzt thematisiert, dass der Skandal womöglich kein Skandal war, sondern heiße Luft. Jetzt, nachdem das Fernsehen mit Bravour aus dem vermeintlichen Skandal der Eva Herman eine Farce gemacht und damit einen neuen vermeintlichen Skandal produziert hatte, jetzt entdeckten manche Zeitungen, wie leicht und billig es war, mit »Monster TV für den Gebührenzahler« *(Süddeutsche Zeitung)* Eva Herman öffentlich vorzuführen.

Ausgerechnet das Fernsehen fand übrigens eine originelle Antwort auf den Eva-Herman-Johannes-B.-Kerner-TV-Nazi-Skandal: In der ARD-Show *Schmidt & Pocher* wurde ein »Nazometer« aufgestellt, dessen Witz darin bestand, den Gebrauch belasteter Ausdrücke durch einen Signalton anzuzeigen. Beziehungsweise bei vermeintlich verdächtigen Begriffen wie »Autobahn«, »Gasherd«, »Duschen« eventuell auch nicht auszuschlagen. Man schlittere ja leicht irgendwo rein, hatte Schmidt damals erklärt, und wolle nicht Gefahr laufen, unbewusst einen »dummen Nazi-Spruch« abzulassen. Dieses Spiel mit dem inszenierten Entsetzen rief prompt die nächste Fraktion auf den Plan: Über das »Nazometer« echauffierten sich nach dem Motto »Nazometer geht gar nicht« zum Beispiel der *SWR*-Intendant Peter Boudgoust, Rundfunkräte von *HR* und *MDR*, Salomon Korn und Dieter Graumann vom Zentralrat der Juden. Irgendwann regte sich dann auch *Bild* über die Nazi-Sprüche von Schmidt und Pocher auf …

Die Zeit war längst reif für einen Kommentar von Henryk M. Broder, schließlich fiel dieses Thema in seine Kernkompetenz. Broder enttäuschte seine Fans nicht und nannte den Eva-Herman-Skandal in der *Weltwoche* durchaus treffend »Antifa-Karaoke«. Und aus der Ferne wunderte sich die *Neue Zürcher Zeitung am Sonntag* über exorzistische Rituale in der deutschen »Vergangenheitsbewältigung«: »Hier kommt es darauf an, auf einschlägige Reize mit Maximalempörung zu reagieren und im Überbietungswettbewerb der rhetorischen Gesten des Abscheus, der Verurteilung und der Distanzierung auf keinen Fall ins Hintertreffen zu geraten. (…) Wenn einmal ›Worte gefallen sind, die nicht kommen dürfen‹, dann hilft nur noch die öffentliche Unterwerfung unter ein Buß- und Reueritual, will der ›Täter‹ überhaupt noch eine Chance auf Rehabilitation haben.«

Epilog Nr. 1: Jedes Jahr ein Buch

Das Überlebensprinzip – Warum wir die Schöpfung nicht täuschen können erschien im Mai 2008 im christlich ausgerichteten Verlagshaus Hänssler. Eva Herman richtete nun ihre Kritik auch an die Politik und warnte vor einer »Entnaturalisierung« der Geschlechter durch Gleichmacherei. Der Dauerskandal köchelte weiter, keine neuen Höhepunkte.

Epilog Nr. 2: Bildschirm ist nicht gleich Bildschirm

Im Juni 2009 versuchte sich Eva Herman auf der »Internetplattform von Familien für Familien« der Website *familyfair* als Moderatorin. Sie interviewte so genannte Experten und Prominente zu Themen rund um die Familie.

Epilog Nr. 3: Abgeblitzt

Ende Oktober 2009 hatte Eva Herman den Kampf um ihre Jobs beim *NDR* endgültig verloren. Der Fünfte Senat des Bundesarbeitsgerichts in Erfurt wies ihre Beschwerde gegen ein Urteil des Landesarbeitsgerichts Hamburg vom April 2009 als »unbegründet« zurück, es wird kein Revisionsverfahren geben.

Epilog Nr. 4: Der Kampf mit dem Teufel

»Und doch: Ich stürze nicht ab! Denn ich weiß, was ich tue. Wer in diesem Land noch eine Veränderung zum Guten erreichen will der muss hart sein und etwas aushalten können. Wer die Menschen liebt, allen voran die Kinder, wer die Liebe als höchstes Ziel anstrebt und wer diese herrliche, wunderschöne Welt lieber im Lichte der Wahrheit als im Dunkel des Bösen erschauen und erleben will, der wird zunächst zwangsläufig leiden müssen. Denn er hat den Teufel und seine zeternden, hasserfüllten Bräute gegen sich.« (Eva Herman *Die Wahrheit und ihr Preis*)

Epilog Nr. 5: Mini-Comeback oder neuer Tiefpunkt?

»Knapp drei Jahre nach ihrem Rauswurf beim NDR hat die bekannte Moderatorin ein Buch geschrieben, in dem sie mit ihren Kritikern abrechnet – übrigens auch mit *Bild*. Wir drucken Auszüge. Heute: Wie alles begann.« (*Bild*, 20. Juni 2010).

Epilog Nr. 6: Alles wird nicht gut

»Auf einer als Nachrichtenportal gestalteten Website des Kopp Verlags steht sie in einem Ministudio: ›Guten Abend meine Damen und Herren.‹ Der Hintergrund, immerhin, ist Tagesschaublau. (…) Man hat sich beim Kopp Verlag offensichtlich noch nicht ganz entschieden, in welche Richtung das Internetportal aktiv sein soll. Darin wiederum gleichen sich das Projekt und Hermans Karriere. Wohin geht's?« *(Süddeutsche Zeitung, 7. Juni 2010).*

»Schneefall im Juni«

Michel Friedman – vom jüdischen Scharfrichter zum koksenden Moderator

Wenn ein Narr auf den Markt geht, freuen sich die Krämer.
Jiddisches Sprichwort

Das ist seine Arena, obwohl er hier nicht einmal der Hauptdarsteller ist. Den Wirbel, den Thilo Sarrazin mit seinem Millionen-Bestseller *Deutschland schafft sich ab* erzeugt, nutzt Michel Friedman exzellent für sich. Bereits bei der Buchvorstellung in Berlin ist Friedman im Publikum und gibt im Anschluss bereitwillig selbst Interviews (»Dieses Buch ist ein Super-GAU«). In der *ARD*-Talkshow *hart aber fair* treffen Sarrazin und Friedman kurz darauf aufeinander. Sie streiten um Migranten, Ausländer, Muslime, Juden, es wird unappetitlich, und so ist die Besetzung der beiden Männer eine Traumpaarung für Talkshows dieser Art. Die Kontrahenten brüllen, sie bewerfen und besudeln sich, immer nur knapp oberhalb der Gürtellinie. Sarrazin mimt den Unschuldigen, Friedman gibt den Entrüsteten, den Empörten, den Mahner. Es ist die Rolle, die er mit Bravour ausfüllt, es ist die Rolle, die das Publikum von ihm kennt.

Nur einmal schien er aus seiner Rolle zu fallen, schien er den Boden unter seinen Füßen zu verlieren, und es wirkt rückblickend wie ein sehr kurzer Augenblick. Es war im Sommer 2003, auf dem Höhepunkt seines erstaunlichen Skandals, als die *Frankfurter Rundschau* schreibt, dass Michel Friedman jetzt »die Rolle seines

Lebens« spiele: »für ihn geht es um alles oder nichts.« Vorhang auf für den Überlebenskampf eines Strauchelnden: »Für einen wie Friedman«, orakelt die *Bunte*, »zieht da eine Gewitterfront mit Weltuntergangsstimmung auf.«

Einer wie er. Alles oder nichts. Dazu noch »ein Stoff, der Jagd-instinkte weckt« *(Frankfurter Rundschau)*. Es war wie so häufig bei Skandalen um prominente Personen auch hier alles hübsch über-zogen. Aber es war diesmal eben auch noch ein bisschen mehr als das, so wird *Die Zeit* am 26. Juni 2003 resümieren: Friedman sei der »nationalen Leidenschaft zur Nabelschau zum Opfer gefal-len.« Weltuntergangsstimmung, Ausnahmezustand. Dieser Skan-dal zeigt wie kaum ein anderer, wie Geschichten gesponnen und peu à peu je nach Interesse und Publikum serviert werden.

Lust am Untergang

Die Ingredienzien der Friedman-Story sind heikel, sie bestehen aus Sex and Crime: Drogen, Prostitution, Osteuropa-Mafia, es sind aparte Boulevardthemen, mit denen aber flugs und hervorragend die seriösen Zeitungen und die Boulevardblätter zu jonglieren wis-sen. Und *Bild* kocht dazu ihr eigenes Süppchen. Die Hauptperson ist Anwalt, Repräsentant verschiedener öffentlicher Ämter, vor al-lem aber ein bekannter Publizist, und er ist Jude. So steigt die allge-meine Betriebstemperatur flott an: »Was darf man in Deutschland? Und was darf man in Deutschland als Jude?«, grübelt *Die Zeit* be-deutungsschwer. Die *Süddeutsche Zeitung* fragt, ob »die Geschichte eben doch eine besondere Note« habe, »weil der Beschuldigte ein deutscher Jude und ein bekannter Dandy ist?« Eigentlich wollte man wissen: Darf man einen Juden kritisieren, ohne antisemitisch zu sein? Salomon Korn, Vorsitzender der Jüdischen Gemeinde Frankfurt, möchte an dem Umgang mit Friedman sehen, »wie weit wir in Deutschland von der Normalität entfernt sind«. Die Reviere sind abgesteckt und die Messlatte wird sehr hoch gehängt.

Es ist der 11. Juni 2003, als Michel Friedman ins Visier von Polizei und Staatsanwaltschaft gerät, noch heute klingt es wie aus einem Krimi: An jenem Mittwochmorgen werden seine Wohnung und seine Rechtsanwaltskanzlei in Frankfurt am Main wegen des Verdachts auf illegalen Drogenbesitz durchsucht. Auch ein richterlicher Beschluss zur Entnahme einer Haarprobe liegt vor. Für die Beamten ist der Einsatz ein voller Erfolg, sie finden drei »szenetypische Päckchen« mit Rückständen von weißem Pulver. Es ist Kokain, auch die Haarprobe weist schließlich Spuren auf. Obendrein wird bald bekannt, dass sich Friedman bei einem Zuhälter osteuropäische Prostituierte auf sein Zimmer im Berliner Interconti-Hotel bestellt haben soll, bei gesonderten Ermittlungen gegen Menschenhandel einer Schleuserbande stieß man offenbar am Rande auch auf den prominenten Kunden.

Die zu diesem Zeitpunkt noch sehr auskunftsfreudige Staatsanwaltschaft (später verhängt sie eine Nachrichtensperre) legt eine Flanke vor, die zum Volltreffer wird: »Schneefall im Juni«, hämt der *Tagesspiegel*. »Was kokst du?«, amüsiert sich die *Süddeutsche Zeitung* im Feuilleton. Gewöhnlich verstreicht nach einem Sündenfall etwas Zeit, bis der Ruf nach Konsequenzen ertönt, bei Friedman geht es unmittelbar um seine berufliche Zukunft: »Stürzt Michel Friedman ab, ist seine Karriere am Ende?« *(Süddeutsche Zeitung).* Noch ist der Überführte nicht gefallen, man reibt sich dennoch schon die Hände. Die Grenzen des guten Geschmacks scheint er ohnehin seit längerem überschritten zu haben, jetzt ist die Zeit der Abrechnung: »zu viel Gel im Haar«, notiert die *Frankfurter Rundschau*, »Rosa Krawatte an Sonnenbankbräune mit Glanzhaar«, beanstandet die *Süddeutsche Zeitung*, und die *Welt am Sonntag* mäkelt: »Die Solariumsbräune, der langwimprig verschleierte Blick …«. Falsche Krawatte, falsche Frisur, falscher Hautteint. Dass man sich damit in seriösen Publikationen überhaupt beschäftigt, ist zudem bei einem Mann Ende vierzig ungewöhnlich, dieses Mittel kannte man zuvor nur bei unliebsamen Frauen: das Kleid, die Haare, der Gang.

Der Missbilligung der äußeren Erscheinung folgt die seiner Moderatorenarbeit. Essenz: Wer *so* moderiert wie er, der darf *jetzt* nicht mehr moderieren. Er sei der »Großinquisitor«, das »Gewissen der Nation«, sogar »das Vorbild der Jugend«. Der Thron, auf dem er gerade platziert wurde, schwebt nun in nahezu galaktischen Höhen. Wer von da oben fällt, braucht schon eine Raumkapsel, um einigermaßen unversehrt zu landen. Das Wochenmagazin *stern* kürt ihn listig zum »Erfinder des TV-Verhörs«, um dann nachzulegen, dass es allerdings viele nicht mögen, »wenn man ihre gewählten Volksvertreter auf einem roten Sofa öffentlich filetiert.« Dass in solchen Sendungen in der Regel Medienprofis als Gäste sitzen, die freiwillig kommen und sehr genau wissen, ob und wann und zu wem sie in die Show gehen, erwähnt niemand, es würde die Rolle des gnadenlosen Scharfrichters ein wenig relativieren, somit aber der gewünschten Steigerung der Fallhöhe zuwider laufen. Seine zuvor selbst zelebrierte Rolle des lauten, unablässigen Anklägers wird ihm in der Stunde der eigenen Verfehlung zum Verhängnis. Keine mildernden Umstände.

Wir werden Zeuge, wie eine gesamte Schulklasse ihren nervigen Oberstreber verbannt, von dem sie ohnehin schon lange genug hatte, es ihm aber erst jetzt offen ins Gesicht spuckt: »Ohne Frage, der Mann ist schwer erträglich« *(Süddeutsche Zeitung)*. So entfalten drei »szenetypische Päckchen« eine eminente Sprengkraft. Die *Berliner Zeitung* erklärt es so: »Er ist ein Polarisierer, ein Provokateur und wahrscheinlich gibt es in Deutschland niemanden, der die allgemeine Schadenfreude so auf sich zieht wie Friedman.«

Es ist allerdings auffällig, dass sich bei dieser schadenfrohen Abrechnung alle erst einmal vorzüglich auf Äußerlichkeiten und auf die Rolle des Fernsehmoderators stürzen. Warum eigentlich? Weil das alles unverfänglich ist. Es ist eine Kompensation, es erfüllt eine Stellvertreter-Funktion. Denn wer sich an dem TV-Gesicht abarbeitet, der braucht das vermeintliche Minenfeld seiner öffentlichen Ämter als Vizepräsident des Zentralrats der Juden in Deutschland oder als Präsident des *European Jewish Congress* erst gar nicht zu betreten. Und während der Zentralrat der Juden an ihm festhält, kommentiert *Die Zeit* die erste Empörungswelle: »Uns treibt die Lust an Friedmans Untergang.«

Schweigen ist Gold?

Der Beschuldigte schweigt. Michel Friedman tritt erst einmal nicht mehr öffentlich in Erscheinung, Sendungen werden abgesagt. Daraufhin kursieren wilde Spekulationen um seinen Aufenthaltsort. Nizza? Venedig? Es ist das Dilemma aller Skandalisierten: Das Ausmaß der Empörung kann sie sprachlos machen, die Beschuldigten sagen manchmal aus juristischen Gründen nichts, die Tatsache aber, dass sie schweigen, lässt sich zugleich zu einem Vorwurf ummünzen und als Indiz dafür werten, dass dann ja doch etwas dran sein müsse. Bei Friedman wirkt es frappierend: »Der beredte Moderator antwortet mit Schweigen«, höhnt beispielsweise der *Kölner Stadtanzeiger*. Andere argumentieren, Friedman würde einen Talkgast in ähnlicher Situation gnadenlos verhören. In einigen Artikeln konstruiert man daher jetzt Rollenspiele, in denen ein fiktiver TV-Moderator Friedman einen fiktiven Gast mit Vorwürfen aus der Welt des realen Friedman anbrüllt und niedermacht. Friedman als personifizierte Impertinenz: Haben Sie gekokst, ja oder nein? Ja oder nein! Es ist nicht überliefert, ob der Friedman vor dem Skandal tatsächlich genauso in die Privatsphäre seiner Gäste eingedrungen wäre, wie man ihm im Augenblick unterstellt, auch wenn er sich vor dem Drogenfund freilich als moralische Instanz inszenierte. Aber um welche Moral ging es ihm?

Als Michel Friedman beispielsweise 2001 in seiner Sendung den Berliner CDU-Politiker Frank Steffel massiv anging, wollte der aber tatsächlich nicht ausschließen, die Wörter »Kanaken« für Türken, »Mongos« für Behinderte und »Bimbos« für Ausländer benutzt zu haben. So weit, so dumm. Da sah dieser Steffel eben nicht gut aus, und Friedman war der krakelige Friedman, den er eben abgab in diesen Sendungen, aber es war sozusagen auch ein im weitesten Sinne politischer Vorgang, über den Friedman sich erregte und den Gast in die Enge trieb. Sie zankten nicht darüber, ob der Politiker Steffel seine Frau betrogen und Drogen konsumiert hatte.

Wenn der Möllemann mit dem Friedman

Der Absturz Friedmans kennt eine Vorgeschichte. Sie hängt mit dem früheren FDP-Politiker Jürgen W. Möllemann zusammen. Der ist zwar bereits tot, als Friedman strauchelt, doch ohne ihn wäre der Fall Friedman ein anderer. Am 5. Juni 2003, kurz nach der Aufhebung von Möllemanns Immunität durch den Bundestag und dem Beginn der Durchsuchungen seiner Büros und Wohnungen, springt Möllemann in den Tod. Möllemann werden illegale Parteispenden und andere dubiose Geschäfte vorgeworfen. Für uns ist interessant: Im Jahr 2002 liefert er sich einen erbitterten Antisemitismus-Streit mit Michel Friedman.

Am Beginn der Kontroverse der beiden Männer stand im April 2002 der geplante Wechsel des früheren NRW-Landtagsabgeordneten Jamal Karsli von den Grünen zur FDP. Der gebürtige Syrer hatte sich mit vermeintlich antisemitischen Parolen diskreditiert, Möllemann aber hieß ihn willkommen. Daraufhin attackierte Friedman Möllemann, der Kleinkrieg hielt zwei Wochen das politische Berlin in Atem, und kurz vor dem Bundestagswahlkampf 2002 legte Möllemann noch einmal nach, als er einen fragwürdigen, sogenannten »Klartext«-Flyer verteilte mit Fotos vom israelischen Ministerpräsidenten Ariel Sharon und Michel Friedman. Was sollte das? Möllemann warf Friedman vor,

er würde »mit seiner intoleranten, gehässigen Art« den Antisemi-
tismus verstärken. So wie es die Israelis mit ihrer Politik ebenfalls
täten. Es war ein uraltes Klischee: Juden sind für Judenfeindschaft
selbst verantwortlich. Möllemann stilisierte sich als Opfer seiner eigenen Kampagnen, man dürfe heutzutage ja nicht einmal
mehr Juden kritisieren. Diese »Normalisierungsdebatten« tauchen
alle Jahre wieder auf, allein die Akteure wechseln, so stritten der
Schriftsteller Martin Walser und der Vorsitzende des Zentralrats
der Juden, Ignatz Bubis, 1998 heftig über »Moralkeule« contra
»geistige Brandstiftung«. Friedman und Möllemann – das war
eine Neuauflage solcher Dispute.

Und jetzt wirkt dieser Streit über Möllemanns Tod hinaus in
Friedmans Drogen-Affäre nach. Noch einmal heißt es: Friedman
gegen Möllemann. »Der Fall Friedman – ein Moralist am Pranger«, titelt der *stern* am 18. Juni 2003 (nur eine Woche zuvor war
Jürgen W. Möllemann der Aufmacher). In der Ouvertüre stellt
Politik-Chef Hans-Ulrich Jörges sofort noch einmal die beiden
Kontrahenten gegenüber: Der eine sei »Botschafter und Ein-
flussagent der arabischen Welt« (Möllemann war Präsident der
Deutsch-Arabischen Gesellschaft), der andere sei »als Diplomat
und Propagandist Israels unterwegs«. Jörges schlussfolgert toll-
kühn: »Die archaische Gewalt, mit der Israelis und Palästinenser
im Nahen Osten um Dominanz und Respekt kämpfen, sie hat
sich in der Konfrontation dieser beiden unerbittlichen Männer
auch in Deutschland entladen.« Den vertrackten Nahost-Konflikt
ausgerechnet auf diese beiden Männer zu projizieren, das ist mehr
als abenteuerlich. Es ist kompletter Unsinn. In der folgenden, langen Titelgeschichte des Heftes kommt es aber noch schlimmer.

Friedman stigmatisiert man darin als einen Fremden in
Deutschland, er sei »im Land der Täter nie richtig heimisch geworden.« Genauso wie seinen Studiogästen sei er gleichfalls den
Deutschen zu Leibe gerückt. Ist er kein Deutscher? Dieser »Kosmopolit«, der fünf Sprachen spreche (gemeint ist: anders als der

Durchschnittsdeutsche), sei »direkt vom Pariser Boulevard in das Land von Rumpelstilzchen hineingeschwebt«, und er bestelle »seinen frisch gepressten Orangensaft im Hotel ›à la minute‹ – hierzulande hat man es gerne etwas rustikaler.« Diese Abrechnung ist infam: der feine, kosmopolitische, fremde Jude auf der einen, die derben, bodenständigen, gewöhnlichen Deutschen »hierzulande« auf der anderen Seite. Einer wie er. Der Skandal enthält mittlerweile burleske Züge. Vielleicht aber auch nicht. Diese Pointe hat eine lange Tradition. Sie beginnt spätestens 1602.

Der wandernde Jude

Eines der erfolgreichsten Bücher des beginnenden 17. Jahrhunderts im deutschsprachigen Raum erzählt ebenso eine sehr bizarre Geschichte, sie heißt: *Kurtze Beschreibung und Erzaehlung von einem Juden mit Namen Ahasverus.* Die Sage handelt von einem jüdischen Schuster namens Ahasverus in Jerusalem, vor dessen Haus sich Jesus auf seinem Kreuzweg kurz ausruhen wollte. Doch Ahasverus schickt ihn mit Schimpfworten weg, worauf Jesus antwortete: »Ich will stehen und ruhen, du aber sollst gehen.« Seither durchwandert der verfluchte Ahasverus barfuß die Welt, diese Gestalt wurde zum Symbol des ewig wandernden heimatlosen Juden. Und die Geschichte hielt sich durch die Jahrhunderte, das Bild des »ewigen Juden« tauchte in anderen Varianten überall auf, Anfeindungen lauteten je nach Belieben: der ewige Kapitalist, der ewige Marxist, der ewige Intellektuelle, der ewige Kosmopolit, der ewige Urbanist. Der Literaturwissenschaftler Dietrich Schwanitz setzte sich einmal sehr intensiv mit einem dieser Klischees auseinander, und zwar mit dem Stereotyp des jüdischen Wucherers, dem Shylok bei Shakespeare. In dieser Untersuchung zum *Kaufmann von Venedig* kommt Schwanitz dann auch auf Ahasverus zu sprechen: »Die typologische Gestalt der Ahasverus-Figur ist deutlich genug: Der Fluch Christi lastet auf dem Juden, also ist der ruhelos Wandernde, der Unerlöste, der ewig Vertriebene der Repräsentant dessen, was im 20. Jahrhundert ein Massenschicksal wird: des Exils.« Alle Stereotype vom heimatlosen, entwurzelten Juden führen immer wieder zurück auf diese Sagengestalt des Ahasverus. Und bei Friedman?

Die Begleitmusik zu seinem Sturz ist keine Wiedervorlage einer antisemitischen Kampagne, darum geht es nicht. Die polnisch-jüdische Familiengeschichte Michel Friedmans, der 1956 in Paris geboren wurde, und dessen Eltern gerettete Schindler-Juden waren, ist aber ebenso von Exil geprägt, wie es Schwanitz in der typologischen Figur des Ahasverus beschreibt, und wie es alle jüdischen Familien in Europa betraf, die dem Naziterror und der Vernichtung entkommen konnten. Wenn das Wochenmagazin *stern* Friedman als den Kosmopoliten und den Heimatlosen charakterisiert, dann knüpft das an die lange Tradition der alten Sage vom ewig wandernden Juden an. Skandalgeschichten sind immer auch moderne Ammenmärchen von Gut und Böse, und das Storytelling an dieser Stelle wurzelt tief. Die Erzählstränge, die zu einem Skandal gesponnen werden, stehen immer in einem (historischen) Erfahrungshorizont des Publikums und in einem kulturellen Umfeld, wo sie auch verstanden werden (müssen). Der *stern* würde dieses Konstrukt vom fremden Friedman nicht hochziehen, wenn es nicht auf Resonanz stieße. Es ist das uralte Klischee, es ist der Typus des wandernden, des irgendwie fremden Juden.

Deutsche Selbstbespiegelung

Auch als sich der jüdische Schriftsteller Rafael Seligmann einmischt, trägt dies nicht zur allgemeinen Abkühlung bei, in seinen Beiträgen beschreibt er Michel Friedman als »Musterjuden« (gleichnamig Seligmanns Roman, so ein Zufall …), und dieser Musterjude habe sich als »jüdisches Gewissen der deutschen Nation« präsentiert, was – so die These – scheitern musste. Der

Rheinische Merkur lässt Andreas Mink sprechen, Chefredakteur der damaligen, in New York erscheinenden jüdischen Zeitschrift *Aufbau*: »Die Zeit scheint reif zu sein, die jüdische Rolle als moralische Instanz zu relativieren.« Mink sieht nunmehr eine »Chance zur Neupositionierung der Juden in Deutschland.« Auch dies ist eine ansehnliche Übertreibung. Von dem Verdacht auf einen Verstoß gegen das Betäubungsmittelgesetz in einem konkreten Einzelfall bis zur Neuausrichtung der Juden in Deutschland, das ist schon eine weite Strecke. Interpretativer Ausnahmezustand.

Die *taz* kreidet Friedman das moralische Versagen als Vizevorsitzender des Zentralrats der Juden in Deutschland an, setzt dann sehr verquast aber noch einen drauf: So könne er »dem Judentum an führender Stelle keine Hilfe mehr sein.« Dieser Anmaßung entgegnet die *Berliner Zeitung* ironisch: »Denn wer, wenn nicht wir, kann beurteilen, wer in diesem Land genügend inneren Halt und sittliche Substanz besitzt, die Juden würdig zu vertreten?«

In diesem Skandal erscheint der Protagonist zu einem Sinnbild für – alles und nichts, er wird zur Projektionsfläche für dieses und jenes. Mit dem Namen Friedman lässt sich inzwischen viel anstellen. Die Auslassungen zur jüdischen Identität sind üppig. Wie hältst du es mit dem Juden, es ist immer wieder diese eine Frage, die alle zu beantworten versuchen. Die einen behaupten, in der Berichterstattung hätten sich Vorurteile Bahn gebrochen, die anderen orten und geißeln Beißhemmungen. Manche eiern herum: Friedman solle man weder verdammen, noch schonen, versucht die *Stuttgarter Zeitung* salomonisch zu vermitteln. Warum das alles? Hätte es nicht gereicht, ihm beispielsweise schlicht eine schwer erträgliche Arroganz vorzuwerfen? Wohl kaum. Michel Friedman wurde zum »Opfer einer deutschen Selbstbespiegelung«, wie es der Feuilletonist Jens Jessen in der *Zeit* bemerkt, und das trifft es wohl am besten. Auch Jessen erinnert noch einmal an den Fall Martin Walser, der vor der Instrumentalisierung des Holocaust warnte, nur, so Jessen, habe Walser vergessen darauf

hinzuweisen, dass »es die Deutschen sind, die diese Instrumentalisierung betreiben, sei es zum Zwecke der gegenseitigen Beschul-
digung oder auch nur zur schönen, selbstgerechten Gemütsre-
gung.« Eine ordentliche Prise Selbstgefälligkeit garniert ebenfalls
den Fall Friedman.

Bild dir eine Love-Story

Diese weiten Ausflüge will *Bild* ihren Lesern nicht aufbürden. Außergewöhnlich ist die Rolle des Boulevardblattes allemal. Auffällig
ruhig verhält sich das Krawallorgan. Eigentlich sind vermeintliche
Drogen-Exzesse, Prostituierten-Besuche und Osteuropa-Mafia beliebte Sujets von *Bild*. Vermutlich aber sah man hier einen Widerspruch zu einem der fünf Unternehmensgrundsätze (bereits 1967
formuliert) des Axel Springer Verlages, nach dem man zu einer
»Aussöhnung zwischen Juden und Deutschen« beitragen wolle. So
hätte Friedman als Jude sein Anrecht auf unschönen Radau leider
verwirkt und das Privileg wäre ein vergiftetes. Auch eine gutge-
meinte Sonderbehandlung ist eine und somit wieder einmal ein
Vorurteil mit umgekehrten Vorzeichen. Einer wie er.

Bild also hält den Ball bei Friedman sehr flach und verlagert die
Berichterstattung an den Rand des Spielfeldes. So erkundet man,
wer jetzt noch zu ihm halte und lässt wohlgesinnte Prominente zu
Wort kommen. Während fast alle anderen ihn als unerträglichen
Moderator verpönen, fragt *Bild* rührig: »Friedman nie mehr im
TV?« Und es geht noch pompöser. Aus Sex and Crime modelliert
Bild – eine Lovestory. Denn den größten Platz nimmt das Geschehen um Friedmans Freundin und Ex-*RTL*-Talkerin Bärbel Schäfer ein. Dieser Tage moderiert sie Sendungen wie *Deutschlands
klügste Blondinen* auf *RTL 2*. An ihrem Schicksal partizipiert *Bild*
in aller Ausführlichkeit und versucht derart den Kioskverkauf zu
pushen. So erfahren wir, Bärbel Schäfer befinde sich im Schockzustand, sie suche bei ihrer Mutter Trost, danach lesen wir von einer

Trennung auf Zeit. Es ist die Geschichte einer betrogenen Frau, die systematisch in den Mittelpunkt rückt und die anschließend für die Rehabilitierung des Skandalisierten eine entscheidende Bedeutung einnehmen soll, wie wir noch sehen werden.

»Verkauft wie eine Kuh«

Das Nachrichtenmagazin *Der Spiegel* nutzt die öffentliche Aufmerksamkeit durch den Friedman-Skandal, um einen großen Beitrag zum Thema Zwangsprostitution zu bringen: »Verkauft wie eine Kuh«. Die Zahlen sind erschreckend: Bereits nach damaligen Schätzungen brachten die Prostituierten den Schleuserbanden alljährlich 13 Milliarden Dollar ein. Mindestens eine halbe Million Frauen und Kinder werden jährlich in die EU verschleppt und dort sexuell ausgebeutet. Die Peiniger nehmen den Frauen den Pass ab, viele werden misshandelt, vergewaltigt, mit dem Tod bedroht. 2003 wurden in Deutschland Ermittlungen wegen des Verdachts auf Menschenhandel eingeleitet, darunter laut Bundeskriminalamt 1.235 Opfer, die Dunkelziffer liegt weitaus höher, 58 Prozent der Opfer waren zwischen 18 und 24 Jahren alt.

Friedman selbst muss sich öffentlich nur einmal sehr konfrontativ damit auseinandersetzen, es ist knapp ein halbes Jahr nach der Skandalisierung, im November 2003. Er tritt bereits wieder in Fernsehsendungen auf. In der Talkshow *Grüner Salon* auf dem Nachrichtenkanal *n-tv* befragt die Moderatorin (und frühere Gesundheitsministerin) Andrea Fischer ihren Gast Michel Friedman immer wieder nach dem fragwürdigen Geschäft mit Zwangsprostituierten. Die Stimmung ist gereizt, Friedman beharrt darauf, er habe nicht gewusst, unter welchen Umständen die Frauen kamen, und – mehr sagt er dazu nicht.

Ohne Resonanz verhallt ebenso ein offener Brief von *Terre des Femmes* an Michel Friedman, abgedruckt in Zeitungen. Darin beklagt die Frauenrechtsorganisation die Situation der Zwangsprostituierten und die breite Tabuisierung dieses Teils des Skandals. Friedman solle sich im Rahmen der Kampagne »Männer setzen Zeichen« für ein gleichberechtigtes Geschlechterverhältnis einsetzen. Erwartungsgemäß reagiert nicht er, sondern Alice Schwarzer. In der *ARD*-Talkshow *Menschen bei Maischberger* beklagt sie, Friedman habe sich offenbar noch nicht bei den Mädchen und Frauen entschuldigt.

Die *Bunte* befragt Bärbel Schäfer später ebenso in einem Interview zur Zwangsprostitution (Schäfer hatte sich bereits öffentlich wieder zu Friedman bekannt), ihre Antwort: »Natürlich sollten Männer wissen, dass solche Lebenssituationen für Frauen meist nicht besonders erfreulich sind. Ich glaube jedoch nicht, dass ein Mann, der bestimmte Nummern anruft, gleich weiß, was für ein Schicksal dahinter steckt.« Nichts gewusst – es ist die gleiche Argumentation wie Friedman sie vortrug.

Die deutlichste Sprache findet die Schriftstellerin Karen Duve, die im Kulturteil des *Spiegels* schreibt: »Er weiß also, dass Frauenhändler aus Osteuropa mit Erniedrigung, mit der körperlichen und seelischen Zerstörung junger Mädchen arbeiten. Er weiß, dass Polinnen, Ukrainerinnen oder Russinnen nicht deswegen alles über sich ergehen lassen, weil sie ›naturgeil‹ sind, sondern weil sie durch einmalige, mehrmalige oder tagelange Vergewaltigungen, durch Drohungen, Schläge, Würgen oder Tritte gefügig gemacht worden sind.« Mit dem Kommentar von Karen Duve bleibt *Der Spiegel* seiner Linie treu, das Thema der Zwangsprostitution in dem Skandal hochzuhalten, Friedman wiederum bleibt ebenso fortwährend bei seiner Strategie, diesen nicht strafbaren Bereich seines Vergehens (Besuch von Prostituierten) nicht weiter zu erwähnen. Eine ernsthafte gesellschaftspolitische Debatte um Frauenhandel und Zwangsprostitution entsteht nicht. So können Skandale um Prominente zwar im Zuge höchster Empörung für einen kurzen Moment unerhörte Missstände ins Blickfeld des öffentlichen Interesses rücken, nachhaltige Wirkung entfaltet das kaum.

Eine Seifenoper mit Cliffhanger
und der Frage, was bleibt

Es ist der 8. Juli 2003, der Fall Friedman geht seinem Höhepunkt entgegen, jetzt, da das juristische Verfahren abgeschlossen ist, tritt der Beschuldigte nach wochenlangem Schweigen erstmals auf. Er steht an einem Rednerpult in einem kleinen Raum der Rechtsanwaltskanzlei Jones Day in Frankfurt am Main. Zuvor hatte Friedman den Strafbefehl wegen illegalen Kokainbesitzes von 17 400 Euro akzeptiert. Die Darbietung übertragen TV-Kanäle und Radio-Sender. Es ist ein bemerkenswertes Dokument, deshalb ausnahmsweise einmal in voller Länge:

Ich bitte Sie um Verständnis dafür, dass ich in meiner Angelegenheit bisher geschwiegen habe. Ich bitte Sie auch zu verstehen, dass ich anschließend keine Fragen beantworten werde. Ich brauche noch Ruhe und Distanz. Ich möchte mit meinen Freunden sprechen, nachdenken und den begonnenen Lernprozess fortsetzen. Mir lag daran, die Entscheidung der Justiz abzuwarten. Diese Entscheidung ist nun gefallen. Ich habe für das, was ich getan habe, eine Strafe bekommen. Ich akzeptiere diese Strafe. Wir leben in einem Rechtsstaat. Drogen in einer Lebenskrise, auch in meiner Lebenskrise, sind keine Hilfe. Sie täuschen und sind gefährlich. Das sage ich vor allem jungen Menschen.

Ich habe in meiner politischen und journalistischen Tätigkeit Menschen alles gefragt, auch nach ihren politischen Fehlern. Nun muss ich akzeptieren, dass dieser Maßstab, auch wenn es privat ist, an mich angelegt wird. Deswegen klipp und klar und ohne Wenn und Aber: Ja, ich habe einen Fehler gemacht. Ich habe auch in meinem politischen und journalistischen Leben gefragt: Was bedeutet das, wenn man einen Fehler macht, und welche Konsequenzen zieht man? Auch dieser Maßstab gilt für mich selbst. Ich werde alle öffentlichen gewählten Ämter, die ich innehabe, jetzt zurückgeben. Ich habe Menschen enttäuscht, auch Menschen in meiner jüdischen

Gemeinschaft, auch Minderheiten, für die ich seit über drei Jahrzehnten gearbeitet habe, aber auch meinen Sender, den Hessischen Rundfunk, und die ARD.

Ich kann nur sagen – und ich hoffe, Sie glauben mir das –, dass ich mit aller Kraft versuchen werde, dieses verlorene Vertrauen wieder zurückzugewinnen. Den Freunden, die mir in dieser schweren Krise geholfen haben, beigestanden haben 24 Stunden am Tag, denen möchte ich von ganzem Herzen für diese Hilfe danken. Sie wissen, wie tief ich es bereue, was mich straucheln ließ. Dies gilt in erster Linie für Bärbel Schäfer, die Frau, die ich von tiefem Herzen liebe und mit der ich meine Zukunft gestalten will und die von all dem so erfahren hat wie die Öffentlichkeit. Bei ihr möchte ich mich persönlich, auch in aller Öffentlichkeit, entschuldigen. Ich bitte Sie, uns bei der Arbeit zu helfen, die ein Paar leisten muss, um nach einer solchen Krise wieder zusammenzukommen. Ich möchte Sie bitten, uns zu helfen, indem Sie unsere Privatsphäre wenigstens eine Zeit lang respektieren.

Meine Damen und Herren, liebe Freunde! Menschen machen Fehler. Menschen irren sich. Auch ich habe Fehler gemacht. Auch ich habe mich geirrt. Das soll nicht mein Verhalten relativieren oder gar verharmlosen. Ich sage es nur, weil ich erklären möchte, dass auch ich nur ein Mensch bin. Ich habe zum Schluss nur zwei Bitten: Ich entschuldige mich von ganzem Herzen für alles, was ich gemacht habe, aber ich bitte Sie, bitte Sie genauso von vollem Herzen, nicht zu vergessen, dass das nicht mein ganzes Leben war, dass dies nicht der ganze Michel Friedman ist. Und eine zweite Bitte habe ich: Ich entschuldige mich noch einmal bei allen. Aber ich bitte Sie um eine zweite Chance. Ich bedanke mich für Ihre Aufmerksamkeit, danke schön.

Es ist der Bußgang eines Überführten, der einen »Fehler« eingesteht, ohne ihn (oder waren es mehrere?) konkret zu benennen, der allgemeingültig Drogen verurteilt (ohne sich mit der Zwangsprostitution zu beschäftigen), der mit der Rückgabe aller Ämter Konsequenzen zieht und Reue artikuliert (Voraussetzung für eine

Rückkehr), der sich bei seiner Freundin öffentlich entschuldigt (sie ist dem Publikum bereits als Betrogene bekannt), und der schließlich eindringlich um »eine zweite Chance« bittet. Hier liegt das zentrale Motiv des Auftritts, alles ist darauf ausgelegt: auf das Comeback, die erhoffte zweite Chance.

Die Kritiken sind verhalten wohlwollend bis vernichtend. »Friedmans Auftritt war das beste Schmierentheater seit der Pressekonferenz im Jahr 1987, auf der Uwe Barschel seine Unschuld beteuert hatte«, meint Henryk M. Broder auf *Spiegel Online*.

Bild fokussiert sich wieder auf die Lebensgefährtin, wir erfahren, sie sei berührt und brauche Abstand. Ende der Seifenoper (Berührte will allein sein), Cliffhanger (Kehrt sie zu ihm zurück?), Fortsetzung folgt.

Und zwar nur neun Tage nach Friedmans öffentlichem Bußgang. Dann spricht die Lebensgefährtin im großen *Bunte*-Interview. Der zentrale Satz fällt rasch: »Für mich ist jetzt klar, dass ich Michel selbstverständlich eine zweite Chance gebe.« Zu dieser privaten Vergebung sollte bitte bald ebenso die berufliche Wiedereingliederung erfolgen (gemeint war die baldige TV-Präsenz), Bärbel Schäfer begründet das mit der Kompetenz des Gefallenen, »ein so klarer Denker, ein so leidenschaftlicher Moderator« würde fehlen, so Schäfer. Zeitgleich ist die Betrogene in *Bild* (»Bärbel Schäfer packt aus!«), auch hier das Bekenntnis ihrer Liebe zu ihm, wir erfahren, Friedman sei »so sensibel«, er habe sich ebenfalls bei Bärbel Schäfers Mutter entschuldigt.

Die Inszenierung des Privatlebens ist allzu durchschaubar, die *Berliner Zeitung* kritisiert es: »Sie (Bärbel Schäfer) weiß, dass ihre Rolle im Fall Friedman alles hat, um interessant zu sein: Liebe und Betrug, Reue und Vergebung. Vielleicht denkt sie auch, dass jeder Bericht über ihr Privatleben Werbung für ihre Karriere ist.« Es ist selten, dass eine Nebenfigur eines Skandals so obsessiv ins Zentrum rückt, im Fall Friedman erfüllt sie aber gleich mehrere Funktionen und die sind für alle Beteiligten lukrativ: In der Phase, als

Friedman schwieg und die Nachrichtenlage dünner wurde, dient die Geschichte um Bärbel Schäfer *Bild* und anderen Boulevardblättern als dankbarer Weiterdreh einer abflauenden Story. Jetzt, da es dem Paar offensichtlich um die Rehabilitation des Mannes geht, arrangiert sie ihre persönliche Vergebung quasi stellvertretend für die Allgemeinheit: Wenn selbst die Betrogene dem Sünder vergibt, könnten das dann nicht ebenso alle anderen auch tun?

Im Herbst 2003, drei Monate nach dem Skandal, ist es dann soweit. Friedmans Name taucht in der Presse vermehrt auf, wir erfahren, dass es in der Privatvilla der Filmproduzentin Regina Ziegler eine »Welcome-back-Party« mit sehr prominenten Gästen gab, wir erfahren, Friedman werde Herausgeber für das politische Sachbuch des Aufbau-Verlages. In *Bild* gibt er im Oktober 2003 ein Interview (»Uuups, Michel Friedman wieder da!«), in dem er davon erzählt, dass die Beziehung zu Bärbel Schäfer »glücklicher denn je« sei und in der *Welt am Sonntag* sagt er: »Man kann hinfallen, aber man muss bitte wieder aufstehen. Ich bin berauscht vom Leben.« Berauscht vom Leben statt Drogenrausch – den Satz muss man erst einmal liefern nach so einem Skandal.

Den Gipfel der Comeback-Tour erklimmt Michel Friedman am Sonntagabend den 2. November 2003. Er ist eingeladen bei Sabine Christiansen in der gleichnamigen TV-Sendung, die zu jener Zeit eine Institution im politischen Berlin und im öffentlich-rechtlichen Fernsehen war. Friedmans Auftritt ist somit die höchste Weihe, die ihm als gestrauchelte öffentliche Figur zuteil werden konnte. Die illustre Runde neben Friedman: Guido Westerwelle, Ole von Beust, Oskar Lafontaine und Arnulf Baring, das Thema: »Politik in der Krise«, und natürlich: es geht allein um Friedman.

Die Einschaltquoten sind sehr gut, die Zuschauerreaktionen sind sehr heftig und die Kritiken, die sind eher vernichtend. Wie zu Beginn des Skandals, geht es wieder um die Optik. Franz Josef Wagner kommentiert: »Michel Friedman ohne Gel im Haar, find ich gut. Hätte dann aber auch auf die Bräune verzichtet. Neue Falten? Ich bin ganz nah an den Fernseher ran. Er hat keine neuen Falten.« Während sich Wagner wieder mit den Falten eines Mannes beschäftigt, versucht auch Friedman wieder den alten Friedman zu geben. In das Christiansen-Gästebuch notiert er nach der TV-Show: »Nie schweigen!!!« (Es waren eins, zwei, drei Ausrufezeichen). Drakonisch fällt da die Kritik in der *Süddeutschen Zeitung* aus: »(...) bei all seinem Ehrgeiz sollte ihm der letzte Gästebucheintrag seines Intimfeindes Jürgen W. Möllemann bei Christiansen eine Warnung sein: ›Nie wieder!‹ hatte der geschrieben – um ein paar Tage später schrecklich abzustürzen.« Das war noch einmal ein heftiger Tritt gegen das Schienbein.

Friedman aber kämpft um sein Ansehen. Er ringt um Anerkennung. So sind Skandale dieses Kalibers immer zugleich Machtspielchen. Vor dem Absturz hatte Friedman ganz selbstverständlich die Deutungshoheit in öffentlichen Debatten für sich beansprucht, unter dem Aspekt war der Frontalangriff gegen ihn eine Art Entmachtung, herausgefordert von denen, die ihn fallen sehen wollten, sei es aus Schadenfreude oder anderen Motiven. Dies mag den ruppigen Ton erklären, und es erklärt ebenso Friedmans unbedingten Willen, wieder auf sein altes Podium zu klettern – nach der Maxime: Ihr kriegt mich nicht klein, ich lasse mir den Mund nicht verbieten. Aber hat er diesen Kampf gewonnen? Welche Relevanz haben seine Sendungen und Auftritte noch? Welche Spuren hinterlässt so ein Skandal?

In einem Interview mit der *Frankfurter Rundschau* aus dem Jahr 2010 gibt er sich demütig: »Ich habe auf der untersten Sprosse der Leiter neu beginnen müssen. Und kleine Bühne, große Bühne, was bedeutet das schon, verglichen damit, dass ich überhaupt wieder publizistisch arbeiten darf.«

In einer seiner heutigen Fernsehsendungen auf dem Nachrichtenkanal *N24* mit dem Titel *Friedman schaut hin* besucht Friedman Menschen in ihren Lebenssituationen vor Ort, 2008 war er bei vier jungen Männern in einer Jugendstrafanstalt in Brandenburg. In der TV-Kritik konstatiert Reinhard Mohr auf *Spiegel Online* danach unter der Überschrift »Michel im Moralknast«: Auch Friedman umgebe eine (»freilich eher unsichtbare«) Mauer, ein persönliches Gefängnis: »Für Friedman ist dies zweifellos die große mediale und politische Öffentlichkeit, die ihm seit seinem moralischen Fehltritt in einer Drogen- und Prostituiertenszenerie weitgehend verwehrt bleibt.« Diese öffentliche Arena hat er sich längst zurückerobert, der erste Auftritt bei Sabine Christiansen sollte nur der Auftakt sein. Mittlerweile ist Michel Friedman derart präsent, wie 2010 auch der Schlagabtausch mit dem Provokateur Thilo Sarrazin zeigte, dass man Friedman jetzt, viele Jahre nach dem Skandal, schon wieder als »Dreschflegel der Quasselbranche« *(stern. de)* tituliert. Dennoch: Das Bild der unsichtbaren Mauer um ihn ist genau deshalb so zutreffend, weil er trotz Dauer-Anwesenheit die Deutungs- und Bedeutungshoheit, diese Relevanz nicht mehr wiedererlangte, die er vor seinem Absturz beanspruchte. Einmal wurde dies sichtbar. Auf dem Evangelischen Kirchentag in Hannover im Jahr 2005 ist Michel Friedman als Mitdiskutant geladen zum Thema »Macht der Wahrheit«. Die Veranstalter möchten ihn zur Wahrheit befragen, die Besucher aber wollten ihn dazu nicht hören. Bereits im Vorfeld regt sich massiver Protest gegen seinen Auftritt – Michel Friedman sagt ab.

Der Skandal des Michel Friedman. Es war ein Skandal, der mit einem Drogenfund begann, doch darum ging es nie. Es störten sein Glanzhaar und die rosa Krawatte, er wurde zum gescheiterten Musterjuden stilisiert und als Fremder und Propagandist Israels diffamiert, er versetzte seine Freundin in einen Schockzustand und zelebrierte mit der Betrogenen schließlich die selbst erbetene zweite Chance. Das alles in einem einzigen, kurzen Sommer. Schneefall im Juni. Für die Krämer hatte es sich gelohnt.

Eine »tickende Biobombe«

Nadja Benaissa – von der Popprinzessin zum Todesengel

»Vielleicht hat das ja etwas zu bedeuten, ich weiß bloß noch nicht,
was: Wenn es mir gut geht im Leben, plagen mich oft schlimme
Albträume. Wenn aber die Situation so schlimm ist wie nach meiner
Verhaftung, träume ich von den schönsten Dingen. So als brauchte
ich etwas, woran ich mich festhalten kann.«
(Nadja Benaissa »Ich habe einen Traum«
Zeitmagazin, 1. Oktober 2009)

Als im August 2010 in Darmstadt das Urteil gegen Nadja Benaissa gesprochen wurde, da veröffentlichten fast alle Zeitungen
identische Fotos von ihr: Bildfüllend ihr Gesicht; der Blick verträumt und leicht entrückt, gerichtet auf etwas, das man nicht
orten konnte; um den Mund die Andeutung eines Lächelns mit
einer Spur von Traurigkeit und Melancholie – ein Gesicht, dem
man die Verletzlichkeit und all die Verletzungen der letzten Monate ansah. Nadja Benaissa wurde in diesem Prozess wegen vollendeter und versuchter gefährlicher Körperverletzung zu zwei
Jahren auf Bewährung verurteilt. Das Gericht sah es als erwiesen
an, dass sie, die von ihrer eigenen Infektion wusste, 2004 einen
Liebhaber mit HIV angesteckt hatte. Sie musste nicht, wie manche befürchtet, manche aber auch gehofft hatten, ins Gefängnis.
Dieses tatsächliche Urteil war, nach allem was Nadja Benaissa an
Vorverurteilung erlebt hatte, fast ein versöhnlicher Schlusspunkt.

Knapp eineinhalb Jahre vorher, im April 2009 war die Sängerin der Popband No Angels quasi von der Straße weg verhaftet –
es war Ostersamstagabend und sie war auf dem Weg zu einem
Auftritt in einer Frankfurter Diskothek – und in U-Haft gesteckt
worden. Öffentlichkeitswirksam, denn all diejenigen, die vor
der Diskothek auf Einlass warteten, hatten die Festnahme mit-
erlebt und so wusste automatisch ganz Deutschland davon. Am
Dienstag nach Ostern berichtete *Bild* groß von dieser Verhaftung,
musste aber, trotz Rücksprache mit der Pressestelle des Polizei-
präsidiums Südosthessen, an diesem Tag noch rätseln: »Schwere
Körperverletzung – was ist da vorgefallen?« Diese Frage wurde
noch am gleichen Tag beantwortet – durch die Staatsanwaltschaft
Darmstadt. Die Behörde gab am 14. April eine äußerst fragwürdige Pressemitteilung heraus:

Die Staatsanwaltschaft Darmstadt hat am Samstagabend (11.4.2009)
in Frankfurt am Main auf Basis eines Haftbefehls des Amtsgerichts
Darmstadt eine 26-jährige Sängerin wegen des Verdachts der gefähr-
lichen Körperverletzung festgenommen.

Danach besteht der dringende Tatverdacht, dass die Beschuldigte
in den Jahren 2004 und 2006 ungeschützten Geschlechtsverkehr mit
3 Personen hatte, ohne diese zuvor darauf hinzuweisen, dass sie selbst
HIV-positiv ist. Zumindest bei einem der drei Partner ergab ein
Test, dass er – mutmaßlich in Folge des Kontakts – nunmehr ebenfalls HIV-positiv ist. Die Beschuldigte wurde noch am Samstagabend
dem Ermittlungsrichter vorgeführt. Dieser hat die Untersuchungshaft wegen Wiederholungsgefahr angeordnet.

Der Strafrahmen für eine gefährliche Körperverletzung liegt bei
einer Freiheitsstrafe von 6 Monaten bis zu 10 Jahren.

»Outing vom Amt«, nannte das der *Spiegel* zwei Wochen später
und reportierte den Stand der aktuellen Auseinandersetzungen:
»Darf der Staat die HIV-Infektion eines Popstars öffentlich machen? Und können die Medien danach verpflichtet werden, de-

ren Identität zu verschweigen? Der Fall der No-Angels-Sängerin Nadja Benaissa [damit war die Frage nach dem Verschweigen der Identität schon mit NEIN beantwortet] gerät zur Justiz-Affäre.«

Ebenfalls am Dienstag nach Ostern hatte der Berliner Medienanwalt Christian Schertz versucht, die Lawine noch zu stoppen. In einem »Presserechtlichen Informationsschreiben« unterrichtete er diverse Medien darüber, dass er gegen die *Bild*, die an diesem Tag über die Verhaftung berichtet hatte, eine einstweilige Verfügung beantragt hatte. Nadja Benaissa sei weder eine absolute Person der Zeitgeschichte, noch handele es sich um eine spektakuläre Straftat, woraus sich jeweils ein Berichterstattungsanlass herleiten könne. Das Ergebnis dieser Bemühungen sah einen Tag später unter anderem so aus: »No-Angels-Star Nadja HIV-positiv«, » Aids-Angst – Wie viele Männer hat No-Angels-Star Nadja angesteckt?« *(Bild)*, »In so einer Zelle schmort der gefallene Engel« *(BZ)*. Am gleichen Tag gab die Darmstädter Staatsanwaltschaft ihr Statement vor diversen TV-Kameras ab. Nadja Benaissa war als Todesengel in aller Munde.

Zu diesem Zeitpunkt war sie 26 Jahre alt und die Zeit der großen Erfolge mit den No Angels, Deutschlands erster Casting-Band, war schon vorbei. Zwar gab es die Mädchenband noch, doch sie dümpelte vor sich hin. Nadja Benaissas Versuche einer Solokarriere als Sängerin waren wenig erfolgreich. Der Ruhm war noch nicht verblasst, die No Angels waren ja viele Jahre lang die Idole von Millionen Teenagern. Doch das Geld war inzwischen alle. Schlimmer noch, sie hatte hohe Schulden, versuchte sich und ihre neunjährige Tochter, mit der sie allein lebte, durchzubringen. Nun war sie in aller Öffentlichkeit zu einer tickenden Zeitbombe mutiert, die man wegsperren musste.

Einen Tag nach den TV-Auftritten der Staatsanwaltschaft zum Fall Benaissa erließ das Landgericht Berlin einen Beschluss, demzufolge es verboten sei, über das Verfahren »und/oder den Gegenstand der Untersuchungshaft zu berichten« (zitiert nach *Süddeut-*

sche Zeitung). *Bild*-Chef Kai Diekmann geißelte daraufhin die »Skandal-Entscheidung« der Berliner Richter (*Bild* hatte natürlich sofort Widerspruch eingelegt) und beschwor die Pressefreiheit: »Wenn schwere Straftaten Privatsphäre sind, kann die Presse über nichts mehr berichten. Dann kann man die Pressefreiheit auch gleich abschaffen.« (*Bild*, 16. April 2009) Am Tag darauf versammelte sich in *Bild* eine ganze Armada prominenter Unterstützer. Politiker und Juristen, die die Staatsanwaltschaft dafür lobten, dass sie für Nadja Benaissas HIV-Coming-Out gesorgt hatte, sowie honorige Chefredakteure, die sich empört über den Angriff auf die Pressefreiheit zeigten. Das war nicht nur an Heuchelei kaum zu überbieten (»[...] Wenn wir das nicht mehr dürfen, wankt eine Säule der Demokratie«, Claus Strunz, *Hamburger Abendblatt*), es war auch beschämend (»Wenn jemand seinen Körper als Biowaffe einsetzt, ist umfassende Berichterstattung ein dringendes öffentliches Anliegen und wichtiger als die Persönlichkeitsrechte der Betroffenen«, Siegmund Ehrmann, SPD-Bundestagsabgeordneter). Eine junge Frau als »Biowaffe« – mehr können sich Redaktionen von Boulevardzeitungen nicht wünschen.

In guten wie in schlechten Tagen

Doch nicht nur *Bild*, auch andere Zeitungen, wie beispielsweise *taz* und *Frankfurter Rundschau* kritisierten die Entscheidung der Berliner Richter explizit. Auch sie waren der Meinung, dass Nadja Benaissa (»eine bekannte Sängerin, die noch dazu mit Hilfe vieler Medien ihre Prominenz erlangte«) sich diese negative Berichterstattung gefallen lassen müsse und beklagten, dass immer häufiger Anwälte unterwegs seien, die im Auftrag ihrer prominenten Mandanten mit so genannten presserechtlichen Informationsschreiben und der Androhung von hohen Bußgeldern jegliche Berichte über bestimmte Themen verhindern wollten, weil diese angeblich das Persönlichkeitsrecht verletzten: »Oft sind es dieselben Personen, die vorher keine Gelegenheit ungenutzt ließen, um medial erwähnt zu werden, die nun ihre Abstürze, Fehltritte oder Straftaten verschwiegen sehen wollen. Wer vorher Reporter bis in sein Schlafzimmer ließ und von der Zurschaustellung seiner Privatsphäre profitierte, will dann presserechtlich plötzlich behandelt werden wie ein Unbekannter.« *(Frankfurter Rundschau).* Stattdessen, so die einhellige Meinung, hätten die Medien im Fall Nadja Benaissa das Recht auf eine uneingeschränkte Berichterstattung. Und nicht nur das Recht, sondern auch die Pflicht, denn die Staatsanwaltschaft habe durch ihre Pressemitteilung Fakten geschaffen, an denen man journalistisch nicht vorbeikomme. Das stimmt. Zwar gibt es im Sinne der Aufklärung der Öffentlichkeit natürlich keine Verpflichtung, über jede staatsanwaltschaftliche Ermittlung wegen gefährlicher Körperverletzung zu berichten, aber eben auch kein Verbot. Es ist dann Sache der so genannten journalistischen Sorgfaltspflicht, dass in der entsprechenden Berichterstattung die Persönlichkeitsrechte involvierter Personen nicht verletzt werden. Gedruckt wären das z.B. mindestens die abgekürzten Nachnamen, gezeigt die gepixelten Gesichter und insgesamt die Berücksichtigung der Tatsache, dass es sich um einen *Verdacht* handelt, woraus eine entsprechend abwägende Berichterstattung folgen sollte. Doch der Verweis darauf hat Züge von Selbstbetrug, denn ein großer Teil der heutigen Medien ist den Gesetzen der Unterhaltungsindustrie verpflichtet und nicht hehren journalistischen Grundsätzen. Diese Medien leben ja gerade von der monströsen Verletzung der Persönlichkeitsrechte, und das nicht nur bei Prominenten. Sex & Crime ist der Spitzenreiter unter den Skandal-Themen und dann auch noch so jung, so attraktiv und so prominent wie bei Nadja Benaissa – da werden, ohne Rücksicht auf Verluste, alle Register gezogen, da wird unter Umständen vor Nötigung und Erpressung nicht zurückgeschreckt. Und die Tatsache, dass jemand in seinen guten Zeiten auch von den Medien durchs Leben getragen wurde, kann ja umgekehrt nicht heißen, dass dieser Jemand in seinen schlechten Zeiten jegliches Recht auf Intimsphäre verspielt hat und zum absoluten medialen Freiwild wird. Es besteht keine Verpflichtung zum Rufmord. In den Boulevardmedien wurde die angebliche journalistische Verpflichtung zur Berichterstattung über Nadja Benaissas Intimleben auch damit begründet, dass sie für viele junge Mädchen ein Vorbild sei. Damit bürdete man einem Popsternchen gesellschaftliche Verantwortung auf, die es natürlich, nur weil es erfolgreich war, gar nicht hatte. Es waren vorgeschobene Argumente für die mediale Diskussion um Pressefreiheit und Persönlichkeitsrecht. Tatsächlich demonstrierten die Boulevardmedien in diesem Fall ihre Macht: Wir haben dich groß gemacht, und wenn wir wollen, machen wir dich auch wieder klein.

Die ganze Härte des Gesetzes

Noch bevor die Boulevardmedien den ersten Schlag führten, wusste im vorliegenden Fall jeder, der sich dafür interessierte, dass es sich um Nadja Benaissa handelte, dafür hatte die Staatsanwaltschaft auch ohne Nennung ihres Namens gesorgt. Man hatte sie ausgesprochen öffentlichkeitswirksam verhaftet, man hatte sie in Handschellen abgeführt, man hatte sie, wegen angeblicher Wiederholungsgefahr, in Untersuchungshaft gesteckt. Die *Berliner Zeitung* sprach davon, eine staatliche Ermittlungsbehörde habe, nur weil es sich um eine Prominente handelt, die Medien gewissermaßen als Nebenkläger eingespannt und die *Süddeutsche Zeitung* sah den Haftgrund »Wiederholungsgefahr« als Teil einer spektakulären Gesamtinszenierung durch die Staatsanwaltschaft, mit der sie die Gefährlichkeit von Aids der Öffentlichkeit vor Augen führen wolle: »(...) Der Verdacht gegen die Sängerin verselbständigt sich, weil die Justizorgane so agieren, als sei die Schuld der Beschuldigten schon erwiesen. Schon die Verhaftung und deren Umstände haben strafähnliche, stigmatisierende Wirkung.«

Den Grund für ein solches Vorgehen sah man in demselben Artikel unter anderem darin, dass eine Behörde, die über Jahrzehnte eine eher verschlossene Institution und mit Auskünften äußerst zurückhaltend war (durchaus zu ihrem Schaden) nunmehr den Markt der öffentlichen Darstellung nicht mehr allein den Strafverteidigern überlassen wolle. Bei diesem Kampf um die Deutungshoheit schlage die Staatsanwaltschaft aber zu oft über die Stränge – zu Lasten verdächtiger Prominenter, so die Kritik, die auch im Fall Jörg Kachelmann für heftige öffentliche Kontroversen sorgte. Im konkreten Fall ging es so weit, dass der betreffende Staatsanwalt in *Bild* ausführlich erzählte, warum Nadja Benaissa verhaftet worden war und in der *Frankfurter Rundschau*, ebenfalls im April 2009, das Vorgehen der Staatsanwaltschaft rechtfertigte, die Behörde habe angesichts der Schwere der Vorwürfe in Kauf nehmen müssen, »den Ruf der jungen Frau in gewisser Weise zu schädigen«. Die Gründe für dieses Über-die-Stränge-Schlagen mancher Staatsanwaltschaften sah die *Süddeutsche Zeitung* – abgesehen von der Geltungssucht oder Überforderung Einzelner – auch darin, dass sich unter dem Wettbewerbsdruck der Medien die Öffentlichkeitsarbeit der Staatsanwälte radikal verändert habe. Keine Entschuldigung, aber eine mögliche Erklärung.

Der Strafverteidiger Ferdinand von Schirach, der inzwischen auch als Schriftsteller Furore macht, schrieb dazu 2010 im *Spiegel* unter der Überschrift »Verfahren als Strafe«, bislang sei es bei Strafverfahren zu Recht immer um die Öffentlichkeit in der Hauptverhandlung gegangen, Ermittlungsverfahren dagegen seien nie öffentlich gewesen. Das habe sich geändert, mit weit reichenden oder wie im Fall Nadja Benaissa verheerenden Konsequenzen: »Alle scheinen zu viele Filme gesehen zu haben, die Pressearbeit der Justiz ist zu einer Mischung aus amerikanischem Gerichtsfilm und *Richterin Barbara Salesch* Show verkommen. Im deutschen Strafrecht gibt es nur eine Partei, den Strafverteidiger. Die Staatsanwaltschaft muss objektiv sein, ausgleichend und gerecht wie ein Gericht. Sie ist unparteiisch, sie ermittelt für und gegen den Beschuldigten, nichts anderes ist ihr gesetzlicher Auftrag.« Und weil, so Schirach, ein Staatsanwalt mit der Autorität des Staates spreche, sei es so fatal, wenn er diesen Grundsatz der Unparteilichkeit verletzt: »Sein Verdacht ist schon das Urteil, die Unschuldsvermutung interessiert niemanden.« Im konkreten Fall hatte das hessische Justizministerium Ende April 2009 der Polizei und der Staatsanwaltschaft Darmstadt in ihrem Vorgehen gegen Nadja Benaissa nachträglich korrektes und angemessenes Handeln attestiert. Die Mitteilung der Staatsanwaltschaft habe zwar das Persönlichkeitsrecht der Beschuldigten tangiert, dieses aber nicht verletzt. Betroffene müssten umso mehr aushalten, je mehr sie sich in die Öffentlichkeit begeben, so der damalige hessische Justizminister Jörg-Uwe Hahn (FDP, zitiert nach *Frankfurter Rundschau*, 30. April 2009). Das ungewöhnlich harte Vorgehen gegen Nadja Benaissa – kein Mensch hatte sich zum Beispiel dafür interessiert, was mit ihrem Kind passiert, wenn man sie in U-Haft nimmt – stieß offensichtlich auf große Zustimmung.

Der Alptraum No Angels

Die No Angels, das war im Jahr 2000 die erste deutsche Casting-Band, eine Girlgroup mit insgesamt fünf jungen Frauen, die bei der Show *Popstars* auf *RTL 2* unter tausenden von Bewerbern gewonnen hatten. Ihre Debüt-Single »Daylight In Your Eyes« stürmte die Charts und stand wochenlang auf Platz 1. Mit rund fünf Millionen verkauften Alben waren sie die erfolgreichste Mädchenband Deutschlands. Nadja Benaissa, die in Frankfurt geborene Tochter einer deutsch-serbischen Mutter und eines marokkanischen Vaters, war damals 18 Jahre alt und hatte in ihrem jungen Leben schon so einiges hinter sich gebracht: Drogensucht und Schulabbruch mit 14, Leben auf der Straße, Schwangerschaft mit 16 und Mutter mit 17. Und dann war sie über Nacht Popstar geworden, mit den üblichen Begleiterscheinungen wie Glamour, rasender Aufmerksamkeit und plötzlichem Reichtum (der allerdings auch schnell wieder verflogen war). Ein Leben auf der Überholspur wird so etwas gern genannt. »Es ging alles viel zu schnell. Ich habe jeden Tag gehofft, dass ich rausgeschmissen werde. Aber das passierte nicht«, sagte Nadja Benaissa selbst in einem *stern*-Interview im September 2010 über die erste Zeit der No Angels und beschrieb ihr Leben zu dieser Zeit als einen einzigen Alptraum: »Es war furchtbar. Ich hatte eine Schwangerschaft hinter mir, war HIV-positiv und hatte Augenringe bis zum Kinn. Und dann die ganze Zeit Training, Auftritte, Interviews, Drehtermine, Konzerte, keine Zeit zum Essen, keine Zeit für gar nichts, selbst die Toilettenpausen waren vorgeschrieben. In meinem Zimmer stand ein Kinderbett, aber Leila schlief nie darin, weil ich von morgens bis nachts arbeitete …« (ebenda). Nach drei Alben und fünf Millionen verkauften Platten trennten sich die No Angels im Dezember 2003, vorher hatten sie sich öffentlich im Fernsehen gefetzt. Zu viert versuchten sie 2007 ein Comeback, traten 2008 beim Eurovision Song Contest in Belgrad für Deutschland an und landeten – oh Schande – auf dem letzten Platz.

Auf dem inzwischen langjährigen TV-Markt der gecasteten Bands, Sänger und sonstigen Talente waren und sind die No Angels mit ihren über Jahre währenden großen Erfolgen dennoch eine Ausnahme. Und in gewisser Weise war die deutsche Casting-Branche auch noch »unschuldig«, als man die fünf jungen Frauen im Jahr 2000 zu einer Popgruppe formte. Natürlich, sie waren ein mediales Produkt, das umfassend vermarktet und durch permanente mediale Inszenierungen am Leben gehalten wurde. Ein Produkt, mit dem möglichst viele Leute Geld verdienen wollten. Dennoch hatten die No Angels etwas von dieser viel beschworenen Authentizität, der Voraussetzung aller erfolgreichen Casting-Formate. Inzwischen ist die Vermarktungskette kürzer geworden, das Geld wird in erster Linie mit den Castingshows selbst bzw.

der entsprechenden Werbung verdient. Damit ist es fast egal, ob jemand singen oder tanzen oder was auch immer kann, weil die anschließende Vermarktung nicht mehr die entscheidende Rolle spielt. Ins Zentrum rücken so die Kandidaten mit ihrem Dasein und all ihren tatsächlichen oder vermeintlichen Verwerfungen und Monstrositäten. Die No Angels waren trotz Casting eine Popgruppe und wollten sich 2009 erneut an einem Comeback versuchen.

10 Tage nach ihrer spektakulären Festnahme wurde Nadja Benaissa aus der Untersuchungshaft entlassen. »Raus aus dem Knast, aber die Vorwürfe bleiben!« schrieb *Bild* dazu, damit auch ja keine Missverständnisse entstehen konnten. Gegen Auflagen sei der Haftbefehl – nach einem Antrag der Staatsanwaltschaft auf Haftverschonung – außer Vollzug gesetzt worden, ließ das Amtsgericht Darmstadt verlauten. Die Art der Auflagen wollte man nicht nennen, da es sich um höchst persönliche Dinge handele. Da zu diesem Zeitpunkt sowieso alle alles über Nadja Benaissas Intimleben und ihre HIV-Infektion wussten, hätte sich wahrscheinlich niemand über die Veröffentlichung dieser Auflagen gewundert, doch jetzt wollte man sich in Diskretion üben. Die Anklage wegen gefährlicher Körperverletzung, so wurde betont, hatte nach wie vor Bestand. Ins Rollen gekommen war die ganze Angelegenheit durch die Anzeige eines Mannes, der sich sicher war, dass Nadja Benaissa ihn 2004 beim ungeschützten Sex angesteckt hatte. Er habe durch einen Test erfahren, dass er selbst HIV-positiv ist und daraufhin vergeblich versucht, mit ihr Kontakt aufzunehmen. Die Staatsanwaltschaft wollte nun ihrerseits in einem Test klären lassen, ob das Virus von Nadja Benaissa stamme. Sie habe, so die Staatsanwaltschaft, von den Ermittlungen gewusst und über ihren Anwalt Akteneinsicht beantragt. Zu den Vorwürfen habe sie sich weder damals noch aktuell geäußert.

Nadja Benaissa wusste, wie sich später herausstellte, zu diesem Zeitpunkt schon seit mehreren Jahren, genauer gesagt seit 1999, dass sie HIV-positiv war und sie nahm auch entsprechende Medikamente. In der Musikszene und im Internet kursierten eine Zeitlang entsprechende Gerüchte, doch weder von ihr selbst noch vom Management der No Angels gab es dazu jemals ein Statement – Nadja Benaissa wehrte sich mit Händen und Füßen gegen ein öffentliches Eingeständnis ihrer HIV-Infektion. Das war ihr gutes Recht. Aids ist kein Verbrechen. Niemand ist verpflichtet, öffentlich darüber zu sprechen, auch ein Prominenter nicht, genauso wenig wie über andere Infektionen oder Krankheiten wie Krebs. Wer allerdings von seiner eigenen HIV-Infektion weiß, ist verpflichtet zu verhindern, dass jemand anderes sich anstecken kann, zum Beispiel beim ungeschützten Sex. Ein HIV-Infizierter, der in Kenntnis seiner Ansteckung mit einem anderen ohne Schutzmittel Sexualverkehr ausübt, so die mittlerweile gängige Praxis der Justiz in Deutschland, macht sich wegen (versuchter) gefährlicher Körperverletzung strafbar.

Abgesehen davon, dass erst noch nachgewiesen werden musste, ob Nadja Benaissa den betreffenden Mann tatsächlich angesteckt hatte – ein Nachweis, der nicht leicht zu führen ist – gab es bis zum Prozess im Jahr 2010 dazu von ihr keinerlei Erklärung oder Stellungnahme. Über ihre eigene HIV-Infektion, die Verhaftung etc. sprach sie öffentlich im Sommer 2009 bei *stern TV* und dann im Herbst – überraschenderweise – in *Bild am Sonntag* (die juristischen Auseinandersetzungen mit *Bild* hatte ihr Anwalt, sehr zur Freude von *Bild*-Chef Kai Diekmann, schon im Mai 2009 beendet). Dazu zeigte sie sich ziemlich nackt. Angeblich hatte sie das Bedürfnis, endlich ihr Schweigen zu brechen, unter der Überschrift »Nadjas nackte Wahrheit: Seht mich an und hört mir zu«. Triumphierend teilte *Bild* mit, Nadja sei einverstanden gewesen, als man sie eine Woche zuvor um dieses Interview gebeten hatte. Es war eher ein Verhör: »Ist Ihr Körper nicht trotzdem eine tickende Zeitbombe?«, »Wissen Sie, wer Sie angesteckt hat?«, »Haben Sie heute immer Kondome dabei?« (ebenda) Vielleicht war dieser freiwillige Akt der Entblößung das Ticket für eine Rückkehr in die Boulevard-Normalität: Mitte September hatten die No Angels nach langer Zeit wieder ein Album veröffentlicht: »Welcome To The Dance«. Doch das Album floppte. Im Juli 2010 stieg Nadja Benaissa bei den No Angels aus.

Ein gefallener Engel zeigt Reue

Der Skandal um sie ging medial mehr oder weniger auf standby, bis zum Prozessbeginn im August 2010. Da waren, wie bei einem Familientreffen, alle wieder da und alle stiegen wieder groß in die Berichterstattung ein: Zum ersten Mal war eine prominente Frau angeklagt, einen Mann mit HIV angesteckt zu haben. Warum hatte Nadja Benaissa ihre Krankheit verschwiegen, obwohl sie doch gewusst haben musste, dass sie die Männer durch ungeschützten Sex anstecken konnte – diese Frage stand im Zentrum des Prozesses. Der Mann, der sie angezeigt und die Ermittlungen ins Rollen gebracht hatte, ein 34-jähriger Musikmanager aus Frankfurt/Main, trat als Nebenkläger auf. Zum Auftakt des Prozesses gab der Anwalt für seine Mandantin eine Erklärung ab: Das Geständnis, dass sie von ihrer HIV-Infektion wusste und dass sie ungeschützten Sex mit mehreren Männern hatte. Sie habe sich auf die Aussagen von Ärzten verlassen, wonach das Ansteckungsrisiko wegen der niedrigen Viruslast sehr gering sei. Darauf folgte, was Zeitungen eine »bewegende Lebensbeichte« nannten. Auf Befragen des Richters schilderte Nadja Benaissa ihr junges turbulentes Leben und schloss mit den Worten: »Es tut mir von Herzen leid, dass er sich angesteckt hat. Ich habe die Kontrolle verloren.« (zitiert nach *Tagesspiegel*) Niemand sprach von Auftritt oder

Inszenierung, mit ihrer als offen und unprätentiös beschriebenen Art überraschte und überzeugte sie die Journalisten im Gerichtssaal. Nach all den Monaten der über sie ausgetragenen medialen Gefechte um Presserecht und Persönlichkeitsrecht, um Justizskandal und Skandalberichterstattung hatte die Begegnung mit der tatsächlichen Nadja Benaissa für viele Journalisten etwas Befreiendes. Statt eines dümmlichen Popgirls erlebten sie eine verstörte junge Frau, die sich ihrer Verantwortung bewusst war und die augenscheinlich bemüht war, ihr Leben wieder in den Griff zu bekommen. Und so löste ihre Ansprache eine Welle medialen Mitgefühls aus: »Ich hatte einfach tierische Angst«, »Es war einfach zu viel für eine Seele«, »Es tut mir von Herzen leid«, »Ein Engel bereut«, »Plädoyer für eine Sünderin«.

Die missratene Tochter. Zwar hatten anfangs viele kritisiert, dass es zu einem Zwangs-Outing durch die Justiz gekommen war, doch dann hatten alle gut von diesem Zwangs-Outing gelebt. Gnade hatte niemand mit ihr. Alle ließen sie fallen. Die einen, weil es ihr Geschäft war, die anderen, weil Verständnis für ein Popgirl aus dem Unterschichtenfernsehen, das ungeschützt HIV verbreitet, nicht in ihr Ressort fiel. Niemand fragte nach seelischen Nöten, niemand suchte nach Erklärungen. Und der Prozess hätte womöglich zur medialen Exekution geführt, hätte es das Geständnis und die öffentliche Reue nicht gegeben. So aber kam es zum Innehalten, kurz bevor man sie eigentlich in den Abgrund stoßen wollte. Die missratene Tochter blieb zwar ein Sorgenkind, war aber nicht gänzlich verloren. Man widmete sich nunmehr in verständnisvollem Ton ihrer Person, ihren Ängsten und Nöten und forderte das Gericht zur Wiedergutmachung auf. Eindringlich wurde für die Verhängung einer Bewährungsstrafe plädiert, obwohl das vom Gericht bestellte Gutachten (der Gutachter kam zu dem Ergebnis, dass Nadja Benaissa mit an Sicherheit grenzender Wahrscheinlichkeit ihren früheren Sexualpartner mit dem HI-Virus angesteckt hatte) sie belastete. Sie sei durch die mediale

Vorverurteilung des Boulevards schon so gestraft, dass man sie auf keinen Fall hart verurteilen dürfe.

So entstand doch noch Raum für andere Aspekte in der Berichterstattung, die es bis dahin schwer gehabt hatten, sich Gehör zu verschaffen. Zum Beispiel dafür, dass es, bei aller möglichen Schuld, auch in einem solchen Fall *zwei* gab. Es war und ist längst gesellschaftlicher Konsens, dass Verhütung keine Domäne der Frauen ist, dass für Safer Sex auch die Männer verantwortlich sind. Die Deutsche Aidshilfe plädiert seit Jahren dafür, bei sexuellen Begegnungen – unabhängig vom Geschlecht – das Prinzip der geteilten Verantwortung zu praktizieren. Damit wäre eine Anklage wie diese hinfällig. Manche Rechtsexperten halten das für ein falsches Signal im Kampf gegen die zunehmende Sorglosigkeit beim Umgang mit HIV-Infektionen. Bis zum Prozess hatte das kaum jemanden interessiert, in der allgemeinen öffentlichen Erregung um diesen Fall von »Sex auf Leben und Tod« waren sachliche Auseinandersetzungen auf der Strecke geblieben. Jetzt ging das zumindest in einem gewissen Umfang. Und die Auftritte des Nebenklägers im Gerichtssaal beförderten eine solche Diskussion. Sein hasserfülltes Auftreten, seine verächtliche Art gegenüber Nadja Benaissa (»die da«), sein weltumspannendes Selbstmitleid (»Du hast so viel Leid in die Welt getragen«) provozierten geradezu Fragen nach einer Co-Verantwortung. Die Gerichtsreporterin Gisela Friedrichsen kritisierte das im *Spiegel* als einen fatalen Nebeneffekt des Benassia-Prozesses: »Auch die Tatsache dass der leichtfertige Partner, der mehr an sein Vergnügen denn an seine Gesundheit denkt, von der Justiz als ›Opfer‹ behandelt wird, ist ein bedenkliches Signal, denn Verantwortung tragen beide, für sich und den anderen gleichermaßen.« Die *Frankfurter Rundschau* plädierte für eine Fortsetzung dieser Diskussion: »Wie trennscharf sich Täter und Opfer in dieser Frage wirklich definieren lassen, das ist eine Frage, die nun außerhalb des Gerichtssaals weiter diskutiert werden sollte. Und da kann man, ohne die Terminologien des Strafrechts zu verwerfen, durchaus zu anderen Ergebnissen kommen.«

Als Nadja Benaissa vom Amtsgericht Darmstadt zu zwei Jahren Gefängnis auf Bewährung verurteilt wurde (das damit dem Antrag der Staatsanwaltschaft gefolgt war), waren alle, nicht nur die Angeklagte selbst, erleichtert: »Das ausgewogene Urteil hat einiges geraderücken können. Zum einen, dass die Rechtsprechung nicht als Reparaturwerkstatt von gesellschaftlichen Versäumnissen und schon gar nicht als Spielball des Boulevards taugt«, *(Frankfurter Allgemeine Sonntagszeitung)*, »Ein gutes Urteil. Denn ein Urteil musste sein. Wir sollten einander keine Todesengel sein. Doch auch das ›zur Bewährung‹ ist gut. Nadja Benaissa soll eine Chance haben«, *(Berliner Zeitung)*. Das Urteil zeige, so Gisela Friedrichsen im *Spiegel*, dass die Darmstädter Justiz, nach dem anfänglich überzogenen und hysterischen Vorgehen von Staatsanwaltschaft und Medien, zur Besonnenheit zurückgefunden habe.

Nur *Bild* schien von dem milden Urteil etwas enttäuscht zu sein. »*FREI! ... aber schuldig*«, und an anderer Stelle in demselben Artikel: »Aber kann sie jemals wieder glücklich werden? Nadja Benaissa muss nicht nur mit dem HI-Virus leben, sondern auch mit der Schuld, jemanden angesteckt zu haben.« Und die Zeitung trat nach, als Nadja Benaissa im Oktober 2010 in der Talksendung von Reinhold Beckmann aufgetreten war: »Seltsamer Auftritt im TV: No-Angels-Nadja gibt Opfer Mitschuld!«

In dem schon erwähnten *stern*-Interview im September 2010 sprach Nadja Benaissa auch über ihre damals zehnjährige Tochter: »Für Leila war die Zeit nach dem Zwangsouting sehr hart. Sie wurde gemobbt und sogar bedroht. Ein unbekannter Mann bedrohte sie auf der Schultoilette mit einem Messer. Er sagte: So ein Dreck wie du hat hier nichts verloren.« Und sie kündigte an, mit ihrer Tochter nach Berlin ziehen zu wollen. Das hat sie inzwischen getan: »In Berlin interessiert es niemanden, wer ich bin, und was ich tue. Es tut so gut, sich nicht immer wie ein Außerirdischer zu fühlen.« (Nadja Benaissa in *Berliner Zeitung,* November 2010).

Der Fall Benaissa, ein Medien- und Justizspektakel, das eine junge Frau fast in den Abgrund riss. Der Fall Benaissa, auch ein Vorgeschmack auf das, was sich nach der Verhaftung des Wettermoderators Jörg Kachelmann medial abspielen wird.

Die »schöne Landrätin«

Gabriele Pauli – von der Königsmörderin zur Witzfigur

> »Von wegen ›Stille Nacht‹! Bei Edmund Stoiber
> brennt der Baum! Die schöne CSU-Landrätin
> Gabriele Pauli gibt im Spitzel-Streit nicht nach.«
> *(Bild, 24. Dezember 2006)*

> »Wer hat die Latex-Handschuhe von Gabriele Pauli?«
> *(SZ-Magazin, 28. Dezember 2007)*

Die Latex-Handschuhe. Gabriele Pauli trug sie auf einem Foto, glänzend und eng anliegend bis zum Ellenbogen. Dazu eine rote Langhaarperücke, eine schwarze enge Hose, eine extravagante weiße Bluse. Die CSU-Rebellin in Domina-Pose. Für die Zeitschrift *Park Avenue* war dieses Foto der vermutlich größte Scoop ihres knapp vierjährigen Daseins, für Gabriele Pauli war es, wie die *Welt* damals schrieb, »ein Selbstmordanschlag auf die eigene Karriere«. Dabei hatte doch alles so verheißungsvoll angefangen.

Im November 2006 rief Gabriele Pauli, seit 1990 Landrätin im fränkischen Landkreis Fürth und Mitglied des CSU-Vorstands, in einem Internet-Forum zur Diskussion über Edmund Stoibers politische Zukunft auf. Seit dem Parteitag der CSU im Oktober 2006 war sie als Stoiber-Kritikerin bekannt, jetzt ging sie in die Offensive und forderte unverhohlen Stoibers Rückzug und Verzicht auf eine Kandidatur bei der Landtagswahl im Herbst 2008.

Sie war nicht die Einzige in der CSU, die zu dieser Zeit Kritik an Stoiber hatte, doch sie war die Einzige, die es offen und vor allem öffentlich aussprach. Ein langjähriges Partei- und Vorstandsmitglied, das den Großen Vorsitzenden öffentlich kritisierte, das war schon ein Ereignis für die politische Berichterstattung, wenn auch noch kein großes. Die bayerischen Zeitungen berichteten in ihren Regionalteilen aufmerksam und überwiegend wohlwollend über die Stoiber-Kritikerin. Sie kam zwar aus der tiefsten fränkischen Provinz und ihr Landkreis ist noch dazu der kleinste in ganz Bayern, doch immerhin, eine kleine, mutige Kommunalpolitikerin gegen den großen, mächtigen Parteichef und Ministerpräsidenten, das war ungewöhnlich und auch ein bisschen David gegen Goliath. Doch noch war sie eine eher unbekannte, unberechenbare Erscheinung. Bei ihr war einfach alles ein bisschen anders, als man es von der CSU gewohnt war, das irritierte und faszinierte die Medien zugleich. Und nicht nur die Boulevard-Journalisten rieben sich bei ihrem Anblick die Augen: Dr. Gabriele Pauli, damals 49 Jahre alt, geschieden, Landrätin hinter den sieben fränkischen Bergen, aber bei Gott kein Landei, sondern eine fast jugendliche, äußerst attraktive Erscheinung in figurbetonter Kleidung und in High Heels, geschminkt und geschmückt, eher sexy als adrett. Obendrein charmant, klug und redegewandt, eine Frau, die für fast jeden ein Lächeln bereit hielt. Doch was bezweckte sie mit ihrer Anti-Stoiber-Kampagne?

Zum Topthema wurde Pauli contra Stoiber erst, als die Landrätin im Dezember 2006 Spitzel-Vorwürfe gegen Stoibers Staatskanzlei erhob. Auf einer CSU-Vorstandssitzung, so wurde in der Presse kolportiert, ging Pauli Stoiber direkt an: Es sei »menschlich nicht in Ordnung«, dass ein enger Mitarbeiter Stoibers bei einem ihrer politischen Freunde angerufen und sich nach privaten, negativen Details über sie erkundigt habe. Nach Alkoholproblemen und Männerbekanntschaften (!) habe der Anrufer gefragt *(Spiegel Online)*. Solch offene Kritik kam in der CSU einer Palastrevolution gleich und die führende Herrenriege war zunächst baff und holte dann den Knüppel aus dem Sack. Stoibers Reaktion auf Pauli wurde später immer wieder gern zitiert: »So wichtig sind Sie nicht«, soll er ihr schließlich entgegnet haben. Frei übersetzt: Was kümmert's den Mond, wenn ihn ein Hund anbellt. Zum Abschluss der Sitzung soll Stoibers damaliger Adlatus, Erwin Huber, die aufmüpfige Landrätin unter heftigem Applaus zusammengestaucht haben.

Dann ging es Schlag auf Schlag. Gabriele Pauli zeigte sich von dieser Abwatsch-Reaktion durch die CSU-Granden völlig unbeeindruckt und beharrte auf ihren Vorwürfen. Schließlich gab der Stoiber-Vertraute Michael Höhenberger zu, dass es ein Telefonat mit einem Bekannten Paulis gegeben habe. Das sei aber keine Bespitzelung gewesen. Doch Pauli bekräftigte ihre Vorwürfe. Wenige Tage später musste Höhenberger, Stoibers Büroleiter und sein engster Strippenzieher, sein Amt aufgeben. Pauli gab sich mit diesem Bauernopfer nicht zufrieden, beharrte darauf, Stoiber selbst müsse von der Bespitzelung gewusst haben. Der CSU-Chef machte so ziemlich alles falsch, was man falsch machen konnte, reagierte mit scharfen Attacken gegen seine Kritikerin, wies jede Verantwortung von sich. Eine Schlagzeile jagte die nächste. »Pauli-Gate«, »Die Mittelfranken-Rakete«, »Abgang des Vasallen«, »Sex-Spitzel-Affäre um die schöne CSU-Frau«, »Punktsieg für die ›schöne Landrätin‹« – plötzlich war Gabriele Pauli überregional und multimedial präsent. Aus der Stoiber-Kritikerin wurde die CSU-Rebellin, die sich gegen Machtmissbrauch und Intrigen zur Wehr setzte, und eine innerparteiliche Urabstimmung über Stoibers Zukunft forderte. An der CSU-Basis machte sich Unmut breit über das Krisenmanagement der Parteiführung, über das rüde Vorgehen gegen Gabriele Pauli. Die politische Opposition im bayerischen Landtag sprang auf den fahrenden Zug auf, forderte von Stoiber, im Landtag Rede und Antwort zu stehen. Mit der Weihnachtsruhe war es vorbei in Bayern: »So feiert die

Frau, die Stoiber stürzen will«, schrieb die *Bild* in ihrer Weihnachtsausgabe 2006 und in der gleichen Ausgabe ließ Stoiber erneut verlauten: »Ich wusste von nichts.«

Wusste Edmund Stoiber zu diesem Zeitpunkt, dass er angezählt war? Seit er 2005 den Superministerposten (Wirtschaft und Finanzen) in Berlin ausgeschlagen hatte, galt er auch in Bayern, hinter vorgehaltener Hand, als Auslaufmodell. Doch wer sollte an seiner Stelle bei der Landtagswahl 2008 wieder eine absolute Mehrheit holen? Hatte er selbst vor, zu dieser Wahl noch einmal als Spitzenkandidat anzutreten? Falls Stoiber ein eigenes Drehbuch für einen Rückzug gehabt haben sollte, war es jetzt Makulatur. Denn jetzt war Gabriele Pauli am Zug, die Frau, die er partout nicht ernst nehmen wollte, die nicht so wichtig war. Ziel ihres Drehbuchs war offensichtlich Stoibers Sturz, und das so schnell wie möglich.

Gleich nach Weihnachten ging der mediale Schlagabtausch weiter, und es sah nicht gut aus für Stoiber und die CSU-Führung: »CSU-Spitze und Basis gespalten«, »Anzeichen einer Götterdämmerung«, »Rückendeckung für Stoiber-Kritikerin«, »Pauli plant Parteitags-Putsch«, »Duell zwischen CSU-Rebellin und Stoiber«, »Stoibers Albtraum: Die ›rote Gabi‹ aus Fürth«, wobei mit rot die Haarfarbe gemeint war. Angesichts der Tatsache, dass Stoiber und seine Männerriege die Spitzelvorwürfe erst ignoriert und dann kleingeredet hatten, dass sie Gabriele Pauli mit einem Mix aus Herablassung und Chauvinismus abblitzen ließen, hatten sie selbst bei zunächst eher zurückhaltenden seriösen Medien ihren Kredit verspielt. Gabriele Pauli dagegen konnte mit ihrer unbekümmerten Opposition und Standhaftigkeit punkten. »Ich habe keine Angst um meine Zukunft«, sagte sie und es klang nicht nach Zähneklappern. Sie hatte 1990 den tiefroten Landkreis Fürth für die CSU gewonnen und war mit 32 Jahren Landrätin geworden. 2002 hatte sie zuletzt mit 65 Prozent der Stimmen gesiegt. Niemand zweifelte daran, dass sie 2008 wieder gewählt würde, die Wähler liebten sie für ihre unkomplizierte Leutseligkeit gepaart mit einer leicht exaltierten Lady-Attitüde. Doch wollte sie das noch einmal? Oder wollte sie eine andere Karriere in der CSU? Ihre Parteifeinde warfen ihr vor, sie wärme sich ersatzweise im Scheinwerferlicht der vielen momentan auf sie gerichteten Kameras, weil sie sich zu Höherem berufen fühle und frustriert sei. Vermutlich keine ganz falsche Einschätzung, als Vorwurf aus der eigenen Partei allerdings mehr als diskreditierend.

Tage des Triumphes

Zum Jahreswechsel schlug die Stimmung endgültig um. »CSU ohne Stoiber besser«, schrieb *Bild* ohne Fragezeichen, und Gabriele Pauli machte da weiter, wo sie vor Weihnachten aufgehört hatte. Nach einem Auftritt bei *Sabine Christiansen* bekam sie »Post von Wagner«, dem Kolumnisten von *Bild*, mit fragwürdigen Komplimenten und erstaunlichen Erkenntnissen: »(…) Sie sind voyeuristisch eine Badezimmerspiegel-Schönheit, politisch sind Sie eine Bombe. (…) Sie haben sich vorgenommen, den bayerischen Ministerpräsidenten zu killen. Ich denke, dass Sie verlieren werden. Stoiber ist altmodisch wie wir alle. Sie sind ein New-Girl. Eine flippige Frau Mitte/Ende 40. Zwei Erkenntnisse für mich. Erstens: Wie schön sind diese Frauen um die 50. Zweitens: Und wie mutig sind sie.«

Das Schlagzeilengewitter für Pauli und gegen Stoiber ging weiter, den ganzen Januar hindurch. Ein Höhepunkt war für alle Beteiligten der Neujahrsempfang in der Bayerischen Staatskanzlei. Stoiber schüttelte seiner Widersacherin, die sich für diesen Anlass in dunkelgrüne knöchellange Tracht gehüllt hatte, die Hand. Wenn es das Wort Blitzlichtgewitter nicht schon gegeben hätte, spätestens jetzt wäre es erfunden worden. Die Zeitschrift *Cicero* schrieb über dieses Ereignis: »Mit ihrem geschickten Medienspiel hat die ›schöne Landrätin‹ wie einst Salome mit ihrem Schleiertanz den Gegner zu Fall gebracht.« Etwas prosaischer meldete *Spiegel Online* am 18. Januar Vollzug: »Chef gestürzt – Mission erfüllt: Gerade einen Monat brauchte Gabriele Pauli, um mit Spitzel-Vorwürfen und Rücktrittsforderungen die CSU zum Sturz von Edmund Stoiber zu treiben.« Stoiber hatte an diesem Tag, nach vielem Hin und Her angekündigt, im Herbst 2007 seine politischen Ämter niederzulegen. Die CSU habe darauf, wie es hieß, mit Erleichterung reagiert. Und selbst aus der Ferne und von gänzlich unerwarteter Seite gab es Beifall: Die türkischen Zeitungen feierten Gabriele Pauli dafür, dass sie mit Edmund Stoiber den radikalsten Gegner eines türkischen EU-Beitritts gestürzt hatte.

Es waren Tage des Triumphes für Gabriele Pauli, für die Königsmörderin, die, wie man bewundernd feststellte, das Spiel auf dem Medienklavier in dieser Spitzelaffäre so wunderbar beherrscht hatte. Gabriele Pauli hatte die Krise der CSU genutzt, um sich selbst ins Spiel zu bringen, andere hätten das auch gern getan. Und natürlich genoss sie das Image der Rebellin. In diese allgemeine Bewunderung mischten sich allerdings die ersten Zweifel, ob sie für ihre politische Zukunft davon profitieren könne. Man liebt zwar den Verrat, nicht aber den Verräter, das war die publizistische Lieblingswarnung dieser Tage. Hatte Gabriele Pauli sich womöglich ins politische Abseits manövriert, oder war das nur Geraune von Medienmachern? War der Sieg, den sie zweifellos errungen hatte, ein Pyrrhussieg? Hatte Gabriele Pauli selbst, die über Public Relations der Parteien promoviert hatte, damals einen Plan für die Zeit nach dem Stoiber-Sturz?

Die Entzauberung

In der CSU brachen sofort die Machtkämpfe um die Stoiber-Nachfolge aus, und Gabriele Pauli meldete nunmehr öffentlich ihre Ansprüche an. Sie könne sich, so sagte sie, Horst Seehofer gut als neuen Parteichef vorstellen und sich selbst als seine Stellvertreterin. Nun stellte sich der damalige bayerische Wissenschaftsminister Thomas Goppel an die Spitze der Pauli-Gegner und kündigte an, ihre Kandidatur in jedem Fall zu verhindern, wofür ihm, angeblich, der restliche Parteivorstand stürmisch gedankt haben soll. Mag sein, dass es an der Basis Sympathie gab, aber in den Führungsgremien, daran gab es keinen Zweifel, war man fest entschlossen, die »schöne Landrätin« nicht nach oben kommen zu lassen. Pauli selbst gab sich cool, »ich warte ab«, sagte sie, »was da kommt« und meinte damit neue Herausforderungen. Beim Aschermittwoch der CSU in Passau im Februar 2007 demonstrierte sie in beeindruckender Weise, dass sie hart im Nehmen war: »(…) Und es war der blanke Hass, der der Stoiber-Kritikerin in der Passauer Dreiländerhalle von einem überwiegend männlichen Publikum entgegenschlug – nicht von Einzelnen, sondern von einer Mehrheit der Besucher. Als ›alte Hexe‹ wurde sie beschimpft, als ›primitiv‹ und ›irre‹, als ›Schlampe‹, ›Hure‹ und ›blöde Sau‹. Andere Bemerkungen waren so sexistisch, dass sich ihre Wiedergabe an dieser Stelle verbietet. Es hätte nicht viel gefehlt, der geifernde Mob wäre handgreiflich geworden.« *(Zeit online)*. Sie musste schließlich unter Polizeischutz die Halle verlassen und das eigentlich Skandalöse war, dass die Parteiführung keinen Versuch unternahm, diese Ausfälle zu unterbinden. Im Gegenteil.

Noch konnte Gabriele Pauli politisch wie medial punkten, noch hatte sie es in der Hand, den »Verrat« produktiv zu wenden und Skeptiker zu überzeugen. Noch war die Presse auf ihrer Seite. Und vielleicht wäre die Taktik, den Anspruch auf eine führende politische Rolle in der CSU von außen über die Medien zu formulieren und zu verfolgen, Erfolg versprechend geblieben, wenn sie sich auf konventionelle Weise präsentiert und inszeniert hätte, als jemand, der sich durch politische Ansichten und Aktivitäten für ein höheres Amt empfahl. Stattdessen erschien die April-Ausgabe der *Park Avenue*: Eine Bilder-Strecke mit der

CSU-Politikerin Gabriele Pauli in Tüll, Seide und Latex. Sie habe einfach einmal etwas anderes ausprobieren wollen, aber so habe sie das nicht gewollt, so sei das nicht abgesprochen gewesen, erklärte Pauli in der Folgezeit wieder und wieder. Doch es war zu spät, sie hatte sich ohne Not zum Affen gemacht. Die Posen auf den Fotos waren nicht nur peinlich, sie waren vor allem frei von jeder Ironie, von jedem Augenzwinkern, was diesem Rollenwechsel eventuell Leichtigkeit und eine gewisse Akzeptanz verschafft hätte. Nein, das war ernst gemeint und die *Park-Avenue*-Macher taten zudem ihr Bestes, den Text (Überschrift »Sankt Pauli«) mit Schlüpfrigkeit zu spicken: »Sie ist unkompliziert. Die Unterhose drückt sich unfotogen unterm Kleid durch? Sie zieht sie aus und lässt sie diskret in ihrer Handtasche verschwinden.« Die Fotos allein hätten womöglich zur Skandalisierung nicht gereicht, hätte nicht *Park Avenue* mit der Aufmachung der Geschichte gezielt für Anzüglichkeit gesorgt, sie mit der dazugehörigen Geschichte entsprechend aufgeladen. So aber war Gabriele Pauli dabei, ihren politischen Ruf zu verspielen. Die gesamte Öffentlichkeit diskutierte diesen Auftritt und der Boulevard tobte wochenlang durch die Niederungen scheinheiliger Moraldiskussionen über Latex-Handschuhe und fehlende Höschen: »Sex-Schlacht um mutige Pauli«, »Schmeißen die CSU-Machos Frau Pauli raus?«, »Wie sexy darf Politik sein«. Es folgten Einladungen ins »Big-Brother-Haus« und die RTL-Show *Let's Dance*.

Die Frau, die angeblich das Spiel mit den Medien so perfekt beherrscht hatte, war entzaubert, gestolpert über ihre Eitelkeit. Dachte sie, dass diese Poserei in Designerklamotten, dieses scheinbare Kokettieren mit dem Domina-Effekt zu ihrem neu erworbenen Image als Außenseiterin und Rebellin passte? Mode-Shootings sind eine heikle Angelegenheit an der Schnittstelle von privater Person und öffentlicher Rolle und bei einer Politikerin wird erwartet, dass ihre privaten Auftritte zu ihrer politischen Rolle passen. Der Boulevard ist Glatteis für Politiker. Gabriele

Pauli hätte durch das Straucheln anderer gewarnt sein können. Berühmt-berüchtigt der Brioni-Auftritt von Gerhard Schröder, der sich 1998 als frisch gewählter Bundeskanzler von einem so genannten Starfotografen in einem 4000 Euro teuren Kaschmirmantel ablichten ließ und damit Spott und Empörung provozierte. Oder der Fall von Rudolf Scharping, der im Sommer 2001 als Bundesverteidigungsminister mit seiner neuen Lebensgefährtin für die Zeitschrift *Bunte* in einem Pool auf Mallorca geplanscht hatte – an sich harmlose Fotos vom neuen privaten Glück. Doch zur gleichen Zeit bereiteten sich die ersten Bundeswehrsoldaten auf den Mazedonieneinsatz vor. Und obwohl Scharping de jure über die fragwürdige Beziehung zum PR-Berater Moritz Hunzinger stolperte, kostete ihn de facto die Fotostrecke in *Bunte* seine politische Karriere. Selbst wenn Scharping diesen »skandalösen« Zusammenhang zwischen Swimmingpool und Krieg nicht voraussehen konnte, fragt man sich, warum ein Minister ohne Not solch alberne Fotos machen ließ. Schon so mancher scheinbar harmlose Ausflug auf den Boulevard endete für Politiker tödlich, weil sie den Boulevard unterschätzten, weil sie dachten, dass sie bestimmen, was passiert und was sie preisgeben. Diese Selbstüberschätzung gepaart mit Eitelkeit lässt Politiker immer wieder den Verlockungen des Boulevards erliegen. Natürlich, die Lockmittel sind vielfältig und raffiniert und mitunter auch fragwürdig – aber die Medien sind nicht dazu da, Politiker vor sich selbst zu schützen, auch der Boulevard nicht. Wer sich ohne Not, rein privat und abseits jeder politischen Debatte auf den Boulevard begibt, kann nicht mit Mitleid rechnen und muss die Konsequenzen seines Handelns tragen. Gabriele Pauli war nach ihrem *Park-Avenue*-Auftritt »Die gescheiterte Domina«, und viele fragten sich, wie eine gestandene Landrätin so abdriften konnte. Sie selbst äußerte sich auch zwei Jahre später in einem Interview (in dem Buch *Skandal! Die Macht der öffentlichen Empörung*) verwundert über die fast einheitliche, ablehnende Haltung der Presse und sprach in diesem Zusammenhang von einer gleichgeschalteten Berichterstattung. Ein eigenartiger Vorwurf, ist doch Gleichschaltung ein Terminus für eine bestimmte Art der politischen Berichterstattung in nichtdemokratischen Ländern. Gerade Politiker beschwören oft, wenn es medial nicht so gut für sie läuft, einen angeblichen Kampagnenjournalismus. Hinter dieser Fehleinschätzung stecken vermutlich auch der Schreck und das Entsetzen, das die geballte Wucht medialer Ablehnung beim Einzelnen auslöst. Über Nacht nicht mehr geliebt und bewundert, sondern abgelehnt zu werden, das ist natürlich eine bittere Erfahrung.

Ein halbes Comeback

Als wäre nichts gewesen, meldete sich Gabriele Pauli drei Monate später, im Juli 2007 mit einem Paukenschlag zurück. Sie kündigt ihre Kandidatur für den CSU-Parteivorsitz an – und alle waren wieder dabei: »Einer Nachrichtenagentur war die Ankündigung der Landrätin sogar eine Eilmeldung wert – als stünde der Rücktritt des amerikanischen oder russischen Präsidenten bevor. Auf dem Markt der Aufgeregtheiten hat sich Frau Pauli abermals mit einer Sicherheit platziert, von der andere CSU-Größen nicht einmal träumen können.« *(Frankfurter Allgemeine Zeitung)* Sie schaffte es erneut in alle Blätter und auf alle Kanäle. Bereitwillig setzten sich die Medien damit auseinander, ob sie auch nur die geringste Chance bei dieser Personalie hätte, und die Antwort war einhellig nein. Allerdings: Der Tonfall gegenüber Gabriele Pauli hatte sich geändert. Einerseits hieß es, sieh an, da ist sie wieder, wer hätte das gedacht. Andererseits war die Begeisterung der Journalisten für Gabriele Pauli und ihre öffentliche Rolle offensichtlich verflogen, man war deutlich ungeduldiger und strenger mit ihr, ein leicht gereizter Unterton stellte sich ein, gepaart mit einer unausgesprochenen Warnung: Keine Spielchen mehr, sonst ist Schluss. Der Marktwert der schönen Landrätin war deutlich gesunken, immer wieder wurde jetzt kritisiert, sie habe inhaltlich und programmatisch so gut wie nichts zu bieten. Allerdings hatten sich die meisten bei ihr bislang auch nicht für programmatische Inhalte oder ihre politische Arbeit interessiert. Die Beschäftigung mit der Landrätin, ihre Arbeit in der Provinz zwischen Feuerwehrfest und Schulhauseinweihung, hatte immer nur den Zweck, dem glamourös-skandalösen Beziehungsdrama Pauli-Stoiber noch mehr Würze zu verleihen. Und in gewisser Weise passte das auch alles nicht. Sollte sie, die Königsmörderin mit den Latex-Handschuhen, jetzt über die Familienpolitik der CSU reden? Genau das tat sie im Vorfeld des Parteitages und sorgte erneut für einen Eklat. Sie forderte eine Befristung der Ehe auf sieben Jahre, die dann in Absprache der Partner aktiv verlängert oder aufgelöst werden sollte. Dadurch würden viele Ehepaare sich die mit Scheidungen verbundenen Auseinandersetzungen und auch viel Geld sparen. Ein sicher ungewöhnlicher und unkonventioneller Vorschlag, aber auch angesichts der Scheidungszahlen keinesfalls ein Grund, komplett auszuflippen. Doch genau das passierte in der öffentlichen Diskussion, sie nahm zum Teil hysterische Züge an, nach dem Motto, wir sind jetzt acht Jahre glücklich verheiratet, wenn es nach Gabriele Pauli ginge, müssten wir uns trennen; ... es war, als hätte Gabriele Pauli die viel beschworene Leitkultur zur Disposition gestellt. Immerhin, einen empfindlichen Nerv hatte sie offenbar getroffen. Dass der Vorschlag anders diskutiert wurde, als er gemeint war, ist inzwischen mediales Schicksal: Manchmal machen Fragmente einer Idee oder eines Satzes eine Karriere, die vor allem der Urheber so nicht wollte. Bei der heutigen Umschlagsgeschwindigkeit von Informationen ist es allerdings sinnlos hinterher zu rufen, hallo, so war das nicht gemeint, oder lassen Sie mich doch ausreden, oder lesen Sie doch den Satz zu Ende, bevor Sie ... alles verlorene Liebesmüh, denn für die meisten Nachrichten gibt es gar kein Morgen. Dazu kam, dass der Vorschlag natürlich vor allem als typische Pauli-

Provokation gut zu vermarkten war. Die CSU legte ihr dringend den Austritt nahe und wollte sie zum Psychiater schicken. Viele Journalisten hatten kein Interesse, sich damit auseinanderzusetzen, fanden das weder komisch noch originell, und waren sich auch nicht sicher, ob sie das ernst meinte, hatte sie doch inzwischen fast treuherzig berichtet, der fränkische Kabarettist Frank-Markus Barwasser habe sie auf diese Idee gebracht. Es gab für beide Seiten, sowohl für die Medien als auch für Gabriele Pauli, eigentlich schon keinen Ausweg mehr aus der medialen Entrückung des Königsmordes zurück in die Niederungen der praktischen Politik. Und weil sowieso niemand glaubte, dass sie CSU-Vorsitzende werden könnte, wollte eigentlich auch niemand wirklich wissen, wie sie sich diesen Job vorstellte. Die Vorwürfe, ihr einziges Interesse sei das Rampenlicht, wurden häufiger und lauter. Gabriele Pauli schien das dennoch alles nicht anzufechten, sie berichtete, gut gelaunt wie eh und je, allenthalben von großer Zustimmung und großer Unterstützung.

Auf dem CSU-Parteitag im Herbst 2007 hatte Gabriele Pauli keine Chance, aber sie nutzte sie, sorgte mit ihrem Auftritt für einen letzten Eklat, bevor Günther Beckstein neuer Ministerpräsident und Erwin Huber neuer CSU-Chef wurden. Für die CSU war die Welt wieder in Ordnung. Pauli selbst bekam bei der Vorstandswahl 2,5 Prozent der Stimmen und wurde auch nicht mehr für den Vorstand vorgeschlagen. Nur mit Mühe hatten die Delegierten ihre Anwesenheit ertragen, und die Parteitagsregie hatte versucht, sie so gut es ging kalt zu stellen. Die Journalisten dagegen, vor allem die Fernsehteams, folgten ihr als Rudel an beiden Tagen auf Schritt und Tritt und hingen an ihren Lippen. Für manche Journalisten, wie Hans-Ulrich Jörges vom *stern*, war das wohl ein besonders intensives Erlebnis: »Im Mittelalter hätte man sie als Hexe verbrannt. Auf dem CSU-Parteitag wird sie ausgetrieben. Die Rothaarige. Die Verstörende. Die Teuflische. Die Frau mit der unverschämt zur Schau gestellten Erotik. Die sich dreht und wendet und hingibt, verteufelt verführerisch unter den Scheinwerfern der Fernsehteams. Die die Augen so demütig nieder- und funkelnd wieder aufschlägt, vor den rasenden Fotografen, verflucht gekonnt. Und alle Emotionen auf sich zieht, die Emotionen eines dampfenden Parteitags, die Emotionen von 1000 Menschen. Den lodernden Hass der Männer, den eisigen Neid der Frauen – und den stillen Jammer all jener, deren Hoffnungen sie so bitter enttäuscht hat.«

Viele Fans hatte sie nicht mehr unter den Journalisten, zumal das Kapitel »CSU-Rebellin« abgehakt war. Das Einzige, was noch fehlte, war ihr Austritt aus der CSU, denn natürlich war klar, dass sie in dieser Partei keine Zukunft mehr hatte. Gabriele Pauli versuchte, diesen Austritt zu einem weiteren medialen Großereignis zu machen und kündigte ihn in einem Interview im Society-Blatt *Vanity Fair* (wie das Konkurrenzblatt *Park Avenue* 2009 eingestellt) an. Schon das rief Spott und Häme hervor und fiel ihr vollends auf die Füße, als ruchbar wurde, sie habe dafür Geld bekommen, wie viel, darüber schwiegen alle Beteiligten. Dazu kamen Vorwürfe des *Focus,* Pauli habe über einen Agenten für ein Interview 30 000 Euro verlangt, wofür Multiple-Choice-Antworten angeboten worden seien, also die Auswahl zwischen bis zu fünf Antworten auf eine Frage. Auch die *Süddeutsche Zeitung* berichtete, man habe ihr ein kostenpflichtiges Exklusivinterview mit Pauli angeboten.

Mit dieser Art der Medienschelte – die haben alle gut an mir verdient, nun sollen sie auch dafür bezahlen – demonstrierte sie, dass sie sich in einem verzweifelten Abstiegskampf aus der Liga der größtmöglichen öffentlichen Beachtung befand. Noch schlimmer war, dass niemand Interesse an diesem unmoralischen Angebot hatte. Stattdessen wurde sie zur Nervensäge und Witzfigur erklärt. Sie befand sich bereits inmitten des bitteren Lernprozesses, dass sie ohne die CSU nichts mehr sein würde. Gabriele Pauli dachte, dass die Medien ihr dafür, dass sie sie monatelang freudig und erregt als Topthema behandelt hatten, etwas schulden. Dabei hatte sie doch alle Aufmerksamkeit dieser Welt bekommen, solange ihr diese zustand. Doch was vorbei ist, ist vorbei, da kennen die Medien tatsächlich keine Gnade. Dass sie durch die besondere Konstellation – attraktive Frau gegen verknöcherten Patriarchen – einen extra großen Hype ausgelöst hatte, war Teil des Deals. Dass Gabriele Pauli auf dem medialen Schlachtfeld als enttäuschte Verliererin zurückblieb, die sich nunmehr in einen gewissen Aberwitz flüchtete, war ihr Problem. Das klingt grausamer, als es ist, denn der Deal war in ihrem Fall nicht nur ein freiwilliger, sondern ein von Pauli explizit gewollter. Als man ihr die Aufmerksamkeit entzog, ihrer überdrüssig war, wollte sie das nicht wahrhaben und versuchte mit aller Gewalt, ihren einstigen Ruhm und Erfolg zu konservieren.

Paukenschlag Nummer zwei: Die Ex-CSU-Rebellin Gabriele Pauli errang bei der bayerischen Landtagswahl im Herbst 2008 mit den Freien Wählern ein Landtagsmandat. Die Freien Wähler hatten den Sprung in den Landtag auf Anhieb mit 10,2 Prozent geschafft. Stoibers Erben erlebten stattdessen ein Fiasko. Unter der Führung von Beckstein und Huber verlor die CSU gegenüber der letzten Landtagswahl rund ein Drittel an Stimmen und stürzte auf 43 Prozent ab.

Doch das Comeback der Gabriele Pauli gelang nur zum Teil. Im Streit trennte sie sich von den Freien Wählern, gründete eine eigene Partei, die »Freie Union«. Im Mai 2010 trat sie aus ihrer eigenen Partei aus. Während dieser Phase schaffte sie zweierlei: Im Vorfeld der Bundestagswahlen 2009 landete sie unter der Überschrift »Unsere Politclowns« neben Horst Schlämmer (!) und erreichte, dass die OSZE, normalerweise auf Wahlbeobachtung in Ländern wie Weißrussland, erstmals Wahlbeobachter nach Deutschland schickte. Seit Juni 2009 ist Gabriele Pauli fraktionslose Abgeordnete im Bayerischen Landtag.

Eine ständige mediale Begleiterin von Gabriele Pauli war ihre rote Ducati. Die flotte Gabi und ihre schnittige Maschine, selten fehlte in der Hochphase der medialen Begeisterung der Verweis auf das rasante Hobby der schönen Landrätin. Das passte auch einfach zu schön. Ein entsprechendes Foto zierte ihre Homepage, Gabriele Pauli, diesmal in der sexy sportlichen Variante, jugendfrisches T-Shirt, schwarze enge Lederkluft. Im Sommer 2008, als Gabriele Pauli für die Freien Wähler Wahlkampf machte, kam dabei auch die Ducati zum Einsatz, auf einem Wahlkampf-Ausflug nach Weihenstephan. Dabei fiel dem Journalisten Thomas Delekat, der sie für eine Reportage in der *Welt am Sonntag* begleitete, schon ein paar Sekunden nach Gabriele Paulis Erscheinen auf dem Motorrad auf, »dass sie auf gar keinen Fall Motorrad fahren kann.« Sie agierte mit dem Motorrad, wie er beschrieb, angstvoll und zimperlich und er fragte sich, wie sie so wohl die Kurve kriegen wollte. Nach dem Wahlkampfauftritt in Weihenstephan wollte Delekat in dieser Frage Gewissheit: »Unter Motorradfahrern gibt es einen Beweis, wer seine Maschine bis zur letzten Reifenrille beherrscht oder kaum durch die Kurve kommt. Das ist der Blick auf den Hinterreifen. An Gabriele Paulis roter Ducati sind links und rechts auf dem Laufprofil zwei breite Streifen stehen geblieben. Sie glänzen vom Trennmittel, mit dem sich der Reifen aus der Prägeform löste. Gabriele Paulis Ducati hat sich nie in die Kurve gelegt.«

Gabriele Pauli und die Medien – man war einander nichts schuldig geblieben.

»Miles and More«

Cem Özdemir – von der Eselei zum Comeback

> »Ist er gierig oder einfach nur dumm?«
> *(Bild vom 23. Juli 2002)*

> »Und einer dieser fehlbaren Menschen heißt Cem Özdemir.«
> *(Cem Özdemir auf Spiegel Online am 21. Juli 2002)*

Er war einmal der Mesut Özil der Politik. Das trifft es am besten, also beginnen wir mit diesem Vergleich, so lässt sich die öffentliche Figur, die Aufregung beim plötzlichen Sturz und der Skandal des Cem Özdemir vor neun Jahren immer noch sehr gut nachfühlen. Genauso wie man in den vergangenen zwei Jahren die deutsch-türkische Fußball-Entdeckung Mesut Özil als Exempel gelungener Integration feierte, genauso war es einst mit diesem Cem Özdemir in der Politik. Genauso elegant wie Özil für ein *Focus Spezial* (»Olé Mesut!«) zur Männermode posiert, genauso hätte es zu jener Zeit mit Özdemir ablaufen können, so begehrt war er bei den Medien während seines steilen Aufstiegs. Auch Özdemir posierte übrigens als Model – für die Schweizer Herrenmodefirma *Strellson*. Die Männerzeitschrift *Men's Health* kürte ihn damals sogar zum bestangezogenen Politiker. Selbst der New Yorker *Business Week* fiel er 2002 auf: »Ozdemir has already given Germans proof that Turks can contribute to the nation's intellectual life.« Ein Gewinner: Politische Klasse statt Gastarbeiter-Status. A star was born.

An dieses frühere Image des Jungstars in schicken Anzügen und mit Sexappeal knüpfen Jahre später im Herbst 2010 er selbst und die Zeitschrift *Bunte* wieder an. Für die Story »Grün ist sexy« lässt er sich mit seiner Frau Pia Castro ablichten – beide attraktiv, die Botschaft: Der Mann ist gereift, er befindet sich genauso wie seine Partei »im Aufwind«, er ist wieder ein Gewinner, privat wie beruflich.

Doch zurück zum Start seiner Karriere. Özdemir war also für alle ein exotischer Neuling auf der politischen Bühne, nett, irgendwie türkisch, trotzdem deutsch, eloquent, in jedem Fall sympathisch und: jung – mit 15 Jahren Eintritt bei den Grünen, mit 23 im Landesvorstand, mit 28 Bundestagsabgeordneter. Man begehrte ihn so wie jetzt das junge, frische Gesicht des Mesut Özil und genau darum fragt man diese Jungs, die Migranten mit Erfolgsstory, auch gerne, ob sie sich gekleidet mit *Emporio Armani, Gant, G-Star* oder anderen Designerlabels fotografieren lassen – die Typen sind cool, es erhöht ihren Coolness-Faktor, und die bunten Blätter oder die Werbung wollen davon profitieren. Özdemir spendete freilich das Modelhonorar, das war zu einem Zeitpunkt, als alles bei ihm noch mustergültig lief. Wie problematisch das Thema Mode bei Politikern sein kann, sehen wir bei Gabriele Pauli.

Der junge Cem Özdemir also, er wurde nicht nur hochgeschrieben vor seinem Skandal, nein, er wurde »gehätschelt« von den Medien, wie *Die Zeit* einmal sehr zutreffend bemerkte. Er war der »Multikulti-Star«, der »Polit-Komet«, der »Tausendsassa der Grünen«, er hatte »den Charme von Schwiegermutters Bestem.« Selbst Springers eher konservative *Berliner Morgenpost* berichtete gefällig von Özdemirs Ausflug in einen Berliner Club (»DJ Özdi«), der zur Begeisterung aller zur »Cem-Session« führte. Er war ein Mediendarling, dieser »anatolische Schwabe«, das war überall ein geschätztes Wortspiel, Özdemir betonte selbst immer gern seine türkischen Wurzeln. 1997 veröffentlichte er ein Buch über seinen Werdegang mit dem Titel *Ich bin Inländer. Ein anatolischer Schwabe im Bundestag.*

Ein Kredit und ein paar Meilen zu viel

Von welchem Skandal also reden wir eigentlich? Erleben wir den inzwischen Mittvierziger 2011 nicht als fidelen, angriffslustigen Grünen? Als das Schlimmste für ihn im Jahr 2002 vorbei ist, er zurücktritt und von der politischen Bühne verschwindet, geht er erst einmal in die USA. Fünf Monate ist er Stipendiat beim *German Marshall Fund* in Washington. Politiker von Welt schmücken sich gerne mit ihren guten transatlantischen Beziehungen, sicherlich nutzt es Cem Özdemir, um Abstand zu gewinnen. Und vielleicht nahm er dort eine Erfahrung mit: Im glitzernden Amerika erhalten gefallene Sterne immer eine zweite Chance – wenn sie breite Schuldgeständnisse und reuige Sühnebekenntnisse abliefern. Cem Özdemir ist so etwas, was man drüben ein »comeback kid« nennt. Das hat er geschafft, eine tadellose Rückkehr in die Öffentlichkeit, und in die erste Reihe der Politik. Im November 2008 wählen die Delegierten ihn auf einem Grünen-Parteitag erstmals zum Vorsitzenden, 2010 wird er mit 88,5 Prozent erneut gewählt, gut 9 Prozentpunkte mehr als zwei Jahre zuvor, eine satte Mehrheit. Zusammen mit Claudia Roth bildet er seither das Führungsduo der Grünen.

Auf seiner Homepage liest sich die Biografie wie eine Abfolge ineinander greifender, stetig nach oben zielender Karrierestationen. Erst wenn man genau hinschaut, könnte man auf die Idee kommen, dass es da eine kleine Lücke zwischen 2002 und 2003 gibt, zwischen dem Ausscheiden aus dem Bundestag und der Arbeit in den USA. Was war passiert, und wie gelang dieses Comeback, das nur wenige Gestrauchelte so problemlos schaffen?

Die ihm wohlgesonnene linksalternative *taz* beschreibt die Pressekonferenz am Tag seines Rücktritts melodramatisch:

»(...) um 14.58 Uhr an diesem Freitag hat der erste deutsche Abgeordnete türkischer Herkunft die Waffen bereits gestreckt« (27. Juli 2002). Er legt sein Amt als innenpolitischer Sprecher der

Grünen nieder und gibt bekannt, bei der anstehenden Wahl nicht mehr für den Bundestag zu kandidieren.

Seine ausgemachten Sünden werden in zwei kurz aufeinander folgenden Häppchen serviert, von den ersten Vorwürfen bis zum Rücktritt vergeht gerade einmal eine Woche: Im Juli 2002 wird bekannt, dass Cem Özdemir 1999 für Steuernachzahlungen einen Kredit von seinerzeit 80000 D-Mark (ungefähr 41000 Euro) bei dem umstrittenen PR-Berater Moritz Hunzinger aufnahm. Er sei durch Forderungen des Finanzamtes in akute Geldnot geraten, das Darlehen habe ihm ein Freund vermittelt, so stellt es Özdemir selbst dar. Neben dem für einen Politiker etwas unschönen, finanziellen Vorteil durch einen marktunüblichen Zinssatz, liegt die Brisanz der Abwicklung im Namen Moritz Hunzinger. Der geriet durch fragwürdige Lobbyvermittlung zwischen Wirtschaft und Politik in Verruf. Über Hunzingers finanzielle Zuwendungen ist kurz zuvor in jenem Sommer 2002 der damalige Verteidigungsminister Rudolf Scharping gestolpert. Die Aufregung um Cem Özdemir erscheint zunächst zwar nur wie ein kleiner, harmloser Nachklapp zur größeren Scharping-Affäre, andererseits droht er auf einmal in dessen Sog mit hinuntergerissen zu werden. Die rot-grüne Regierung ist nervös: In nicht einmal zwei Monaten ist Bundestagswahl, und die Meinungsumfragen sind schlecht.

Da Cem Özdemir zunächst meint, glaubhaft versichern zu können, keinerlei Gefälligkeiten für den günstigen Kredit des PR-Mannes geleistet zu haben, will er nicht zurücktreten. Auch die Grünen-Spitze hält zu ihm. Der damalige Parteichef Fritz Kuhn spricht immerzu von einer »Eselei«, damit sei es das dann aber auch. Der Ausspruch von der Eselei entbehrt übrigens noch immer nicht einer gewissen Komik, was aber schon damals überhaupt niemand bemerkte. Die Anatolen und ihre Esel ... Der Charme der Parteifreunde kann sich manchmal auch ungewollt entfalten. Die Grünen und der Vorsitzende Kuhn versuchen die Affäre mit »katholischer Milde und schwäbischer Verniedlichung«

auszusitzen, wie die *Frankfurter Rundschau* schreibt. Die *taz* versucht es noch amüsanter zu formulieren und bezeichnet diese Taktik als »ein rückhaltloses Abrakadabra«. Die geschmäcklerische Angelegenheit scheint fast ausgestanden.

Da legt ein Boulevardblatt mit einer neuen »Enthüllung« nach: Laut Recherchen von *Bild am Sonntag* nutzte Özdemir sechs Mal dienstlich gesammelte Bonus-Flugmeilen für private Anlässe und erhielt somit einen geldwerten Vorteil von mehreren tausend Euro. »Diesen Vorwurf kann ich nicht entkräften«, erwidert Cem Özdemir dazu in seiner Rücktrittserklärung nur einen Tag nach Bekanntwerden der Vorwürfe.

Gerade im Rückblick erscheint die Hysterie um ein paar Meilen reichlich übertrieben, er ist auch nicht der einzige, dessen Meilenkonto man inspiziert, bei ihm führt es aber unmittelbar zum Rücktritt. Dies ist ein gutes Indiz dafür, dass Skandale immer in ihrem aktuellen Bezug stehen und eben keine objektiven Begebenheiten darstellen, die jederzeit zwangsläufig zur Empörung führen müssen. Und zum Rücktritt schon gar nicht. Wann aber regen wir uns auf, und wann nicht? Wie war es hier?

Die Lage konnte für Özdemir selbst auch deshalb so heikel werden, weil er der Vorzeige-Ausländer war, das verhalf ihm zu einer Popularität, machte ihn aber verwundbar. Geräuschlos dagegen wickelte der damalige Grünen-Fraktionschef Rezzo Schlauch seine persönliche Meilen-Affäre ab. Als öffentlich wurde, dass Schlauch mit beruflichen Bonusmeilen nach Thailand in den Urlaub flog, überwies er die Kosten für das Ticket an den Bundestag und erklärte den Vorfall für erledigt. Anders verläuft es bei Özdemir. Der erschien zuvor als multikultureller Musterknabe, und die wünscht man sich gerne tadellos. Er wähnte sich stets selbst plakativ auf der Seite der Guten und Gerechten. So schnaubt die Opposition, Wolfgang von Stetten vom rechten CDU-Flügel übernimmt über *Bild* die Rolle des Antreibers: »Wer bei anderen den Moralapostel spielt, muss selbst absolut sauber sein.« Dass er ein Grüner ist, weist Özdemir zusätzlich zu seiner selbst mit inszenierten Vorzeige-Migrantenrolle eine besondere Integrität zu. Özdemir begründete seinen Eintritt bei den Grünen auch mit einer anderen moralischen Haltung dieser Partei. Dubiose Geschäfte machten die Etablierten, die konservativen Herren, die steckten doch mit den Lobbyisten unter einer Decke, nicht aber Abgeordnete dieser bunten, basisdemokratischen Doppel-Vorsitzenden-Partei, die einmal die Rotation erfand, die einmal Amt und Mandat strikt trennte. Damit sollte bereits der Versuchung von Amtsmissbrauch, Vorteilsnahme oder Korruption entgegnet werden. So kann der *Focus* kommentieren: »Ausgerechnet der anatolische Schwabe und Anti-Korruptionskämpfer hat sich einen privaten Vorzugskredit beim Rüstungslobbyisten Moritz Hunzinger beschafft.«

Als Bigotterie bezeichnet der damalige Bundestagspräsident Wolfgang Thierse (SPD) den Umgang mit Özdemir. »Die Relationen stimmen doch nicht, wenn in Parteispendenskandale verwickelte Politiker im Amt bleiben, Bonusflieger aber abtreten«, meint Thierse im *Spiegel* am 5. August 2002. Windelweich habe er sich prügeln lassen, so sieht es Özdemir in der Rückschau. Es ist denkbar, dass er zu Beginn oder mitten in der Legislaturperiode nicht hätte zurücktreten müssen, kurz vor der Bundestagswahl war es da schwieriger. Durchgekommen wäre er vielleicht auch, wenn die Vorwürfe wenige Wochen später veröffentlicht worden wären, es hätte dann wohl niemanden mehr interessiert. Deutschland beschäftigte da allein noch die Jahrhundertflut entlang der Elbe.

»Nennen Sie mich naiv«

Noch aber drohte ein Sommerloch, der Fall Özdemir füllt somit dankbar diese Lücke aus – und so dreht sich der Wind plötzlich gegen den Medienliebling. Der Berliner *Tagesspiegel* bemerkt, es sei »für den einst Hochgejazzten« bitter zu erkennen, »dass Aufstieg und Absturz Brüder sein können.« Auf einmal schimmert Kritik durch, dass es Özdemir ohnehin seit längerem zu weit getrieben habe. Die *Frankfurter Rundschau* kommentiert: »Als gefragter Polit-Popstar in Talkshows, als Autor mehrerer Bücher, als Cem-Dampf in allen Party-Gassen, als Dressman für Männer-Mode, kommt dem Polit-Kometen die Bodenhaftung abhanden – nicht nur in finanziellen Dingen.« Seinen vermeintlichen Lebenswandel will auch die multikulti-freudige *taz* bemerkt haben: »Die Hundescheiße im Stadtteil mit dem hohen Anteil türkischer Bevölkerung widerte ihn an, wenn er ausging.« Im Feuilleton der *Frankfurter Allgemeinen Zeitung* beschäftigt man sich ebenfalls mit Özdemirs offenbar verfänglichem Lebensstil: »Es sieht ganz danach aus, als hätten sich die Grünen, die schon lange unter Lifestyle-Verdacht stehen, den richtigen innenpolitischen Sprecher ins Haus geholt, jemanden, der sich beim Wort »Lobbyismus« dumm stellt und ansonsten so frei lebt wie sonst nur die FDP.«

Seine Verteidigungsstrategie kurz vor seinem Rücktritt ist tatsächlich hanebüchen, Cem Özdemir beruft sich ausnahmslos auf seine Naivität als junger Abgeordneter. Er habe Hunzinger nicht gekannt, er habe nichts gewusst, er habe eben dringend Geld benötigt, es sei nie um Gefälligkeiten gegangen. In einem *taz*-Interview über seine Verantwortlichkeit sagt er: »Nennen Sie mich naiv.« Auch auf *Spiegel Online* beruft er sich auf die Fehlbarkeit aller Menschen und meint: »Und einer dieser fehlbaren Menschen heißt Cem Özdemir.« Das Eingeständnis eines Fehlers ist in Folge der Skandalisierung nahezu überlebenswichtig, es drückt die notwenige Reue aus, wir erleben das immer wieder in unseren Fällen, nur: dies dann mit einer dermaßen zur Schau gestellten Naivität zu verknüpfen, das ist dann doch ein Schritt zu viel.

Diese Rhetorik ist jetzt auch der *taz* zu blöd, der Autor Christian Semler kritisiert es scharf: »Sich selbst Naivität zu bescheinigen ist ungefähr das Dümmste, was dem großen grünen Politiker Cem Özdemir zur Erklärung seiner Darlehensannahme von dem PR-Berater Moritz Hunzinger einfallen konnte. Kein

Mensch hat Özdemir gezwungen, die frustrationsreiche Karriere eines Abgeordneten einzuschlagen. Als er es dennoch tat, musste er wissen, dass allem Zynismus zum Trotz, mit dem das Publikum die Tätigkeit von Abgeordneten begleitet, an deren charakterliche Performance andere Maßstäbe anlegt werden als an die von Geschäftsleuten oder anderen Interessenvertretern.« Andere wiederum machen sich lustig über seine prompte Rückzahlung seiner Schulden und die darüber hinausgehende Überweisung an das Berliner Rehabilitationszentrum für Folteropfer. »So viel Selbstkasteiung war noch nie«, kommentiert der *Tagesspiegel*. Auch Boulevard-Spezi Franz Josef Wagner amüsiert sich über Özdemir: »Ich bin in meinem Leben vielen Menschen begegnet, einem so guten wie Ihnen bin ich noch nie begegnet.«

So durchläuft die öffentliche Figur des Cem Özdemir binnen weniger Tage einen Imagewandel: vom talentierten Tausendsassa zum verdächtigen Lifestylepolitiker, der sich zwar nicht mehr mit der Hundescheiße im eigenen Kiez abgeben will, dabei aber selbst Dreck am Stecken hat. *Bild* spinnt es noch weiter.

Ein reiner Medienskandal?

Das Blatt nutzt die allgemeine Aufregung und fährt eine ganz billige Nummer: Es fügt zu Özdemir noch den Dauerbrenner über die raffgierigen Politiker hinzu. Politiker-Bashing ist eine leichte Übung, weil es immer mit den Klischees von »denen da oben« spielt. »Politiker-Gier!« ruft also *Bild* am 22. Juli 2002 in dem Aufmacher in großen, roten Lettern. Auf Seite 2 folgen die Details: »Auch das noch! Billig-Kredit für Grünen-Politiker.« Darin steht Özdemirs »aufwendiger Lebensstil« am Pranger, wofür unter anderem ein neues Auto für Vater Abdullah als Beleg herhalten muss, und weiter: »Özdemir selbst entwickelte eine Vorliebe für gutes Essen und teure Kleidung, mietete eine geräumige Wohnung im Berliner Szene-Stadtteil Schöneberg.« Özdemir, der Genießer des feinen Lebens. Im *Bild*-Kommentar des Tages (»Die gierige Republik«) biedert sich Autor Herbert Kremp als Anwalt des kleinen Sparkassenkunden an, der sich all das, einen günstigen Kredit und ein schönes Leben, nicht leisten könne. Das Springer-Blatt zielt stumpfsinnig auf den Neidfaktor, ein »Info-Kasten« mit der Überschrift »Auch diese Politiker kassierten ab!« suggeriert Hintergrundrecherchen und rundet die Skandal-Berichterstattung an dem Tag ab. Angeführt werden Sachsens Ministerpräsident Kurt Biedenkopf, EU-Kommissar Martin Bangemann, Niedersachsens Ministerpräsident Gerhard Glogowski und so weiter, insgesamt sieben Fälle komplettieren diese »Liste der Gierigen«. Das Zerrbild von einer abgehobenen Politiker-Klasse scheint perfekt. Und Cem Özdemir erscheint somit nur als ein weiterer Beweis für das schäbige Verhalten dieser vermeintlich höheren Kaste. Vielleicht war *Bild* der ganze Skandal um Özdemir aber auch einfach selbst etwas zu dünn, zu substanzlos, also wurde noch ein wenig verallgemeinert und aufgebläht.

Der *Süddeutschen Zeitung* ist das in jedem Fall alles etwas zu durchsichtig, sie kanzelt den gesamten Vorfall letztlich als »Medienaffäre« ab, alles sei von Journalisten aufgeblasen worden. Solche Einwürfe wirken generell wie Korrektive während der Skandalisierung, weil sie bereits in der Erregungsphase das Geschehen zu hinterfragen suchen. Allerdings ist es in diesem Fall reichlich wohlfeil, bei Skandalen anderer Couleur beteiligt sich auch die *Süddeutsche Zeitung* mitunter durchaus lustvoll an der Erregung. Diesmal aber stört die *Süddeutsche Zeitung* dieses durchschaubare Spiel, allein auf Politiker einzuprügeln, nur wegen ein paar Flugmeilen: »Das bringt beim *Bild*-Bauarbeiter, *Spiegel*-Lehrer und beim *SZ*-Professor die gleiche Saite zum Klingen.« Es ist die Musik des Populismus einer erfolgreichen Politikerskandalisierung.

Welchen Einfluss aber hatte die Berichterstattung im Fall Cem Özdemir wirklich? Der Autor Michael Philipp hat eine detaillierte Arbeit über politische Rücktritte von 1950 bis heute mit dem wunderschönen Titel *Persönlich habe ich mir nichts vorzuwerfen* vorgelegt (Cem Özdemir vernachlässigt er). Nach seinen Ergebnissen ist ein direkter Zusammenhang zwischen Medien und der Demission eines Politikers generell in drei unterschiedlichen Konstellationen zu beobachten: Das Erste sei das kalkulierte Hochspielen eines bekannten Sachverhalts (also keine Entlarvung). Das Zweite dramatisiere einen Fehltritt, der ohne das Zutun der Presse aber überhaupt nicht bekannt geworden wäre. Die dritte Nuance: die eigentliche Enthüllung, die ein absichtlich verheimlichtes Fehlverhalten aufdecke. Bei Cem Özdemir ist es eine Kombination aus den ersten beiden Varianten, bei ihm wurde in *Bild* kalkuliert zumindest an einem Imageschaden gearbeitet und deshalb die Geschichte der gierigen Politiker neu aufgelegt, zugleich dramatisierten alle Beteiligten eifrig, schließlich war Özdemir der bekannte anatolische Schwabe, von dem man als grüner Vorbild-Türke ein besonders moralisches Verhalten erwartete. Diese Erwartung konnte er nicht erfüllen. Durch sein fragwürdiges Finanzgeschäft bewegte er sich in einer sittlichen Grauzone. Dabei ging es nie um strafrechtliche Relevanz. Das gilt übrigens meist für skandalisierte Politiker, die in finanziellen Dingen ins Zwielicht geraten, wie auch Philipp in seiner Rücktrittsanalyse aufzeigt. Was Juristen als Vorteilsnahme, Bestechlichkeit oder Untreue erklärten, so Philipp, muss sich nicht mit Volkes Stimme decken, wenn Politiker bereits bei milderen, juristisch irrelevanten Umständen als dubios erscheinen. Die »Dienstwagen-Affäre« der langjährigen SPD-Gesundheitsministerin Ulla Schmidt aus dem Jahr 2009 ist ein gutes Beispiel dafür. Zwar bescheinigte ihr der Bundesrechnungshof den korrekten Einsatz ihres Dienstwagens im Spanienurlaub, dennoch war die publizistische Wirkung fatal.

Kurz nach Özdemirs Abgang tritt auch Gregor Gysi wegen einer eigenen Flugmeilen-Affäre am 31. Juli 2002 als Wirtschaftssenator in Berlin zurück. Bemerkenswerter Weise betonte der aber, dass seine vergünstigten Flüge kein moralisches Problem seien, sondern er allein um seine eigene Persönlichkeitsänderung fürchte, die Vorteile als selbstverständlich hinnehme und nicht mehr hinterfrage, nur deshalb verabschiede er sich aus der Politik. Eine reichlich verquere Argumentation. Diese eigenwillige Deutung, gedacht um drei Ecken, nahm ihm dann auch keiner so richtig ab, Gregor Gysi sühnt sich selbst?

Für uns ist dabei interessant, dass derselbe Anlass eines Skandals, dienstlich erworbene Flugbonusmeilen privat genutzt zu haben, rundweg unterschiedliche Wirkung erzielen kann. Bei dem einen, bei Özdemir, bringt es das berühmte Fass zum Überlaufen, nach einem fragwürdigen Kredit nun auch noch das – er tritt ab. Bei Gysi dagegen interpretiert man es anders. Es erscheint als willkommene Gelegenheit für den Überführten, nach nur kurzer Zeit als lustloser Wirtschaftssenator ohne Wirkung wieder abzudanken. Der erregende Vorgang ist hierbei gar nicht mehr die anrüchige Vermischung von Privatem und Dienstlichem, sondern die unterstellte politische Flucht aus dem Amt und der Verantwortung. Und bei Rezzo Schlauch, bei dem interessiert es alles irgendwie keinen so richtig. Das zeigt: Skandale um persönliche Verfehlungen strahlen allein in dem Licht, in dem die Figur bereits vor dem Absturz stand. Wer will sich schon über einen Langweiler aufregen. Das Ausmaß der Vorwürfe steht selten in einem angemessenen Verhältnis zu dem faktischen Fehltritt, es orientiert sich vielmehr an dem medialen Bild des Verurteilten. Zu einem Skandal, so formuliert es der Kommunikationswissenschaftler Hans Mathias Kepplinger, werde ein Missstand erst aus der Perspektive, aus der man ihn betrachtet.

Ein bisschen Canossa

Cem Özdemirs Comeback findet nur knapp ein Jahr nach seinem hastigen Abgang statt. Sein Weg zurück in die erste Reihe der Politik führt über Straßburg. Er kandidiert nach seiner Rückkehr für das Europa-Parlament und ist von 2004 bis 2009 dort Abgeordneter. »Ein bisschen Canossa«, nennt das der *Tagesspiegel*. »Fluchtpunkt Europa-Parlament«, schreibt *Focus*. Die Grünen wollten auf ihren deutsch-türkischen Politikstar nicht verzichten, zu nichtig schien das Vergehen, zu vielversprechend sein Talent.

Auch die Medien ließen nie von ihm, er ist ein gefragter Interviewpartner und auch schrieb er immer wieder Gast-Artikel über seine Themen, über Integration, über die Türkei, über Europa. Kurz vor seiner Rückkehr in die Politik gibt Cem Özdemir aber noch einmal den Unabhängigen, er habe sich durchaus schon etwas anderes überlegt, eine akademische oder eine publizistische Karriere, wie er in einem *Spiegel*-Interview im November 2003 berichtet. Wer Politik nicht muss, macht sich begehrenswert und ist besonders attraktiv.

Auf die Frage, ob er in die Politik zurückwolle, kokettiert er zunächst noch mit seiner vermeintlich komfortablen Situation der neuen Möglichkeiten: »Mr. Finlayson sagt in einem Film mit Oliver Hardy und Stan Laurel: Ich sage nicht ja, ich sage nicht nein« (*Spiegel Online*, 12. März 2003). Özdemirs Freunde wussten schon damals um seine cineastische Liebe für Laurel und Hardy, die er nicht Dick und Doof nennen will, 2011 steht so etwas auf seiner *facebook*-Seite im Internet. Unter den Fotos war dort einmal ein Grünen-Plakat anzuklicken, das die schwarz-gelbe Bundesregierung und ihre »Lobbyrepublik« anprangert. Die schwebenden Gesichter Merkels, Westerwelles und Seehofers schmeißen den Großkonzernen das Geld hinterher. Unter »Aktivitäten« gibt Özdemir bei *facebook* an, er spiele so oft wie möglich Fußball mit den Kids am Kotti in Kreuzberg. Da leben die jungen Türken Berlins. Und während die davon träumen, einmal so wie ihr Idol Mesut Özil zu kicken, ist der Cem längst wieder auf der Seite der Guten und Gerechten angekommen.

Aus der Bahn geworfen

Claudia Pechstein – von der olympischen Kufen-queen zur verurteilten Dopingsünderin

»Es gibt im Sport nicht nur einen Dopingsumpf.
Es gibt auch einen Anti-Doping-Sumpf«
(Claudia Pechstein zitiert nach Spiegel 9/2010).

»Bis jetzt galt das ungeschriebene Gesetz:
Erlaubt ist, was nicht gefunden wird. Zu Recht?«
(Cicero, 1. August 2009)

»Grabower Küsschen«, die Ost-Variante des Schokokusses (früher Negerkuss oder Mohrenkopf), das ist eine süße Kindheitserinnerung für Generationen von Ostdeutschen und eine dieser erfolgreichen Ostprodukt-Überlebensgeschichten wie Rotkäppchen, Florena Creme oder die Halloren Kugel. Noch heute ist Claudia Pechstein so genannte Markenbotschafterin der »Schaumküsse mit dem markanten Zipfel«. »Grabower Küsschen« – das ist der Sponsor, der sich auf dem Höhepunkt des Dopingskandals demonstrativ zu Claudia Pechstein bekannt hatte. Ost gegen West, und »Pechi«, wie der Berliner Boulevard sie liebevoll nannte, ein Opfer dunkler (West-)Mächte. Doch im medialen Showdown verprellte sie sogar ihre treuesten Verbündeten im Osten.

Claudia Pechstein, die erfolgreichste deutsche Winterolympionikin der Geschichte. Olympia-Starts 1992, 1994, 1998, 2002 und 2006. Insgesamt neun Medaillen. Davon fünf Goldmedaillen.

143

Dazu sechs Weltmeistertitel. Eine Ikone des deutschen Spitzensports. Und dann das. Über Nacht vom Olymp gestürzt. Wegen Blutdopings für zwei Jahre gesperrt. Diese Mitteilung der Internationalen Eislauf-Union (ISU) erschütterte im Juli 2009 den deutschen Sport und die deutsche Öffentlichkeit. Blutdoping? Das war neu und kompliziert und führte zu einem monatelangen erbitterten »Streit bis aufs Blut«: Die Internationale Eislauf-Union berief sich bei ihrer Entscheidung auf einen erhöhten Wert der Retikulozyten (eine Vorstufe der roten Blutkörperchen), was durch ein Testprogramm namens SAFE (Safe and Fair Event Testing) ermittelt worden war. Durch regelmäßige Blut- und Urinproben wird dabei über einen längeren Zeitraum ein Blutprofil erstellt. Daraus lässt sich beispielsweise ableiten, ob ein Athlet getrickst hat, indem er sich eigenes Blut abnehmen und mit illegalen Methoden behandeln ließ. Also keine positive Dopingprobe, sondern eine Indizienkette. Claudia Pechstein habe, so die Dopingfahnder damals, Schwankungsbreiten in ihren Blutwerten, die eindeutig auf den Konsum künstlicher, also verbotener Mittel hinweisen würden. Plausibel und wirkungsvoll befand die *Süddeutsche Zeitung:* »Dies ist ein neues Verfahren, vergleichbar mit dem Vorgehen der Steuerfahndung: Wer plötzlich sechs Millionen Euro zu viel auf dem Konto hat und dies nicht erklären kann, dem wird der Prozess gemacht – auch wenn er nicht direkt beim Banküberfall oder bei der Geldwäsche erwischt wurde.«

Claudia Pechstein sprach von einer öffentlichen Hinrichtung und wies den Dopingverdacht weit von sich. Auf ihrer Website kündigte sie eine mediale Offensive an: »Ab jetzt wird man meiner Sicht der Dinge Gehör schenken, wird die Wahrheit ans Licht kommen.« (zitiert nach *Spiegel Online*) Und schon damals witterte sie eine Verschwörung: »Sicherlich werden die Journalisten jetzt hartnäckig recherchieren und nach Hintermännern und weiteren Indizien suchen, die mich belasten. Ähnlich wie bei den Aufsehen erregenden Dopingfällen im Radsport.« Doch von denen, so Pechstein, unterscheide sich ihr Dopingfall grund-sätzlich: »Weil es nämlich eigentlich überhaupt keinen ›Doping-fall Pechstein‹ gibt. Jede objektive Berichterstattung wird mich Schritt für Schritt entlasten.« (ebenda) Nun, *so* kam es nicht. Und das lag nicht an der Berichterstattung.

Als die Sperre im Sommer 2009 verhängt wurde, kam das für Claudia Pechstein einem sportlichen Todesurteil gleich. Sie war 37 Jahre alt und in der Vorbereitung für die Olympischen Win-terspiele 2010 in Vancouver. Dort wollte sie sich unbedingt ihre zehnte Medaille erlaufen. Würde diese Sperre nicht aufgehoben, könnte sie nicht nur Vancouver abschreiben, sondern ihre ge-samte Karriere. Eine Karriere, »gekrönt« von einer Dopingsünde. Kein Wunder, dass sie und ihre Mitstreiter mit allen Mitteln da-gegen ankämpften. Auch mit unlauteren. So berichtete die *Süd-deutsche Zeitung* Ende Juli 2009 von einem merkwürdigen Vorfall im Labor einer Klinik der norwegischen Stadt Hamar. Dort war Mitte Juli ein Mann aufgetaucht, der sich als »Claudias Boy-friend« vorgestellt und die Computerdaten von Pechsteins WM-Blutwerten verlangt hatte. Bei der Eisschnelllauf-WM in Hamar im Februar 2009 war die entscheidende Blutprobe genommen worden, im Labor in Hamar waren alle dazugehörigen Origi-naldaten gespeichert. Die Klinikleitung hatte nach dem Hilfe-ruf einer Labor-Mitarbeiterin – die sich von Claudias Boyfriend bedrängt fühlte – die Polizei verständigt, diese hatte Claudias Boyfriend der Klinik verwiesen mit Androhung der Verhaftung, falls er wieder dort auftauchen sollte. Die Klinikleitung erstattete außerdem Anzeige. Die Überprüfung der Personalien hatte erge-ben, dass es sich bei dem Mann um einen Mitarbeiter von Clau-dia Pechsteins Agentur *Powerplay* handelte. Claudia Pechstein selbst gab an, erst durch Anfrage der *Süddeutschen Zeitung* von diesem Geschehen erfahren zu haben. Ihr Agent Ralf Grengel, Chef der *Powerplay,* gab an, der Mann sei mit Recherchen beauf-tragt gewesen, auch in Hamar. Claudia Pechsteins Anwälte gaben an, ein solches Vorgehen gehöre nicht zur Verteidigungsstrategie ihrer Mandantin. Zur Erhöhung von Claudia Pechsteins Glaubwürdigkeit in der deutschen Öffentlichkeit trug eine solche Aktion gewiss nicht bei.

Lügnerin oder tragisches Opfer?

Es war weltweit die erste Dopingsperre wegen eines Blutprofils. Die Öffentlichkeit war geschockt und erschüttert. Und trotz der inzwischen zahlreichen Erfahrungen mit diversen Dopingsündern – noch nie hatte ein Weltklassesportler Doping auf Anhieb gestanden – wurde Pechstein nicht an den medialen Pranger gestellt. Zwar gab es von Anfang an Zweifel an ihren Unschuldsbekundungen (»Ich habe nichts Verbotenes getan«), doch man bemühte sich zunächst vor allem, Licht ins Dunkel der Blutwerte zu bringen. Es schlug die Stunde der Experten. Welche Erklärung hatten Wissenschaftler für Pechsteins auffällige Blutwerte? Konnte das nur am Doping liegen? Oder konnte es auch ein Hinweis auf eine genetische Blutkrankheit sein? Eines davon, das klärte der mediale Expertenstreit, musste es sein. Pechstein selbst schloss sich, wenig überraschend, der Krankheits-Version an. »Lügnerin oder Opfer?« – genau das war die Frage. *Bild am Sonntag* veröffentlichte am 5. Juli eine Fotobotschaft: Claudia Pechstein an einem Tisch in der Redaktion, vor sich ein von Hand beschriebenes Blatt Papier, dem Leser zugewandt: »Ich habe nie gedopt! Werde es auch niemals tun! Claudia Pechstein. 04.07.2009. Axel-Springer-Haus – Bild am Sonntag«

Sie hatte sich die Haare blond gefärbt, trug weiße Blusen und absolvierte einen Marathon in Studios und auf Pressekonferenzen. Neben den Unschuldsbeteuerungen kündigte sie an, gegen das Urteil vor dem Internationalen Sportgerichtshof CAS vorzugehen und im *Berliner Kurier* veröffentlichte sie eine »Persönliche Erklärung«, die mit einem Durchhalte- und Mutmacher-Appell endete:

»Alle, die sich im Eisschnelllaufen auskennen, wissen, dass die letzte Runde meine stärkste ist. Und die kommt erst noch!«

Inzwischen waren weitere schwer durchschaubare Einzelheiten bekannt geworden, über einen angeblichen Kuhhandel nach dem Bluttest in Hamar im Februar 2009 (Krankmeldung und Abreise gegen Verschweigen des Testergebnisses) und über einen angeblichen Kuhhandel im Juni 2009 (Karriere-Ende gegen Einstellung des Verfahrens), doch die Beteiligten – Claudia Pechstein, Verbandsfunktionäre, Ärzte – bestritten mehr oder weniger alles. Pechstein räumte allerdings ein, bereits seit Februar 2009, also seit der Weltmeisterschaft in Hamar, von dem Dopingverdacht gegen sie gewusst zu haben. »Wer sagt nicht die Wahrheit?«, fragte daraufhin die *Frankfurter Allgemeine Zeitung* und lieferte selbst die Antwort auf diese Frage: »Alle. Das ist wohl das bislang eindeutigste Ergebnis der Affäre Claudia Pechstein. (…) Wem soll man noch glauben in diesen Tagen?« Nicht nur die *Frankfurter Allgemeine Zeitung* reagierte enttäuscht und verärgert auf diese Enthüllungen. Claudia Pechstein hatte mit ihrem Interview-Dauerlauf mit der Botschaft »Nein, ich habe nicht gedopt« bei vielen zunächst Unterstützung gefunden. Jetzt war sie auf dem besten Weg, diesen Kredit zu verspielen.

Es stellte sich heraus, dass der Eislauf-Weltverband (ISU) Claudia Pechstein schon seit drei Jahren im Visier hatte, dass es seit 2007 eine Art Doping-Zielfahndung gegen die Eisschnellläuferin gab. Und jetzt war man sich seiner Sache wohl sicher. Für den Verband stand viel auf dem Spiel: Wenn Claudia Pechstein nicht gedopt hatte, dann würde das gesamte Anti-Doping-System seine Glaubwürdigkeit verlieren. Für Claudia Pechstein ging es um alles: ihre Karriere, ihre Einnahmen durch Sponsoren, ihren Job als Beamtin bei der Bundespolizei. Noch standen die deutsche Eisschnelllauf-Gemeinschaft (DESG) und der Deutsche Olympische Sportbund (DOSB) an ihrer Seite. Mehrere Zeitungen allerdings berichteten, dass es bereits im vergangenen Winter Dopinggerüchte gegeben habe, weil Claudia Pechstein im Vergleich zu den Vorjahren enorme Leistungssprünge gemacht hatte. In der öffentlichen Diskussion um »Doping oder Krankheit« nahmen führende Experten eindeutig Stellung gegen die These von der genetischen Blutkrankheit. Das Pechstein-Lager geriet mehr und mehr in die Defensive, trotz seines permanent forschen und offensiven Auftretens.

In einer solchen Situation waren öffentlicher Zuspruch und Unterstützung durch Prominente Gold wert. Ob es allerdings tatsächlich hilfreich war, dass ausgerechnet die überführten Dopingsünder Jan Ullrich und Katrin Krabbe in *Bild* erklärten »Wir glauben an Pechsteins Unschuld«, darf bezweifelt werden. Doch womöglich fand sich sonst niemand, der sich zu Claudia Pechstein bekennen wollte. Ihre Kolleginnen bzw. Konkurrentinnen vom Eis gingen hart mit ihr ins Gericht: »Wenn es wirklich Blutdoping war, muss man hart durchgreifen und die schwarzen Schafe aussortieren« (Anni Friesinger), »Ich weiß nicht, wie lange sie den Laden schon betrogen hat. Ich habe keinen Respekt mehr vor ihr, bin erstaunt und wütend« (die niederländische Weltmeisterin Renate Groenewold, beide zitiert nach *Berliner Zeitung*). Und geradezu vernichtend waren die Äußerungen des damaligen für Sport zuständigen Innenministers Wolfgang Schäuble, der zugleich auch oberster Dienstherr der Bundespolizistin Pechstein war. Gefragt, ob er an Pechsteins Unschuld glaube, sagte er, dass die Unschuldsvermutung natürlich auch für sie gelte und: »Was unabhängig vom Einzelfall mich persönlich als Sportfan betrifft: Ich glaube generell kaum noch jemandem. Ich bin zu oft enttäuscht worden. Ich kenne viele Sportler persönlich und konnte mir bei einigen nicht vorstellen, dass sie dopen – und hinterher kam etwas anderes heraus.« Und weiter: »Ich nehme an, sie tut alles, um ihre Unschuld zu beweisen. Das muss sie auch.« *(Tagesspiegel)* Claudia Pechstein war, so nicht nur die Meinung von Wolfgang Schäuble, in der Bringschuld.

Warum lieferte sie keine Begründung für ihre Blutwerte? Obwohl doch, wie wiederum renommierte Experten sagten, es relativ leicht und auch bezahlbar war, der Frage einer genetischen Erkrankung nachzugehen? Warum unternahm sie keinerlei Anstrengung, ihre Unschuld zu beweisen, obwohl sie nach den Paragrafen des Sportrechts dazu verpflichtet war? Stattdessen tourte Claudia Pechstein durch die Medien, drehte dort, wie auf dem Eis, ihre Bahnen mit dem immergleichen Mantra »ich habe nicht gedopt« und stilisierte sich als Opfer der Internationalen Eislaufunion. Sie werde, so sagte sie auch gern in Interviews, sich von der Internationalen Eislaufunion nicht verarschen lassen. Solche Äußerungen passten nicht zum Ernst der Lage, und das nicht nur wegen der obszönen Ausdrucksweise. Der Ton gegenüber Pechstein in den Medien wurde ungeduldiger und schärfer. Viele kritisierten ihr Auftreten (»Reden wie ein Automat«) und forderten eine Auseinandersetzung mit den Vorwürfen anstelle des schlichten Leugnens (»Dopingexperte fordert Quarantäne für Pechstein«, »Indirekte Tests sind absolut verlässlich«, »Nicht nur geständige Täter werden verurteilt«). Die *Super Illu* fragte daraufhin besorgt: »Wer hält jetzt weiter zu ihr?« und stellte die Ergebnisse einer Internet-Umfrage vor. Danach glaubten 43 Prozent nicht, dass Pechstein gedopt habe und 41 Prozent gingen davon aus, dass viele Spitzensportler heutzutage dopen. Die ostdeutsche Leserschaft der *Super Illu* machte sich also keine allzu großen Illusionen über den Eislaufstar aus ihrer Mitte.

Claudia Pechstein, das Mädchen aus Ostberlin, 1972 geboren, aufgewachsen in Marzahn, einem Stadtteil, dessen Name dem gemeinen Westdeutschen bis heute Synonym für Plattenbau und Kommunismus ist, und das ist ja auch nicht ganz falsch. Bei der Kinder- und Jugendspartakiade 1985 siegte sie das erste Mal über 1.500 Meter. In ihrer gesamtdeutschen Karriere ab 1991 stand sie, trotz zahlreicher Erfolge, zunächst im Schatten der sechs Jahre älteren Gunda Niemann-Stirnemann, eine Ostdeutsche wie sie selbst. Und als sie die endlich abhängen konnte, tauchte plötzlich die bayerische Frohnatur Anni Friesinger auf, fünf Jahre jünger als Claudia Pechstein. Anni Friesinger schaffte es, der Randsportart Eisschnelllauf so etwas wie Sexappeal zu verleihen. Erfolgreich waren sie beide, doch während Claudia Pechstein, die Spröde aus dem Osten, einfach siegte, konnte Anni Friesinger ihren Siegen einen gewissen Glamour verleihen. Claudia Pechstein war zwar Fahnenträgerin, aber keine Sympathieträgerin. Anni Friesinger dagegen gelang es spielend, sich zur Marke zu machen. Letztlich war für beide Platz, auch weil die Medien die Konkurrenz der beiden Läuferinnen, inklusive des Ost-West-Gegensatzes (Medaillenmaschine gegen individuelles Kraftpaket), gern als Zickenkrieg zelebrierten. Und so wurde Claudia Pechstein zwar nicht zum Eisbahn-Darling der Deutschen, aber sie war, wie Jochen-Martin Gutsch im *Spiegel* schrieb, »(…) einfach sehr verlässlich, was Medaillen angeht. Sie lief im Kreis und gewann. Die Zeitungen nannten sie ›Goldstein‹ und ›Eisheilige‹. Mit den Jahren hatte man sich an sie gewöhnt, sie war immer dabei, schaltete man im Winter den Fernseher an, tauchte garantiert irgendwann Claudia Pechstein auf (…)«. Auch Claudia Pechstein selbst hatte sich daran gewöhnt und wollte noch nicht davon lassen.

Die inszenierte Unschuld

Inzwischen hatte sie Trainingsverbot bekommen, durfte nur noch allein und auf eigene Kosten trainieren. Natürlich tat sie das, denn ihr Ziel war noch immer die Aufhebung der Sperre und Teilnahme an den Olympischen Spielen 2010 in Vancouver. Mit einem Eilantrag an den internationalen Sportgerichtshof CAS ging sie gegen das Trainings- und Wettbewerbsverbot vor, wollte erreichen, dass beides bis zu einer endgültigen Entscheidung des Gerichts ausgesetzt wird. Und sie startete eine neue Medienoffensive, kündigte an, auf einer Pressekonferenz nunmehr die gegen sie erhobenen Vorwürfe zu entkräften und entsprechende Beweise vorzulegen. Die *Süddeutsche Zeitung* kündigt diese Pressekonferenz an als »Der zweite Teil einer medialen Inszenierung mit dem Arbeitstitel ›Claudia Pechstein wird zu Unrecht des Dopings bezichtigt‹ hat begonnen.« Dort sorgte das Team Pechstein dann tatsächlich für einen gewissen Paukenschlag: Erstens gab es für eine Pechstein-Blutprobe zwei unterschiedliche Ergebnisse aus zwei unterschiedlichen Laboren und zweitens vertrat der Berliner Medizinprofessor Holger Kiesewetter die Auffassung, dass »das Messen von Retikulozyten als Dopingnachweis ohnehin absolut ungeeignet« sei (zitiert nach *Spiegel Online*). Über die Pressekonferenz als solche hieß es in diesem Artikel: »Am Ende der Veranstaltung blieben aus der Sicht von Beobachtern denn auch nur noch zwei Möglichkeiten übrig: Entweder handelt es sich um einen Riesenskandal der Internationalen Eislauf-Union ISU und ihrer Dopingfahnder, die die einzigartige Karriere einer Top-Athletin massiv beschädigt haben. Oder es ist die cleverste und dreisteste PR-Kampagne, die je eine Aktive im deutschen Sport durchgezogen hat.« (ebenda)

Trotz dieser – wie sich später herausstellen sollte vermeintlichen – Paukenschläge ist das Echo auf Claudia Pechsteins Entlastungs-Pressekonferenz insgesamt verheerend. Die *Welt* beispielsweise schrieb unter der Überschrift »Die inszenierte Unschuld«: »In einer Blütenreinheit wie aus der Waschmittelwerbung trat die akkurat gestylte Blondine in einer Bluse auf, wie man sich eine weiße Weste besser kaum vorstellen kann. Dann übernahm sie in dem vom kleinen Nachrichtensender *N 24* live dargebotenen Schauspiel den Part der gefühligen Sportlerin inmitten aller zähen wissenschaftlichen und juristischen Entlastungsvorträge.« Man glaubte ihr nicht. Man nahm die auf der Pressekonferenz vorgetragenen Zweifel und Widersprüche im Dopingvorwurf zur Kenntnis, aber man glaubte ihr nicht. Und man nahm ihr diese Inszenierungen übel, die in ihrer lauten und aggressiven Selbstgewissheit immer ein bisschen etwas von einem Bauerntheater hatten. Das

Team Pechstein glaubte, so der Eindruck der Journalisten, die Medien für dumm verkaufen zu können. Die Reaktionen waren entsprechend: »Eine Show als Verteidigung – In einer fragwürdigen Inszenierung beteuert die gesperrte Claudia Pechstein nichts anderes als ihre Unschuld« *(Frankfurter Rundschau)*, »Imagepflege auf den letzten Metern« *(Süddeutsche Zeitung)*, »Pechsteins verzweifelter Kampf um ihre Ehre – Gestern legte sie ihre Verteidigungs-Strategie vor. Aber reicht das für einen Freispruch?« *(Berliner Kurier)*

Als Ende August 2009 nach all den Diskussionen um rote Blutkörperchen, Testergebnisse und Eilanträge vor Gericht, nach all den Gutachten und Gegengutachten mit dem 23. Oktober endlich der Termin vor dem Sportgerichtshof in Lausanne feststand, waren alle erleichtert.

Und dann das: Die Verhandlung fand zwar, wie geplant, statt, doch das Warten auf ein Urteil wurde zum Warten auf Godot. Claudia Pechstein musste ihre Hoffnung, durch einen eventuellen Freispruch – und damit rechnete Claudia Pechstein fest – bei den Weltcups in Berlin und Heerenveen starten zu können und sich damit für die Olympischen Spiele in Vancouver zu qualifizieren, begraben. Viel Zeit und viele Gelegenheiten blieben ihr nicht mehr, um dieses Ziel doch noch zu erreichen. Wieder gab es Eilanträge, wieder wurden sie abgelehnt. Auch die Teilnahme am dritten Weltcup in Hamar platzte, darauf hatte sie ihre letzte Hoffnung gesetzt. Erneut ein Eilantrag, erneut eine Ablehnung. Warum dauerte das so lange? Das Gericht wollte das Urteil nur mit Begründung veröffentlichen. Pechsteins Indizienprozess ist ein Präzedenzfall: »Es geht um nicht weniger als die Frage«, schrieb die *Frankfurter Allgemeine Zeitung*, »ob der Beweis für Blutdoping indirekt geführt und anschließend gerichtsfest begründet werden kann. (…) Der Begründung kommt daher eminente Bedeutung zu. Ein Urteil ohne Gründe wäre bejubelt und zerpflückt und mit einiger Wahrscheinlichkeit auch fehlinterpretiert worden.« Inzwischen fieberte nicht nur Claudia Pechstein der Urteilsverkündung entgegen, die Medien fieberten mit. Die Trendmeldungen Mitte November: Es sieht schlecht aus für sie.

Im Zweifel gedopt

Und so kam es auch: »Sportrichter beenden Pechsteins Karriere«, meldete *Spiegel Online* am 25. November 2009. Die zweijährige Sperre wurde bestätigt. »Eine illegale Manipulation ihres eigenen Blutes«, so hieß es in der Urteilsbegründung, »ist die einzige vernünftige Erklärung für derart abnormale Werte.« (zitiert nach *Süddeutsche Zeitung*) Die Dopinggegner jubelten. Das Team Pechstein hatte noch kurz zuvor eine angeblich vom Gericht unterdrückte Gutachterstimme aus dem Hut gezaubert – vergeblich. Jetzt herrschte im Pechstein-Lager erstens Fassungslosigkeit und Bestürzung, wurde zweitens Berufung vor einem Schweizer Zivilgericht angekündigt und drittens witterte man erneut eine Verschwörung. Sie sei fest davon überzeugt, so wurde Pechstein zitiert, »dass ich verurteilt wurde, weil hinter den Kulissen Kräfte gewirkt haben, die den indirekten Beweis in diesem Präzedenzfall nicht scheitern sehen wollten.« *(Spiegel Online)* Die *Süddeutsche Zeitung* kommentierte die »gute Nachricht«: »Mediziner lesen in Blutprofilen wie in offenen Büchern, weil etwa die Schwankungen der Anzahl von roten und jungen roten Blutkörperchen Naturgesetzen folgen. Jede Abweichung davon bei Leistungssportlern legt Manipulationen nahe, die das Blut als Sauerstoffträger leistungsfähiger machen sollen. Natürliche Erklärungen widersprechen meist der Logik, ohne ganz ausgeschlossen zu sein.« So einfach war das offensichtlich im Kern, wenn man es nüchtern betrachtete, und all den ideologischen Ballast, die emotionalen Unschuldsbekundungen, die empörten Lobbyisten-Statements und die ganze Scheinheiligkeit in der Anti-Doping-Debatte beiseite ließ. Oder doch nicht?

Ein bahnbrechendes Urteil

Ein Urteil, das Sportgeschichte schrieb, da waren sich die Medien einig. Und ein Urteil, das polarisierte. Überwiegend wurde es als Durchbruch im Antidopingkampf begrüßt. Die ersten Stimmen, die die Suche nach den Hintermännern forderten, wurden laut, denn »Doping ist heute ein wissenschaftlicher Vorgang« (Michael Vesper, DOSB-Generaldirektor in *Süddeutsche Zeitung*). Thomas Bach, der Präsident des Deutschen Olympischen Sportbundes (DOSB), der bis zum Bekanntwerden des Urteils stets die Unschuldsvermutung betont hatte, forderte Pechstein selbst auf, nun ihre Hintermänner preiszugeben, denn Doping »mit dieser wissenschaftlichen Expertise kann von einer Sportlerin nicht ohne Hilfe von Fachleuten bewerkstelligt worden sein.« (ebenda) Es gab aber auch Kritiker, denen bei einem solchen Vorgehen der Schuldnachweis fehlte. Sie gaben Stimmen wie der des Heidelberger Sportrechtlers Michael Lehner Raum: »Menschlich bleibt der Fall grenzwertig. Die Beweislastumkehr wurde angewendet, obwohl hier nur ein indirekter Dopingnachweis ohne Befund vorliegt.« *(Hamburger Abendblatt)* Für die Kritiker des Urteils blieb ein fader Nachgeschmack.

Auch wenn das Urteil noch nicht rechtskräftig war, Claudia Pechstein war jetzt eine verurteilte Dopingsünderin. Für Sponsoren war das kein gutes Image und die Deutsche Kreditbank (DKB), seit 2002 ein wichtiger Sponsor, kündigte den Vertrag mit der Eisschnellläuferin sofort. Mehrere weitere Sponsoren hielten sich bedeckt, wie es mit der Partnerschaft weitergehen sollte. Einige, so wurde gemunkelt, hatten schon bei Bekanntwerden der Sperre ihre Zahlungen eingestellt. Nur die anfangs erwähnten Grabower Süsswaren bekannten sich offensiv zu Claudia Pechstein: »Wir werden ihr weiter die Stange halten. Sie ist für uns nach wie vor eine große Sportpersönlichkeit, deren Schuld nicht bewiesen ist.« (zitiert nach *Spiegel Online*) Das mag tröstlich gewesen sein (da es vermutlich pro Jahr um einen hohen fünfstelligen Betrag ging) und irgendwie menschlich rührend, änderte aber nichts an der fatalen Situation. Claudia Pechstein stand, trotz des enormen propagandistischen und finanziellen (von geschätzten 250 000 Euro Verfahrenskosten war die Rede) Aufwands, vor den Trümmern ihrer Karriere. Der deutsche Eissportverband, der bis zum Urteil treu an ihrer Seite stand, stoppte sofort jegliche Förderung. Vancouver 2010 – erledigt. Welche Auswirkungen das Urteil auf ihre berufliche Zukunft als Beamtin bei der Bundespolizei hatte, war noch ungewiss. Und natürlich war ihr Ruf ruiniert. Sie selbst kündigte an, weiterzukämpfen: »Ich werde mich jetzt keinesfalls geschlagen geben. Der gerichtliche Weg wird erst dann zu Ende sein, wenn die Gerechtigkeit gesiegt hat.« (*Frankfurter Rundschau* 26. November 2009) Das Team Pechstein startete sofort in die nächste Runde der Unschuldskampagne.

Das Urteil und die Folgen

Die deutsche Eisschnelllaufgemeinschaft und die Nationale Anti-Doping-Agentur (Nada) stellten Anzeige gegen unbekannt, dazu waren sie nach diesem Urteil aufgrund ihrer Statuten verpflichtet. Der Sportausschuss des Deutschen Bundestages erlebte bei der Diskussion der Causa Pechstein den politisch fast einmalig zu nennenden Schulterschluss zwischen CDU und Linkspartei. Während letztere als Vertreter der ostdeutschen Ethnie in aller Deutlichkeit davon sprach, dass in Lausanne auf dem Rücken einer Athletin ein Exempel statuiert worden sei, hoffen wir zugunsten des Berliner CDU-Politikers Frank Steffel, dass er in der *taz* versehentlich etwas schlampig zitiert wurde und nicht wirklich wörtlich gesagt hat: »Als Berliner habe ich Claudia Pechstein oft getroffen. Ich kann mir das aufgrund der Kenntnis des Charakters ihrer Persönlichkeitsstruktur nicht vorstellen.« Claudia Pechsteins oberster Dienstherr war jetzt Thomas de Maizière, der die Entscheidung des internationalen Sportgerichtshofs begrüßte. Zugleich ließ er durchblicken, dass er in diesem Fall zwar nach Beendigung aller Gerichtsverfahren Disziplinarmaßnahmen zu treffen, aber auch eine Fürsorgepflicht habe. Mit anderen Worten: Ihre Existenz bei der Bundespolizei würde sie wohl nicht verlieren.

Nur ein paar Tage später eine überraschende Wendung: Pechstein wurde, nach einem abermaligen Eilantrag an das Schweizer Bundesgericht, trotz Dopingsperre für das Weltcup-Rennen in Salt Lake City über 3000 Meter zugelassen. Das war möglicherweise doch noch ein Ticket nach Vancouver, wenn sie es mindestens auf Platz 8 schaffen würde. Was hatte das zu bedeuten? War das Gnade vor Recht, Ausdruck einer Doppelmoral oder ein Etappensieg im Kampf gegen das Urteil? Der öffentliche Streit darum erhielt neue Nahrung, erledigte sich aber dann sehr schnell von selbst, weil Pechstein in dem Rennen, für das sie so hart gekämpft hatte, die Qualifikation verpasste: »Ausgepumpt, chancenlos, vernichtend geschlagen«, wie *Spiegel Online* schrieb. Ein Karriere-Ende schloss sie trotzdem demonstrativ aus. Die anderen Eisschnellläufer in Salt Lake City, Frauen wie Männer, erklärten, mit ihr nichts mehr zu tun haben zu wollen.

Das Jahr 2009 ging, die Causa Pechstein blieb und entwickelte sich für alle Beteiligten zu einem anstrengenden, ermüdenden Hin und Her von Eilanträgen, Beschwerden und Gutachten auf der einen sowie deren Zurückweisung auf der anderen Seite. Immer im Kreis, so wie auf dem Eis, und mit jeder Runde dem Wahnsinn ein Stück näher. Claudia Pechstein wollte nicht als Dopingfall abtreten. »Man hört sie reden«, schrieb Jochen-Martin Gutsch im *Spiegel,* »und weiß, dass sie nicht lockerlassen wird. Nie. (…) Sie wird, wenn es sein muss, aus der Sache den längsten Dopingfall der Geschichte machen, selbst wenn sie dafür allen auf die Nerven geht.«

Um unsere Nerven zu schonen, wechseln wir vorübergehend in den Newsticker-Modus. Die Causa Pechstein auf dem Weg zum Gipfel der Absurdität:

10. Februar 2010 Schweizer Bundesgericht lehnt Beschwerde endgültig ab, Pechstein klagt weiter;

4. März 2010 BKA durchsucht Pechsteins Haus wg. Hintermännern;

12. März 2010 deutsche Hämatologengemeinde unternimmt Vorstoß zugunsten C.P. Neuer Expertenstreit *(SZ)*;

12. März 2010 C.P. leidet an einer sog. Kugelzellenanämie = sehr seltene Anomalie *(Spiegel Online)* siehe auch Hämatologengemeinde;

13. März 2010 Hausdurchsuchung bei Erfurter Orthopäden *(Spiegel Online)*;

14. März 2010 Experten schließen Doping aus. Anomalie von Eltern geerbt? *(BamS)*;

15. März 2010 Ostdeutsches Volksempfinden: P. zuallererst deswegen Sünderin, weil sportlich in DDR sozialisiert *(Spiegel Online)*;

16. März 2010 Keine Kugelzell-Anämie, sondern eine Kugelzell-Anomalie *(FR)*;

16. März 2010 Das ist also eine Anomalie, die besonders häufig bei wichtigen Wettkämpfen auftritt (Anti-Doping-Experte Werner Franke in *FAZ)*;

17. März 2010 neuer Eilantrag Aussetzung Sperre wg. Erbkrankheit;

19. März 2010 Pechstein denkt an Sotschi 2014 *(Spiegel Online)*;

19. März 2010 Frage: Wie hoch schätzen Sie Ihre finanziellen Verluste? Antwort C.P.: Ich habe schon alle meine Blutwerte offen gelegt, meinen Kontostand werde ich für mich behalten *(Welt)*;

25. März 2010 Ich fühle mich auf Deutsch gesagt verarscht (C.P. in *Super Illu)*;

26. März 2010 Pechsteins Blut – ein Expertenstreit *(Deutsches Ärzteblatt)*.

Was haben Dieter Thomas Heck, Gregor Gysi und Fürst zu Schaumburg-Lippe gemeinsam? Sie alle gehörten zu den prominenten Unterstützern, die im Juni 2010 in einem so genannten »Brief für Gerechtigkeit« (!) an den Präsidenten des Deutschen Olympischen Sportbundes Thomas Bach die Wiederaufnahme des Verfahrens forderten. Der Mann, der diese Aktion initiiert hatte, ein Berliner Unternehmer, war neu auf der Bühne des Pechstein-Theaters und machte bald noch mehr von sich reden. Zunächst hatte er auf Nachfrage, warum er diese Aktion gestartet habe, erklärt: »Ich habe in meinem Leben selbst Ungerechtigkeit erfahren, deshalb kämpfe ich für die Gerechtigkeit von Claudia Pechstein.« *(Super Illu)*. Aus dieser Nähe im Kampf um Gerechtigkeit entstand, nachdem Pechstein sich von ihrem Ehemann getrennt hatte, eine neue Liebesbeziehung: »Das ist Pechis Neuer – Der Köpenicker Unternehmer Matthias Große war erst ihr Sponsor, dann Freund. Jetzt sagt er: Ja, wir sind ein Paar.« *(Berliner Kurier)*

Womöglich gestärkt durch das neue private Glück eröffnete Claudia Pechstein eine weitere Front in ihrem Kampf gegen das Böse, dieses Mal gegen ihren obersten Dienstherren, Innenminister Lothar de Maizière: Sie verlangte unbezahlten Sonderurlaub, um für ein Comeback in Sotschi 2014 trainieren zu können, er wollte, dass sie nach der Einstellung des Disziplinarverfahrens ihren Dienst als Bundespolizistin antritt und verweigerte ihr den Sonderurlaub. Daraufhin erlitt sie einen Zusammenbruch, weil man sie mit der Verweigerung dieses Sonderurlaubs zum Karriere-Ende zwingen wolle. Er wunderte sich daraufhin, was sie trotz Krankenstatus an öffentlichen Auftritten absolvieren konnte, zum Beispiel die medienwirksame Eröffnung einer Currywurstbude ... – die Pechstein'sche Mixtur aus Verfolgungswahn und Renitenz ließ den Fall mehr und mehr zur Farce geraten. Übrigens: Besagte Currywurstbude stand am Berliner Stadtrand und gehörte Matthias Große, dem neuen Mann an ihrer Seite.

Die *Süddeutsche Zeitung* berichtete Ende September 2010 vom »Stillen Abschied von den Kugelzellen«, womit die erst kürzlich offensiv vorgetragene Gewissheit, dass Pechstein keinesfalls gedopt habe, wieder vom Tisch war. Das Schweizer Bundesgericht bestätigte die Sperre, womit der Rechtsweg abgeschlossen war. Das Team Pechstein arbeitete derweil am medialen Showdown.

Von Gold und Blut – mein Leben zwischen Olymp und Hölle, 480 Seiten, das ist die Autobiografie, die das Team Pechstein im November 2010 auf einer Pressekonferenz in Berlin vorstellte. Ein Buch, mit dem man es allen noch einmal zeigen wollte, eine Abrechnung mit allem und jedem und ein scheinbar intimer Einblick in die seelischen Nöte der Claudia Pechstein. Von wenigen Ausnahmen abgesehen wurde »Von Gold und Blut« äußerst kritisch, teilweise angewidert von der Presse zur Kenntnis genommen: »Noch einmal wurden von Pechstein, Grengel (Pechsteins Manager Ralf Grengel) und Verleger all die Wahrheiten, Halbwahrheiten, Wahrheitsbeugungen, Behauptungen, Verdächtigungen, Interpretationen, Expertisen und Ausflüchte zusammengerührt, die nicht gereicht hatten, um die zuständigen Sportgerichte von der Unschuld der Sportlerin zu überzeugen.« *(Frankfurter Rundschau) Die Welt* dachte laut darüber nach, dass der Termin der öffentlichen Buchvorstellung womöglich nicht zufällig kurz vor dem ersten Jahrestag des Selbstmordes von Robert Enke lag. Und die *Super Illu,* die während des gesamten Dopingskandals immer versucht hatte, der Ostikone Claudia Pechstein zur Seite zu stehen, war von dem Buch schlicht entsetzt: »Namentlich benennt sie Journalisten, die nicht wohlgesinnt über sie berichteten. Auch mit früheren Konkurrentinnen rechnet sie ab. Von eigenen Fehlern oder gar Einsichten keine Spur. (…) Auch sprachlich bewegt sich das Buch in einem Grenzbereich. Oft fallen Worte aus dem Fäkal-Bereich. Warum macht Claudia Pechstein das? Ist sie verbittert? Oder wurde sie einfach schlecht beraten?« Pechstein selbst zeigte sich, wie nicht anders zu erwarten, von der Kritik an ihrem Buch völlig unberührt. In ihrer Welt gab und gibt es nur Freunde von Claudia Pechstein oder Feinde von Claudia Pechstein: »Die Länge der Liste hat sich geändert, die Zahl der Freunde ist deutlich kleiner geworden. Nach dem Buch erst recht.« *(Thüringer Allgemeine)*

Im Januar 2011, kurz vor dem Ende der Dopingsperre am 8. Februar, durfte Claudia Pechstein – inzwischen wieder mit dunklen Haaren – in der *MDR*-Talkshow »Riverboat« ihr erhofftes sportliches Comeback medial ankündigen. Die erste Hürde dafür überwand die 38-Jährige, sportlich durchaus eindrucksvoll, vier Tage nach Ablauf ihrer Sperre, als sie sich in Erfurt für den Weltcup in Salt Lake City qualifizierte. Ihr Fernziel bleibt nach wie vor trotz ihres vorgerückten Alters die Olympia-Teilnahme in Sotschi 2014. Sportliche Weltklasse allein würde allerdings dafür nicht reichen, als verurteilte Dopingsünderin dürfte sie dort laut Reglement des IOC nicht starten. Und so wird sie wohl ihre Drohung wahr machen, die sie im »Riverboat« verkündete: »Ich kämpfe so lange, bis ein Richter sagt: Sie hat Recht.«

»Der Manager der Schuld«

Dieter Althaus – vom thüringischen Landesvater zum politischen Patienten

> »Die Sünde gegen den Heiligen Geist seines Berufes
> aber beginnt da, wo dieses Machtstreben unsachlich und ein Gegen-
> stand rein persönlicher Selbstberauschung wird,
> anstatt ausschließlich in den Dienst der ›Sache‹ zu treten.«
> *(Max Weber in seinem Vortrag »Politik als Beruf«, 1919)*

Politik kann zur Droge werden, oft schon wurde das behauptet, auch von den Akteuren selbst, die damit manchmal sogar gerne ein bisschen kokettieren. So wird man auch Dieter Althaus nach möglichen »Entzugserscheinungen« fragen. Bei ihm nur ist dies keine oberflächliche Nettigkeit zu Beginn eines Gesprächs. Der tiefe Fall des Dieter Althaus hat viel damit zu tun, dass einer nicht loslassen kann oder will. »Es tut noch weh«, gesteht er der *Thüringischen Allgemeinen* drei Monate nach Aufgabe der Ämter, und weiter: »Man muss sich daran gewöhnen, dass nicht ein Termin den nächsten hetzt, dass nicht mehr die kondensierten Nachrichten auf dem Morgentisch liegen.«

Dieser Absturz eines Politikers enthält zugleich eine seltene Dramatik. Er berichtet von einer menschlichen Katastrophe, von Schuld, von Tod und Trauer, vor allem aber von medialen Inszenierungen und ihren Grenzen. Den Startschuss gibt der Protagonist selbst, weil er glaubt, seine eigene Vermarktung steuern zu können, schließlich wächst ihm alles über den Kopf und wird ihm zum Verhängnis. Drogen und Sucht haben immer auch etwas mit Realitätsverlust zu tun, darauf wies der langjährige *Spiegel*-Politikjournalist Jürgen Leinemann hin, der sich wie kein anderer mit diesem Phänomen im politischen Betrieb beschäftigte. »Alle haben sie irgendwann einmal die Welt verändern wollen, ein bisschen wenigstens«, so Leinemann in seinem Buch *Höhenrausch – Die wirklichkeitsleere Welt der Politiker*, »aber die meisten geraten alsbald in die Versuchung, ihre Wahlämter als Plattform zur Selbstbestätigung zu benutzen.« Viele bemerkten nicht, »wie sie von einem Sog erfasst werden, der ihnen immer mehr äußeren Betrieb zumutet und immer mehr innere Freiheit nimmt.« Politik in Spitzenpositionen, das bedeutet Einfluss, Macht, Anerkennung. Wann verwandelt sich dieser Veränderungs- und Gestaltungswille in einen Rausch, in eine Abhängigkeit von (nicht nur materiellen) Privilegien, von dem Prestige und von der Bedeutung, die Ämter suggerieren können? Wie ist es bei Dieter Althaus, dem thüringischen Ministerpräsidenten? Erhofft er sich Halt ausgerechnet von der Politik, als sein Leben urplötzlich ins Wanken gerät? Was passiert hier genau?

2009 sollte für ihn eigentlich ein Erfolgsjahr werden. Es wurde das schlimmste seines Lebens, wie Dieter Althaus hinterher sagt. Seit 2003 ist er Ministerpräsident in Thüringen, er übernimmt das Amt von seinem Vorgänger Bernhard Vogel, seit 2004 regiert Althaus mit absoluter Mehrheit. In der Union ist er einer der profiliertesten ostdeutschen Ministerpräsidenten, im November 2008 bestätigen ihn die Delegierten auf einem Parteitag mit 100 Prozent erneut als Landesvorsitzenden. Seine politische Karriere beginnt nach der Wende 1990, zuvor war er bereits in der DDR-Blockpartei CDU, um »den Werbeversuchen für die SED zu entgehen«, wie er im Rückblick argumentiert. Sein Vater zählt 1946 zu den Mitbegründern der Ost-CDU im thüringischen Eichsfeld, eine katholische Enklave in der DDR. Als praktizierender Christ lehnt Dieter Althaus die sozialistische Jugendweihe ab, er studiert

1979 bis 1983 Physik und Mathematik. Naturwissenschaften waren eine akademische Nische in der alles kontrollierenden DDR, auch Angela Merkel ist studierte Physikerin, auch ihre politische Karriere beginnt nach der Wende. Die Ostdeutschen Merkel und Althaus scheinen sich lange Zeit gut zu verstehen, 2005 beruft sie ihn im Bundestagswahlkampf in ihr Kompetenzteam, kurz darauf wird er 2006 in das Präsidium der Bundes-CDU gewählt. Dieter Althaus gewinnt in den Jahren als Ministerpräsident (und als Bundesratspräsident 2003/2004) mehr und mehr an politischem Gewicht und Einfluss. Im August 2009 will er noch einmal bei der Landtagswahl als CDU Spitzenkandidat antreten, trotz allmählich sinkender Umfragewerte und abnehmender Zustimmung außerhalb seiner eigenen Partei. Den Zenit seiner politischen Karriere scheint er inzwischen erreicht zu haben, doch er will noch einmal kämpfen und so schlecht sind die Chancen nicht.

Dann der Schicksalsschlag, der alles verändert. Am Neujahrstag 2009 kollidiert Dieter Althaus beim Skifahren im Winterurlaub in der Steiermark mit einer anderen Fahrerin, die 41-jährige Beate Christandl stirbt an ihren Verletzungen. Althaus erleidet ein Schädel-Hirn-Trauma und wird in ein künstliches Koma versetzt. Das Medienecho ist gekennzeichnet von Bestürzung und Betroffenheit: »Todes-Drama auf der Ski-Piste«, schreibt *Bild*, »Ski-Tragödie«, meldet *Spiegel Online*, »Ein Bundesland im Koma«, notiert die *Süddeutsche Zeitung*. Die Berliner Zeitungen *taz* und *Tagesspiegel* und die *Thüringer Allgemeine* sprechen von einem »politischen Patienten«. Wie nachhaltig diese erste, schnelle, oberflächliche Beschreibung sein wird, lässt sich rückblickend besonders gut betrachten: Denn Dieter Althaus bleibt trotz allen Bemühungen seinerseits bis zu seinem endgültigen Abgang genau das: ein politischer Patient, der sich im öffentlichen Auftritt nie wieder davon erholt. Letztlich liegt das nicht an diesem Unfall, der auch ein tragischer Zufall ist, vielmehr liegt es an seinem Umgang damit, wie sich zeigen wird.

Katharina am Krankenbett

Nach dem Unglück fahren die Boulevardmedien zunächst zwei-
gleisig, man beschäftigt sich mit dem Schicksal und dem Leid der
Opfer-Familie, die eine tote Mutter zu beklagen hat, gleichzeitig
bietet vor allem *Bild* eine rührende Fortsetzungs-Story um den
Genesungsprozess des Dieter Althaus dar. Die Leser erfahren,
wann und wie viel Suppe er esse, wie viele Stunden seine Ehefrau
am Krankenbett wache, ob, wie und wann seine Töchter bei ihm
erscheinen und so weiter. In der ganzen Phase, als Dieter Althaus
selbst nicht sprechen kann, werden die Geschichten mit anderem Personal bestückt, was sagen Ärzte, Freunde, die Psychologin,
was meinen Juristen und Meinungsforscher. Im Mittelpunkt aber
steht sie: seine Ehefrau Katharina. Stellvertretend für Dieter Althaus füllt sie die mediale Lücke und füttert die Presse mit Bildern
und Informationen, und mit jedem ihrer Schritte handelt sie ausschließlich im Sinne dieses Politikers. So geht sie zur Beisetzung
der toten Skifahrerin, sie sei »gesenkten Hauptes und schwarz gekleidet gekommen«, berichtet *Spiegel Online*. »Der schwere Gang
der Katharina Althaus«, schreibt *Die Welt* und *Bild* beobachtet:
»Die Frau des Politikers umarmte tröstend den Witwer!« Stellvertretend für ihren Mann übernimmt Katharina Althaus so öffentlich Anteilnahme und Trauerarbeit. Die Teilnahme an der Beerdigung mag ihr ein inneres Bedürfnis gewesen sein, es lässt sich
in Folge der zugelassenen Medienpräsenz und Medienarbeit aber
nicht mehr trennen von machtpolitischem Kalkül. Dies bestätigt
sich mehr und mehr.

In den Wochen darauf gibt Katharina Althaus Journalisten
immer wieder Auskunft, den Auftakt macht sie am 15. Januar
2009 in der *Super Illu*, als sie »erstmals nach dem tragischen Ereignis« in einem Interview erklärt, sie bete täglich für ihren Mann.
Ähnlich äußert sie sich im März im *stern*-Interview, der alles entscheidende Satz allerdings lautet hier: »Er will zu 100 Prozent in

sein Amt zurück.« Darum geht es. Als im Februar erste, jedoch wenig vorteilhafte Fotos von Althaus erscheinen und Gerüchte über seinen womöglich schlechten Gesundheitszustand kursieren, prescht sie vor, in *Bild am Sonntag* sagt sie, sie sei überzeugt davon, dass ihr Mann die Geschäfte wieder aufnehmen werde: »Er will zurück und er wird zurückkommen.« Ihre Funktion ist eindeutig: sie verbreitet gute Nachrichten, berichtet vom stetig besseren Gesundheitszustand und bekräftig seinen unbedingten Willen zur Rückkehr. Sie formuliert seinen Machtanspruch, solange er es selbst nicht kann.

Das richtige Bild

Zurück in die Phase, als sich Althaus noch in Behandlung befindet, er muss sich einige Wochen in einer Reha-Klinik aufhalten. In dieser Zeit stirbt sein Vater und Dieter Althaus kommt deshalb Anfang Februar von der Kur am Bodensee zur Beerdigung erstmals wieder nach dem Unfall in seinen Heimatort nach Heiligenstadt. Während dieser Trauerfeier bittet die Familie Althaus die Presse um Zurückhaltung, Fotos sind nicht erlaubt, die Polizei riegelt den Friedhof ab. Am Tag darauf ist in Zeitungen zu lesen, Althaus habe angeschlagen gewirkt, er gehe wie ein alter Mann. Während des Requiems habe er sich mehrfach setzen müssen. Und nun passiert etwas Sonderbares, es ist der Vorläufer für die weiteren Inszenierungen: Dieter Althaus geht nach der misslichen Presse noch einmal ans Grab seines Vaters, zusammen mit seiner Ehefrau – und *Bild*-Reportern. Die *Welt am Sonntag*, wie *Bild* zum Springer-Verlag gehörig, schildert die Friedhofs-Szenerie so: »Diesmal verhinderte niemand ein Foto: Darauf verdeckt ein Hut sein Gesicht, aber er steht, seine Frau hat sich bei ihm untergehakt, nicht umgekehrt.« Es ist eine leicht durchschaubare Darbietung, die *Frankfurter Rundschau* bemerkt: »Es musste offenbar ein Signal gesetzt werden: Seht Leute, so schlecht geht es ihm doch gar nicht.«

Es entwickelt sich nun ein fortdauernder Kampf um das stimmige Bild und die passende Botschaft, die *Frankfurter Rundschau* nennt es die »mediale Schlacht um den richtigen Eindruck«. Ist er schwach, unsicher, ein alter Mann? Oder ist er auf dem besten Weg zur völligen Genesung, ist er klar bei Sinnen und stark? Fotos zeigen ihn während eines Einkaufsbummels mit seiner Frau in der Fußgängerzone von Konstanz in der Nähe der Reha-Klinik. Er hänge »an der Hand der zierlichen Frau wie ein schlaksiger, etwas holperig daherschreitender Begleiter, der sich vorwärts ziehen lässt«, schreibt die *Süddeutsche Zeitung* daraufhin. So bleibt die Frage weiter offen: Ist er ein Mann, der nach vorne geht, der bald wieder gesund ist, oder ist er einer, der nicht mehr mitkommt, der selbst Hilfe benötigt? Welches Bild ist das wahre, diese oder jene Interpretation, sie hätten unterschiedliche Auswirkungen auf seine politischen Ambitionen, vor allem auf sein (Selbst-)Bild als zupackender Ministerpräsident. Alles in der Parteipolitik ist immer auf eine Hauptperson zugeschnitten, selbst die Grünen fokussierten sich mit Joschka Fischer zumindest in Wahlkämpfen allzu gerne auf einen tonangebenden Spitzenkandidaten. So eine Figur muss permanent agieren, orientieren, Handeln vorgeben, nur ist so etwas sicher auch »eine Überforderung«, die schmeichle und nerve, wie Jürgen Leinemann bemerkt, es »putscht die Akteure auf und deformiert sie zugleich.«

Da es bereits im normalen, alltäglichen politischen Betrieb höchste Konzentration erfordert, muss man sich fragen, wie sich dieser ständige Zustand der (An-)Spannung auf jemanden auswirkt, der krank ist und Schonung braucht, der aber um die Spielregeln weiß und meint, sie weiter anwenden zu müssen?

Die Unklarheit über den Gesundheitszustand von Dieter Althaus bleibt lange bestehen, einzig *Bild* entwickelt sich als treue Verbündete und weiß es ganz genau, bereits am 18. Februar 2009 jubelt das Blatt: »Althaus kommt wieder!« Dabei beruft sich *Bild* allein auf die positive Prognose eines Arztes. Althaus selbst hat bisher nicht öffentlich sprechen können. Die *Berliner Zeitung* beschreibt den Stand treffender: »Das Phantom vom Bodensee«.

Die Frage nach der Schuld

Wie konnte es eigentlich zu dem Skiunfall kommen, bei dem ein Mensch stirbt? War es Fahrlässigkeit? Juristisch gibt es eine rasche Klärung darüber, moralisch wird Dieter Althaus die Frage nach Schuld weiterhin begleiten und das hat Folgen, wie wir noch sehen werden. Gegen Dieter Althaus wird Anklage wegen fahrlässiger Tötung erhoben und kurz danach findet im März 2009 in einer Eil Verhandlung der Prozess statt: Er wird schuldig gesprochen und muss eine Geldstrafe in Höhe von 33 300 Euro und ein Schmerzensgeld von 5 000 Euro zahlen. Althaus verzichtet auf das Recht, persönlich vernommen zu werden, er habe keine Erinnerung mehr an den Unfall. Das schnelle Gerichtsverfahren ist eine Besonderheit des österreichischen Strafprozessrechts, demnach kann ein Verfahren unverzüglich angesetzt und abgewickelt werden, wenn eine Anklage vorliegt, der Sachverhalt als eindeutig geklärt gilt und Staatsanwaltschaft und Verteidiger zustimmen. Vom »Blitzverfahren« und »Turbo-Urteil« ist nun die Rede, einige Medien unterstellen ihm einen vermeintlichen Promi-Bonus.

Die Welt befürchtet, dass jetzt Laien die Geldstrafe gegen das Leben der Mutter abwägen, und meint: »Das moralische Dilemma von Dieter Althaus und seinen Beratern ist, das Verfahren schnell beendet haben zu wollen. Man ahnt, dass dieses kühle, strategische Verhalten dem Politiker und Menschen Dieter Althaus nicht zur Ehre gereichen könnte …« *Bild* bleibt ihm gewogen und erklärt, dass Althaus auf der Piste weder absichtlich falsch abgebogen sei, noch habe er ahnen können, welche Folgen sein Fahrfehler hätte haben können, das Blatt ist sich daher sicher: »Mit dem milden Urteil der Richter ist für den Politiker Dieter Althaus nun der Weg frei für ein Comeback.«

Spätestens nach dem Urteil ist der politische Machtkampf eröffnet, die Oppositionsparteien, SPD und Linke, sprechen vom Ende der Schonfrist. Genau genommen hatte Dieter Althaus selbst den Wahlkampf längst begonnen – mit den bestellten Fotos am Grab seines Vaters. Unmittelbar nach dem Richterspruch kündigt Althaus in einer schriftlichen Erklärung auch offiziell seine Rückkehr an: »Ich trete an.« Da befindet er sich noch immer in der Reha-Klinik und noch immer kann er nicht persönlich öffentlich auftreten. *Bild* kommentiert seine Ankündigung pathetisch: »Auf diese Entscheidung haben Politik und Öffentlichkeit in Thüringen seit Wochen gewartet.« Man könnte auch sagen, auf diese Entscheidung hat das Blatt seit Wochen hingearbeitet. Auch die juristisch geklärte, aber moralisch weiterhin schwierige Schuldfrage, löst *Bild* sehr geschickt auf: Die Zeitung stellt Bischöfen in Deutschland, evangelischen und katholischen, die Frage, ob Althaus trotz seiner Schuld denn Spitzenpolitiker sein könne. Die Antworten sind wenig überraschend, es geht um christliche Ethik, also ist von Vergebung, Mitgefühl, menschlichen Fehlern die Rede. Die machtpolitische Komponente spielt in dieser Wertedebatte der Kirchenvertreter freilich keine Rolle, und so handelt *Bild* einmal mehr ganz im Sinne des Politikers, am Ende bleiben nur noch Jesus-Worte hängen, wer ohne Schuld ist, werfe den ersten Stein … Es scheint für ihn gut zu laufen. Laut *ARD*-Deutschlandtrend sprechen sich 61 Prozent der Deutschen knapp ein halbes Jahr vor der entscheidenden Landtagswahl dafür aus, dass Althaus für das Amt des Ministerpräsidenten kandidiert.

Konnte Dieter Althaus während seiner Genesung tatsächlich abschätzen, dass er wieder voll einsatzfähig sein wird? Was treibt ihn an, warum setzt er sich selbst so unter Druck? In Wahrheit konnten zumindest die Journalisten nicht wissen, wie es wirklich um ihn steht. Und so macht man mit seinem Gesundheitszustand Politik. Während *Bild* ihn offenbar geradezu zurück ins Amt tragen will, sehen andere schwarz. Die *Frankfurter Rundschau* rät ihm bereits am 5. März 2009 mit den Worten des österreichischen Schlagersängers Peter Alexander: »Sag beim Abschied leise Servus!« Die Zeitung vergleicht Althaus in seinem Beharren auf das Amt mit dem CSU-Politiker Seehofer: »Politiker sind so. Nachdem er wegen einer Herzerkrankung zwischen Leben und Tod schwebte, hat Horst Seehofer viel über Prioritäten und Kürzertreten schwadroniert. Heute ist er bayerischer Ministerpräsident und stopft sich mit Medikamenten voll, um trotz schwerer Grippe den traditionellen Aschermittwoch nicht absagen zu müssen.« Politiker sind so? Dieter Althaus will zurück, auch wenn er selbst (noch) nicht in Erscheinung treten kann, und daher startet er jetzt eine sehr skurrile Comeback-Tour – in eigenem Interesse, aber ohne ihn persönlich. Die *taz* nennt Althaus mittlerweile den »virtuellen Spitzenmann«. Auf einem CDU-Parteitag wird er in Abwesenheit mit 94,62 Prozent zum Spitzenkandidaten für die Landtagswahl gewählt und zugleich wie ein Messias gefeiert. Ein Delegierter hält auf der Veranstaltung ein Blackberry in die Luft und verkündet nach Bekanntgabe des Wahlergebnisses »eine Botschaft aus Allensbach«. Althaus bedankt sich per SMS aus der Klinik für die Zustimmung. Alle zeigen Verständnis, dass er persönlich nicht anreisen konnte. Allerdings erscheint danach der vom Parteitag ferne Althaus als sportliche Person auf einem aktuell geschossenen Foto in *Bild am Sonntag*. Erste Verwunderungen und Zweifel auch in den eigenen Reihen verbreiten sich: Was ist hier echt, was ist inszeniert? Dieter Althaus ahnt zu diesem Zeitpunkt wohl kaum, dass es diese Frage nach Authentizität sein wird, die schließlich alles überschattet, seine Signale erscheinen allzu ambivalent.

Das Exklusiv-Interview

Die Verwirrung über diesen Mann nimmt zu, der Wendepunkt folgt Mitte März, eigentlich sollte es die Krönung seines inszenierten Comebacks werden: Dieter Althaus gibt ein exklusives

Interview in *Bild*, abgedruckt über zwei Tage verteilt auf der Politik-Seite des Blattes. Chefredakteur Kai Diekmann ist selbst vor Ort bei dem Politiker in der Kur. Inhaltlich dreht es sich um die Rolle seiner Ehefrau, um seinen katholischen Glauben, und um Politik. »Für mich heißt Gestalten, den Bürgerinnen und Bürgern zu dienen«, so Althaus. Für ihn gehe es um das Land, Thüringen benötige ihn, so die Botschaft. Er bietet das reichlich abgedroschene Klischee eines treuen Landesvaters, der Diener zum Wohle seiner Bürger. »Es geht nicht um Mitleid, es geht um erfolgreiche Politik für Thüringen.« Es ist Wahlkampf pur: Er wolle keine linken Experimente in seinem Land, sondern »Stabilität, Kontinuität und Zukunft«. Es sind alles Phrasen, aber eine immer wieder zu beobachtende Rhetorik in der Politik, auch die hessische SPD-Politikerin Andrea Ypsilanti berief sich auf höhere Ziele, sie könne zum Wohle des Landes, im Auftrag für eine modernere, sozialere Politik ihre Wahlankündigung nicht einhalten … Immer, wenn Höheres durch die Luft schwirrt, ist größte Vorsicht geboten, in der Regel geht es allein um die Machtfrage. Denn selbstverständlich ist jeder Politiker ersetzbar, in Demokratien gibt es ohnehin nur eine begrenzte Verleihung von Macht. Also, nicht das Land braucht unbedingt Dieter Althaus, andersherum aber ist es stimmig: Dieter Althaus will weiter das Land, also sein Amt. Auch Andrea Ypsilanti wollte unbedingt Ministerpräsidentin werden, Dieter Althaus möchte es unbedingt bleiben. Machtgewinn und Machterhalt. Darum geht es, um nicht mehr und nicht weniger.

Viel später wird man Althaus fragen, warum er diverse Inszenierungen dem Boulevard dargeboten habe, er beruft sich kurioserweise dann auf die Pressefreiheit (wobei er ja zunächst nur exklusiv zur Verfügung steht und eben nicht der gesamten Presse), er werde nach dem Unfall gefragt, also antworte er, mehr mache er gar nicht, so seine Auskunft. Wie unwahr.

In dem großen exklusiven *Bild*-Interview äußert sich Dieter Althaus dann auch noch zur moralischen Frage der Schuld: »Ich glaube, Schuld ist nicht die richtige Kategorie, um ein solch tragisches Unglück zu bewerten.« Es gibt keine Nachfrage der angereisten *Bild*-Journalisten. Althaus führt den Begriff »Verantwortung« ein, und anders als die Schuld ist dies etwas Positives, Aktives, Bejahendes, wer Verantwortung übernimmt, tut Gutes. Althaus habe den Begriff der Schuld weitgehend »weginszeniert«, bemerkt *Der Spiegel* danach sehr zutreffend.

Dieses bizarre Interview bleibt nicht ohne Wirkung. Er wolle sich Mitleid erkaufen, ist der schärfste Vorwurf. Sofort schäumt natürlich die Opposition, spricht von Daily-Soap und Polit-Operette. Aber auch Thüringens Politikjournalisten sind aufgebracht, in einem ungewöhnlichen offenen Brief protestieren sie gegen die Informationspolitik des Ministerpräsidenten, nach der der Eindruck entstehe, »dass objektive Berichterstattung durch gezielte Inszenierung ersetzt« werde. Selbst in der CDU ist nun zu hören, dass es für den Krankgeschriebenen ja »keinen Zwang zum Fotoshooting« gäbe. Die *Frankfurter Rundschau* notiert: »Es war der vorläufige Höhepunkt einer offenbar bis ins kleinste Detail durchdeklinierten Comeback-Show.« Die (Springer eigene) *Berliner Morgenpost* spricht sogar von einem »PR-Gau«: »Da haben seine Gegner zweifellos recht: Althaus kann nicht einerseits den Eindruck erwecken, er sei gesundheitlich und damit politisch wieder da, andererseits aber Schonung bis zum Sommer erwarten.« Althaus hätte sich auf einer Landespressekonferenz allen Journalisten stellen müssen, fordert die *Süddeutsche Zeitung* und kritisiert, dass er sich als »Person und Politiker monopolisieren« lasse. Er sei »zum Manager seiner Bedrückungen« geworden, allein »um seine Macht erhalten zu können. Das ist gleichsam außerirdische Politik.« Es sind vernichtende Kritiken.

Die umfangreichste Analyse liefert der *Spiegel*-Autor Dirk Kurbjuweit in dem Essay »Der Manager der Schuld«. Die zwei bedrohlichsten Zustände für Politiker seien Krankheit und Schuld, konstatiert Kurbjuweit, und genau diese Eindrücke wollte Althaus verhindern: »Abschied ist, man sieht es immer wieder, für einen Politiker das Schlimmste, es ist die Katastrophe«, Deutschland habe »in den vergangenen Monaten einen Fall von Krankheitsmanagement und Schuldmanagement erlebt, der politischen Machtwillen auf einer neuen Stufe zeigt.« Neben Krankheit und Schuld muss man den Umgang mit Tod ergänzen als ein weiteres schwieriges Terrain für Politiker, die nie lange gelähmt, erstarrt, in Trauer bleiben können, sie müssen in der Darstellung nach außen wirksam das Land voranbringen, in Aktion sein, die Probleme der Menschen lösen. Der Fall Althaus aber ist in der öffentlichen Wahrnehmung vom Thema Tod begleitet, wie es selten ist in der Politik. Es ist die Trauer um die verunfallte Skifahrerin, zum anderen aber auch die darüber hinausgehende familiäre Trauer um den verstorbenen Vater von Dieter Althaus. Auch dies versucht der Politiker mit seinem inszenierten, nochmaligen Gang zum Grab in Heiligenstadt sprichwörtlich zu managen. Er wird auch noch zum Grab der Skifahrerin gehen. Es wird einmal mehr ein Schritt zu viel sein.

Franz Josef Wagner beurteilt das Exklusiv-Interview von Althaus in *Bild* selbstverständlich positiv und appelliert schwülstig: »Ein Mensch versucht sich gerade zu befreien vom Elend, von Not, von Schuld. Ich denke, wir sollten ihm dabei helfen.« Dazu allerdings sind Medien nicht da, die pompöse Begleitmusik zum Genesungszustand eines Ministerpräsidenten kann nicht Aufgabe journalistischer Arbeit sein. »Dabei helfen« muss dem Mann vornehmlich sein privates Umfeld, das Althaus selbst immerzu anführt. Das, was Dieter Althaus widerfahren ist, muss die Öffentlichkeit vielleicht sogar gar nicht beurteilen, »Demokratie ist nicht dasselbe wie Voyeurismus«, bemerkt die *taz* dazu, ein Politiker sollte diesen Unterschied tatsächlich zu meistern wissen. Natürlich, Inszenierungen von Privatem gehören zur Politik, viele neue Eheglücke und rührige Hochzeiten wurden bereits auf Hochglanzfotos gefeiert, Dieter Althaus überschreitet jedoch mit seinem Exklusiv-Interview zum eigenen Schicksalsschlag eine Grenze. Solche publizistischen Exklusivitäten könne man bei Missbrauchsopfern wie Natascha Kampusch nachvollziehen, urteilt die *Süddeutsche Zeitung* folgerichtig, da die Opfer nach solchen Verbrechen wenigstens finanziell etwas profitierten, aber ein demokratisch gewählter Politiker dürfe es nicht. Althaus hat den Bogen überspannt. Nur hat er es anscheinend noch nicht gemerkt oder wahrhaben wollen.

Die Rückkehr

Am 20. April 2009 nimmt Dieter Althaus die Regierungsgeschäfte nach vier Monaten Auszeit wieder auf, er gibt jetzt erstmals eine Pressekonferenz für alle Journalisten, redet über Opel-Rettung, Wirtschaftskrise, Konjunkturpaket, Bildung, doch der »Getriebene« *(Berliner Zeitung)* scheint da bereits verloren zu haben. Denn auf dieser Pressekonferenz geht es ebenso vor allem um die moralische Frage nach seiner Schuld, und es werden danach alle Zeitungen (außer *Bild*) seine kühle, emotionslose, distanzierte Sprache dazu kritisieren – hier sei die Glaubwürdigkeit gescheitert, so *Die Zeit*.

Politik, das ist überzeugend vorgetragene Darstellung, nur: sie gelingt Dieter Althaus an dem Tag nicht (mehr), er versagt genau in dem Moment, wo er aus dem kontrollierten Raum abgesprochener Interview- und Bildtermine in die ungeschützte (Medien-)Öffentlichkeit tritt.

In den folgenden Wochen arbeitet er hart an seinem Erscheinungsbild, in seinen Auftritten kommen nun mehr und mehr Emotionen zurück, er spricht offensiver von Schuld und Vergebung, vermeidet aber juristische Kategorien, er spricht von Gefühlen. Auf einem Parteitag ehrt ihn dann der geladene Gastredner Karl-Theodor zu Guttenberg, der zu dem Zeitpunkt noch auf der Erfolgswelle schwimmt, entsprechend als »Macher mit Herz«. So will Althaus jetzt gesehen werden. Und es wirkt. Obwohl er bereits scharfe Kritik einstecken musste, zahlt sich seine intensive Come-back-Arbeit erst einmal aus. Meinungsumfragen bescheinigen ihm im Mai 2009 sogar eine zunehmende Beliebtheit. Und so geht es dann noch über Wochen, er strampelt sich ab, gibt unzählige Interviews, in denen er immer wieder Tagespolitik, Wahlkampf und den Skiunfall vermischt. Er stehe für Reformen, sagt er, er sei ein bekennender Katholik, jeder mache Fehler, und gerne erwähnt er seine Frau und seine Töchter, die »liebevoll-kritischen Beglei-terinnen«. Er bedankt sich auch öffentlich bei seiner Ehefrau für ihren Einsatz, in einem *Bild-am-Sonntag*-Interview bekundet er, sich noch einmal neu in sie verliebt zu haben. Beide hätten seit 1990 »berufsbedingt eine Ehe auf räumlicher Distanz« geführt, jetzt aber wolle man wieder mehr Zeit miteinander verbringen. Freilich, der Wahlkampf lasse das gerade schwer zu, so Althaus.

Noch vier Wochen vor der entscheidenden Landtagswahl ist die CDU im Umfragehöhenflug, Dieter Althaus glänzt mit ex-zellenten Popularitätswerten. Dann ein weiterer Zug im Spiel der Inszenierungen: Er besucht das Grab der verunfallten Skifahre-rin, und auch dieser Akt wird überall bekannt (gestreut). Es fin-det jedoch kaum positiven Anklang und Verständnis. Zugleich erscheint Dieter Althaus auf den letzten Metern bis zum Wahl-tag immer müder, erschöpfter, angeschlagener. Auch die miss-billigenden Kommentare zu den diversen Inszenierungen ver-stummen nicht. Was ist echt, was nicht? *Spiegel Online* berichtet beispielsweise vom Wahlkampf, wo er »wildfremden Menschen um den Hals« falle, aber hinter verschlossenen Türen abweisend wirke. *Die Welt* schreibt: »Den echten Althaus kennenzulernen ist schwierig. Das beginnt beim Blickkontakt. Wenn man neben ihm im Auto sitzt, schaut er auf die Aktendeckel auf seinen Knien oder aus dem Fenster, aber nicht ins Gesicht seines Mitfahrers.«

Die Umfragewerte für die CDU fallen, zwei Wochen vor der Wahl hätte Schwarz-Gelb keine Mehrheit mehr, dabei sah sich die Union fast schon am Ziel. Dieter Althaus tritt immer nervöser auf und verzettelt sich noch mit dem politischen Vorschlag, den Solidaritätszuschlag abzuschaffen. Nach heftiger Kritik daran, rudert er zurück. Auch in den Berichten zu seinem Wahlkampf nimmt man ihn nun noch mehr unter die Lupe. Die *Frankfurter Rundschau* fragt: »Was ist los mit ihm? Sein Wahlkampf ist Wahlkrampf. Es ist eine Tortur. Ist er wirklich wieder der Alte, wie er ständig behauptet?« Er wirke »verspannt und fahrig«, bemerkt der *Tagesspiegel* nur wenige Tage vor der Wahl. »Der alte Schwung ist hin«, urteilt die *Frankfurter Allgemeine Zeitung*.

Eine Woche vor dem Wahlsonntag äußert sich der Anwalt der Opfer-Familie und kritisiert Althaus öffentlich für seine Einlassungen zu dem Unfall, es kommt schließlich zu einer Stillschweigevereinbarung zwischen dem Politiker und der Familie der getöteten Frau, die Zeitungen sprechen jetzt von einem Maulkorb für Althaus. Nichts läuft mehr gut für ihn. Er hatte sich als fürsorglicher, nachdenklicher und demütiger Landesvater präsentieren wollen, der verantwortungsbewusst, angemessen und gefühlvoll mit dem tragischen Ereignis umgeht, am Ende bleibt allein diese eine Frage: Wie authentisch ist dieser Mann eigentlich noch?

Bei der Wahl am 30. August 2009 stürzt die CDU um 11,8 Prozentpunkte ab und erlangt schlechte 31,2 Prozent, die absolute Mehrheit ist verloren. Als Konsequenz aus dem schlechten Abschneiden und angesichts eines rechnerisch unmöglichen Regierungsbündnisses mit der FDP, gibt Dieter Althaus vier Tage nach der Wahl in einer Erklärung mit sofortiger Wirkung seinen Rücktritt als Ministerpräsident und CDU-Landesvorsitzender bekannt. »Absturz eines politischen Musterschülers«, kommentiert die *Frankfurter Allgemeine Zeitung*. Wie schwer ihm das Aufgeben fällt, zeigt sein merkwürdiges, irritierendes Mini-Comeback. Fünf Tage nach Bekanntgabe seines Rücktritts »mit sofortiger Wirkung« lässt er überraschend verlauten, er werde die nächste Kabinettssitzung leiten und die Amtsgeschäfte wieder aufnehmen, bis ein Nachfolger gewählt sei. Die Parteispitze der Union hatte sich da bereits auf die Sozialministerin Christine Lieberknecht als Nachfolgerin für Althaus verständigt. »Gespenstischer Auftritt in Erfurt«, »Der Trotzkopf«, »Jemand aus einer anderen Welt« lauten nun die Schlagzeilen, selbst *Bild* schreibt: »Die seltsame Rückkehr von Dieter Althaus.« Noch einmal wird offenkundig, hier ist ein Politiker, der nach sechs Jahren als Ministerpräsident nicht loslassen kann. Die *taz* fragt ihn sogar bereits im Wahlkampf im August ganz direkt, ob er abhängig sei von der Politik. »Mit Sucht hat das nichts zu tun, sondern mit Dienst am Land«, antwortet er. Da noch stilisiert sich Althaus als treuer Diener Thüringens, ehrlicher werden seine Befunde nach der Wahl, denn später gibt er zu, wie schwer es ihm auch falle, aus dem Amt zu gehen.

Seit Februar 2010 arbeitet der frühere thüringische Ministerpräsident für den österreichisch-kanadischen Autozulieferer Magna als Vize-Präsident im Europageschäft des Konzerns. Das Nachrichtenmagazin *Focus* besucht ihn einmal in seinem neuen Büro in einem Gewerbepark am Rande von Wolfsburg. Es sei kaum größer als ein Wartezimmer beim Zahnarzt, bemerkt das Blatt, er arbeite direkt über einer mongolischen Grillküche. Von der Staatskanzlei ins Gewerbegebiet am Stadtrand. Einst wurde Dieter Althaus als Bundesminister in der Hauptstadt gehandelt, nun ist er Lobbyist, er selbst sieht sich da eher als Manager, wie er in Interviews gerne betont. Auslöser seines Sinkfluges war kein Skandal oder eine bloße Skandalisierung eines Ereignisses, dafür war der tragische Moment, der alles veränderte, der Unfall, allzu menschlich, ein Zufall, ein Schicksalsschlag. Das hätte ihn nicht in Bedrängnis bringen müssen, trotz der belastenden, moralischen Schuldfrage. Erst die Tatsache, dass Dieter Althaus selbst den Unfall ins Zentrum rückt, wird ihm am Ende zum Verhängnis. »Vorsicht, Sturzgefahr«, schrieb der *Tagesspiegel* sehr zweideutig schon am 6. Januar 2009, nur wenige Tage nach dem tragischen Skiunglück.

Die angekündigte Staatsaffäre

Thilo Sarrazin – vom Bundesbanker zu Dirty Thilo

»Wie kann ein Eigenbrötler wie er die Republik
derart in Aufruhr versetzen?«
(Welt am Sonntag vom 12. September 2010)

»Das Land ist an der wirren,
hysterischen Debatte schwindelig geworden.«
(stern vom 16. September 2010)

Zum Schluss geht es auch noch um den Sex muslimischer Männer. Sarrazin sollte man am besten gleich im Original-Ton vor
sich haben. »Die Araberjungen kommen an ihre arabischen Mädchen nicht ran«, sagt er. »Die kommen da ran, da können Sie sicher sein«, entgegnen die offenbar in dieser Hinsicht gut infor-
mierten *Zeit*-Redakteure. Sie sprechen ihn daraufhin an, weil er
über sexuelle Frustration und gewalttätige muslimische Männer
schreibt. Thilo Sarrazin erwidert: »Letztlich nutzen sie die leichter
zu kriegenden deutschen Unterschichtenmädchen, um sie dann
dafür zu verachten, dass sie so leicht verfügbar sind.« Ende des
Interviews, er behält das letzte Wort.

Thilo Sarrazin ist ein komischer Kauz. Er erinnere eher an den
frühen Karl Dall bei *Verstehen Sie Spaß?* als an den Volksverfüh-
rer Jörg Haider, spottet der *Evangelische Pressedienst* und trifft damit ins Schwarze. Denn Sarrazin verfügt erstaunlicherweise über

nichts, womit eine Medienfigur gewöhnlich punktet: Er ist nicht gerade unterhaltsam, seine Texte, das sind trockene Zahlen und öde Schaubilder, seine Worte sind meist langatmig, er ist nicht sonderlich eloquent, häufig setzt er mehrfach an, wenn er spricht, er ist kein guter Rhetoriker, und er streitet sich nicht einmal richtig im Sinne eines charmanten Provokateurs, an dem man seine wahre Freude haben könnte. »What you see is what you get«, das fällt dem niederländischen Schriftsteller Leon de Winter zu diesem Mann ein. Ihm fehle das »Tele-Gen«, resümiert der *Evangelische Pressedienst* mit süffisanter Anspielung auf Sarrazins Elogen zur Genetik. Und trotzdem: Thilo Sarrazin wird zu einem der größten Medienereignisse der vergangenen Jahre, er veröffentlicht (neben Günter Wallraff und dessen Bestseller *Ganz unten* von 1985) eines der erfolgreichsten Sachbücher der bundesdeutschen Geschichte. Zugleich beendet das Buch Sarrazins Karriere in öffentlichen Ämtern schmachvoll, er verliert darüber seinen Job als Bundesbanker, es ist eigentlich einer der renommiertesten Posten, den die Republik zu vergeben hat, unkündbar noch dazu.

Er habe die Medien benutzt, und sie haben ihn benutzt, kommentiert die *Süddeutsche Zeitung* das Schauspiel. Man könne meinen, er habe »ein Flugzeug in ein Hochhaus der deutschen Hauptstadt gesteuert und nicht bloß ein Buch veröffentlicht«, schreibt die *Welt am Sonntag*. Dieses Werk *Deutschland schafft sich ab. Wie wir unser Land aufs Spiel setzen* ist sofort vergriffen. Nur drei Wochen nach Erscheinen am 30. August 2010 liegt die Druckauflage bei 650.000. Auch die E-Book-Dienste verzeichnen schnell rekordverdächtige Downloads. Und der Tumult beginnt bereits, bevor der Gegenstand der Erregung überhaupt in Gänze zu lesen ist. Was aber ist so unerhört? Oder wird hier etwas zum »landesweiten intellektuellen Skandal aufgeblasen«, was die *Frankfurter Allgemeine Zeitung* vermutet?

Um es gleich vorweg zu nehmen: Dieser vermeintliche Skandal, er war zu erwarten, es war ein absehbarer Eklat, darin unterscheidet sich der Fall von den anderen Heldendramen in diesem Buch. Meistens geschehen skandalöse Angelegenheiten urplötzlich, ein brisantes Ereignis, eine unappetitliche Zutat, eine peinliche Entdeckung, eine neue Konstellation und schon gerät alles ins Wanken. Bei Thilo Sarrazin aber ist nichts überraschend. Er tischt seit Jahren provokante Äußerungen auf, immer wieder legt er nach. Die Entrüstung im großen Stil ist schließlich eine mit Ankündigung.

Denn eines beherrscht Thilo Sarrazin trotz seiner medialen Kompatibilitätsdefizite gleichwohl: die Fähigkeit zur Verbreitung zugespitzter Zitate, er ist ein Meister zweideutiger Anspielungen. Dabei agiert er wahrnehmbar kühl, berechnend. So einen Ansturm auf eine Ware wie sein Buch kannte man zuvor vielleicht von Technikartikeln wie Apples i-Phone, ein anfänglich verknapptes Gut mit allerhöchstem Aufmerksamkeitsfaktor. Das aber hat Thilo Sarrazin obendrein erreicht: Er hat ein Sachbuch für einige Zeit in ein »must have«-Produkt verwandelt, das sich schließlich millionenfach verkauft, und so bezeichnet der *Focus* ihn schon als neuen »Popstar des Literaturbetriebs«. Die Aufmerksamkeit kann größer kaum sein: Zeitgleich schafft es Thilo Sarrazin am 6. September 2010 auf die Titel der beiden Nachrichtenmagazine *Spiegel* (»Volksheld Sarrazin – Warum so viele Deutsche einem Provokateur verfallen«) und *Focus* (»Staatsaffäre Sarrazin«). Seine Buchvorstellung erwähnt sogar die *Tagesschau*, innerhalb einer Woche ist er Gast und Thema in zwei ARD-Talkrunden. Diese Intensität ist außerordentlich.

Viel wird darüber spekuliert, was ihn eigentlich antreibt. »Dieses Buch ist das Buch eines Besessenen«, kommentiert die *Frankfurter Rundschau*. »Mann mit Mission«, meint die *Frankfurter Allgemeine Zeitung*. Thilo Sarrazin, ein besessener Missionar? »Der braucht das«, ist der flapsigste Erklärungsversuch vom SPD-Parteifreund und Bürgermeister Heinz Buschkowsky aus dem Berliner Problembezirk Neukölln (ihn führt Sarrazin in seinem Buch gerne an). Noch vor Erscheinen des Buches antwortet Thilo Sarrazin in einem Interview in der *Saarbrücker Zeitung* auf die Frage, warum er immer gleich so unversöhnlich wirke: »Wenn man heute eine solche Diskussion führt, ist man ein Reiter auf einem ungezähmten Gaul. Man muss zusehen, dass man nicht aus dem Sattel fliegt …« Rückblickend kann man sagen: Er will dieses Rodeo, er will diesen Ritt auf dem Gaul, denn genau das ist seine Buchpremiere, ein wilder Galopp, ein bequemer Spaziergang jedenfalls ist es nicht. Ist er vielleicht einfach nur eitel? Geltungsbedürftig? Er trete mit einer »Herrenreiter-Attitüde« auf, steht einmal im Feuilleton der *Süddeutschen Zeitung*. »Zirkus Sarrazin«, notiert die *taz*. Eine fabelhafte Überschrift. Er mime wie kein anderer in Deutschland »den Cowboy eines Diskurses«, befindet *Die Zeit*. Und? Ist er aus dem Sattel geflogen oder ist er als Gewinner aus der Manege geritten?

Bei dem medialen Overkill um ihn vergisst man leicht: Dieser Mann hat einen bitteren Absturz erfahren. Aus dem Vorstand der Bundesbank ist noch keiner unrühmlich gegangen. »Rechtlich gesehen reichen Bundesbanker in Deutschland dem Papst das Wasser«, erklärt die *Financial Times Deutschland* noch vor seinem Aus ihren Lesern. Es ist ein erlauchter Kreis, in dem er sich bei der Bank befindet, inklusive Ansehen und hohem Gehalt. Sein Abgang ist dieser Institution reichlich unwürdig. Eine Institution, die der alltäglichen Parteipolitik enthoben, die für Neutralität und Unabhängigkeit stehen und allein der Stabilität des Geldes verpflichtet sein soll. Nach Absprachen bezüglich seiner Altersversorgung beantragt der unliebsame Sarrazin schließlich »freiwillig« beim Bundespräsidenten ihn von seiner Aufgabe zu entbinden. Zuvor hatte die Notenbank den einstimmigen Beschluss ihres Vorstandes mitgeteilt, die Abberufung ihres Kollegen zu beantragen. Ein Präzedenzfall in der mehr als 50-jährigen Geschichte der Bank. Thilo Sarrazin, das ist sehr wohl auch die Geschichte eines tiefen Falls. *Bild* kommentiert es mit einem dramatischen Dreiklang: »Entmachtet! Kaltgestellt! Gefeuert!« Es ist ein Rückzug in Raten, schon im Herbst 2009 werden ihm nach provokanten Äußerungen Zuständigkeiten bei der Bank entzogen.

Auch gerät er zum Schmuddelkind der SPD, die Parteispitze will ihn endgültig loswerden, er ist nun der »Dirty Thilo« der Sozialdemokraten, wie die *Frankfurter Allgemeine Zeitung* in Anlehnung an Harald Schmidts Spitznamen »Dirty Harry« formuliert. Die *taz* spricht vom »Sudel-Thilo«, er werde wie ein »Aussätziger« behandelt, bemerkt das *Handelsblatt*. Sarrazin selbst nennt es »Abstoßungsreaktionen«. Seine Partei, (fast) die gesamte politische Klasse und Journaille haben sich auf ihn eingeschossen, zumindest zu Beginn seines Skandals.

Der »Quartals-Pöbler« – die Vorgeschichte

Es ist keine Kunst, sich als Finanzpolitiker unbeliebt zu machen, das Sparen bei verschuldeten öffentlichen Haushalten schafft Unmut, 2002 leidet Berlin unter einem Schuldenberg von 46 Milliarden Euro, als einziger Ausweg für einen Finanzpolitiker bleibt nur, sich als redlicher Sanierer zu inszenieren. Gleich in den ersten zwei Haushaltsjahren als Berliner Finanzsenator setzt Thilo Sarrazin Einsparungen von fast 600 Millionen Euro durch. Natürlich schelten ihn dafür viele heftig, er eckt aber vor allem durch seine markigen Sprüche an. Man muss sich einige Szenen noch einmal vor Augen führen, um diesen Fall zu verstehen. Denn sie sind bereits der Auftakt seiner »Staatsaffäre«.

Sehr gerne äußert sich Sarrazin über Hartz-IV-Empfänger. Bei steigenden Energiepreisen empfiehlt er denen, die frieren, einen dicken Pullover. Zur Debatte um einen Mindestlohn verkündet er, er würde jederzeit für fünf Euro in der Stunde arbeiten gehen, und er rechnet vor, dass man sich mit dem Hartz-IV-Regelsatz durchaus »ausgewogen und gesund« ernähren könne. Danach entschuldigt er sich für den etwas ehrgeizigen Speiseplan. Auch mit Fäkalausdrücken ist er schnell zur Hand, »Arschloch« oder »Afterwissenschaftler« (für einen ungenehmen Politologen), so etwas posaunt er raus, wenn ihm danach ist. Sein Ton kann immer sehr schnell verletzend und herablassend sein. 2010, als Guido Westerwelle die Sozialstaats-Debatte zur »spätrömischen Dekadenz« lostritt, rät Sarrazin zum »Kaltduschen«, denn ein »Warmduscher« sei noch nie weit gekommen.

Der lauteste Knall seiner Verbalattacken ist ein Jahr zuvor zu vernehmen, und es ist bereits fast alles dabei, was schließlich in der großen Debatte um sein Buch wieder zum Tragen kommt. In der Kulturzeitschrift *Lettre International* spricht er 2009 Arabern und Türken in Berlin eine »produktive Funktion« ab, »außer für den Obst- und Gemüsehandel.« Er warf ihnen vor, sie würden nur »kleine Kopftuchmädchen« hervorbringen. Das bleibt hängen.

Und auch diese Anekdote passt zu ihm, sie ereignet sich, als sein Buch bereits erschienen ist: In einer Talk-Pilotsendung des Digitalkanals *ZDFneo*, die auf dem Videoportal *youtube* bekannt und dann freudig angeklickt wird, klebt Sarrazin dem Moderator Benjamin Stuckrad-Barre einen gelben Post-it-Zettel mit der Aufschrift »Joseph Goebbels« auf die Stirn. Der Gastgeber soll raten, wessen Name auf seinem Haupt heftet. Der Mann sei »gut mit Worten« gewesen, sagt Sarrazin erklärend. Auf Sarrazins Stirn klebt währenddessen der Name des Rappers Bushido. Bushido gegen Goebbels. Der eine entspricht dem Niveau einer Unterhaltungssendung, der andere nur bedingt. Es ist wieder so ein typischer Sarrazin. Ein bisschen Unschuld, ein bisschen zündeln. Natürlich kann man in einem heiteren Ratespielchen nach Goebbels fahnden lassen, man muss es aber nicht. Thilo Sarrazin jedenfalls hat seine Freude daran. Das ist seine Art Witz, es scheint die einzige zu sein, bei der man bei ihm eine innere Heiterkeit verspürt, ansonsten sind seine Auftritte und Aussagen meist von gähnender Humorlosigkeit geprägt.

Blass und fade wirken auch seine Interviews und Beiträge etwa zur Euro-Krise und dem bankrotten Griechenland oder zur deutsch-deutschen Währungsunion, obwohl gerade diese Themen seine eigentlichen Kompetenzfelder berühren. Er ist seit 1981 in verschiedenen Bereichen im Finanzministerium, wirkt 1989/1990 maßgeblich bei der Währungsunion mit, ist ab 1991 Staatssekretär im rheinland-pfälzischen Finanzministerium, 1997 Vorsitzender der Geschäftsführung der bundeseigenen Treuhandliegenschaftsgesellschaft, ab 2000 im Vorstand der Deutschen Bahn AG, ab 2002 Berliner Finanzsenator und schließlich ab Mai 2009 im Vorstand der Bundesbank. Sein publikumswirksamstes Metier jedoch sind allein Muslime und Sozialhilfeempfänger, also eigentlich eher klassische Felder für Ausländer-, Integrations- und Sozialpolitik, eine all umfassende europäische Finanzexpertise ist dafür weniger gefragt. Aber immer dann, wenn er mit Äußerungen abseits seines originären Faches aufwartet, sind ihm die großen Überschriften sicher, man muss sagen: Nur dann. Der *Berliner Kurier* nennt ihn daher einen »Quartals-Pöbler«, »Sarrazin ledert wieder«, schreibt *Bild*, wenn es mal wieder soweit ist. Bereits 2008 kürt ihn *Die Welt* zum »Agent provocateur der Hauptstadt-SPD« und das *Neue Deutschland* fragt auch lange vor dem Buch-Eklat: »Ist Sarrazin ein Volksverhetzer?« Sarrazin weiß, wie man sprachliche Bilder (»Kopftuchmädchen«) in den Medien platzieren kann, treffend analysiert *Die Zeit* im Frühjahr 2010: »Ständig vermischt Thilo Sarrazin – mal fatal, mal vergnüglich – allgemeine Gesellschaftsanalyse, konzentrierte Politik, Borderline-Rassismus und wilde Polemik. Thilo Sarrazin gilt als der Django des Tabubruchs.«

Es ist also allen bekannt, mit wem man es zu tun hat. »Auftritte von Thilo Sarrazin versprechen öfters mal einen Skandal. Wer dabei gewesen ist, kann Freunden und Kollegen genüsslich erzählen, wie der Bundesbanker polterte und wer schamlos grinste«, berichtet die *Süddeutsche Zeitung* nur wenige Wochen vor dem großen Wirbel. Seine zahlreichen kleineren Provokationen, es sind Amuse-Gueules, Vorspeisen, sein Buch, das soll der Hauptgang werden. Das jedenfalls ist die Befürchtung – oder Hoffnung. Je nachdem. Wer seit Jahren so vorlegt, was schreibt so jemand erst auf 400 Seiten?

Die Erwartungen werden nicht enttäuscht. Thilo Sarrazin dürfte sie sogar noch weit übertroffen haben, beim DVA-Verlag, der gar nicht so schnell so viele Auflagen drucken kann, wie der Titel verkauft wird, beim Publikum, das offensichtlich unbedingt dabei sein will, und bei den Journalisten, die sich die Finger wund tippen. Rasch ist man sich einig: Nun habe er eine »rote Linie« überschritten *(Spiegel Online)*, das Buch sei das »i-Tüpfelchen« *(Handelsblatt)*. Es sei ein »aggressives Pamphlet, eine Hasstirade« *(Berliner Zeitung)*. Man vergleicht ihn mit dem niederländischen Rechtspopulisten Geert Wilders, ein deutscher »Westentaschen-Wilders«, Sarrazin, die »Galionsfigur der Islamophoben in Deutschland« *(Spiegel Online)*. Erfrischend ist einmal mehr der Neuköllner Bürgermeister Heinz Buschkowsky: »Neu ist da nichts, nur haben wir Sarrazin bislang bloß in homöopathischen Dosen bekommen, und jetzt gibt's eben eine geballte Ladung.«

Aber woraus besteht diese Ladung? Was hat er denn nun eigentlich geschrieben oder besser: gemeint? Vermutlich bringt das ganze Opus keiner besser auf den Punkt als der britische *Economist*: »Im Kern lautet Sarrazins Argument, dass die richtige Sorte deutscher Frauen zu wenig Kinder bekomme und die falsche – Muslime und andere Mindergebildete – zu viele. Die Folge ist, dass Deutschlands Bevölkerung nicht nur schrumpft, sondern auch dümmer wird« (nach der Übersetzung der *Süddeutschen Zeitung* vom 10. September 2010). Schöner klingt es an anderer Stelle in der englischen Kurzfassung: »Thilo Sarrazin (…) who published a book saying Muslim migrants were making Germany ›more stupid‹.« Das kann nur noch Thilo Sarrazin selbst überbieten. Im Januar 2011 fasst er als Interviewgast einer Radiosendung der britischen BBC eine zentrale These selbst so zusammen: »The brightest people get the fewest babies.«

Wenn der Sarrazin ruft … – das Buch

Am Anfang stehen die Vorabdrucke, zeitgleich – ausgerechnet – in *Bild* und *Spiegel*. Beide Publikationen veröffentlichen am 23. August 2010 Auszüge aus Thilo Sarrazins *Deutschland schafft sich ab*. Damit ist die größtmögliche Leserschaft erreicht, die sich ein Verlag nur wünschen kann. *Bild* kündigt sogar eine Serie an, in der der »Klartext-Politiker« Sarrazin über »unsere Zukunft« spreche. Der *Spiegel* verpackt den Sarrazin-Artikel unprätentiöser als einen »Debatten-Beitrag« im Kultur-Teil. Die Vorabdrucke enthalten bereits vieles, worüber hinterher heftig gestritten wird, aber eben nicht den entscheidenden Aspekt der Sarrazin'schen Betrachtung. Es ist jedoch das Herzstück.

In dem *Spiegel*-Beitrag malt Sarrazin mit Hilfe diverser Statistiken ein düsteres Deutschlandbild in die Zukunft: »Ich möchte nicht, dass das Land meiner Enkel und Urenkel zu großen Teilen muslimisch ist, dass dort über weite Strecken Türkisch und Arabisch gesprochen wird, die Frauen Kopftuch tragen und der Tagesrhythmus vom Ruf der Muezzine bestimmt wird. Wenn ich das erleben will, kann ich eine Urlaubsreise ins Morgenland buchen.« Wer will da anderer Meinung sein? Anderseits, warum Applaus für Selbstverständlichkeiten? Zugleich ermüdet Sarrazin mit Zahlen, Zahlen, Zahlen: 35 Millionen, 12 Prozent, 14 Prozent, 17 Prozent, 35 Prozent, 20000, 77 Prozent, 5 Prozent, 1,8 Personen, 2,8, 3000 und so weiter … Ein »andauerndes Stakkato desselben bescheidenen Zahlenmaterials«, vermeldet das *Magazin der Süddeutschen Zeitung* später zu seinem Buch. Aber der Stil sorgt weitaus weniger für Wirbel als der Inhalt.

Der Vorabdruck im *Spiegel* endete mit einem rigiden Forderungskatalog im Umgang mit Migranten. Sarrazin empfiehlt fälschungssichere biometrische Ausweise inklusive Aufenthaltsstatus, eine bundesweite Datenbank für alle, die nicht deutsche Staatsbürger seien und so weiter. Eigentlich hat man das alles auch schon mal hier und dort gehört. So sind die ersten Reaktionen absehbar: »Absurde Ergüsse«, »Thesen wie von der NPD«, »Nazi in Nadelstreifen«. Heinz Buschkowsky, der Berliner Kiezbürgermeister, kontert mit der Praxisanalyse: »Was soll die Forderung, alle Migranten ohne Job hätten sich morgens um neun auf dem Amt zu melden? Ich habe davon 29 000 in Neukölln. Wer soll die denn morgens durchzählen?« Buschkowskys Schlussfolgerung: »Also: Für so was gibt's einen halben Liter Bier am Stammtisch, ansonsten ist das folgenlos.«

Bei dem bloßen Vorwurf Stammtischparole bleibt es nicht. Das hat zwei Gründe: der eine liegt darin, dass das eigentlich neue Argument von Thilo Sarrazin noch gar nicht so richtig auf dem Markt ist, bald aber alles verschärft, der andere hat mit der Bundeskanzlerin zu tun. Denn ausgerechnet die entrüstet sich jetzt. »Nicht hilfreich«, kanzelt Angela Merkel ab. Das ist bemerkenswert. Sarrazins Sätze seien »äußerst verletzend, diffamierend und sehr polemisch zugespitzt«, lässt sie über ihren Regierungssprecher nach den Vorabdrucken verlauten. Die Regierungschefin agiert als »oberste Rezensentin der Republik« *(Frankfurter Allgemeine Zeitung)*, das ist sehr ungewöhnlich, es gehört nicht zu ihren primären Aufgaben, ein Sachbuch zu kommentieren. Thilo Sarrazin tritt in der Sache einige Monate später nach und wirft der Kanzlerin eine Methode wie bei der »Heiligen Inquisition« vor. In jedem Fall gibt sie eine Richtung vor und erteilt diesem Buch zusätzlich eine Bedeutungsschwere. Man nimmt ihn ernst. Der eigentliche Aufschrei soll aber noch kommen.

Das »Gen-Debakel«

Sarrazins Schilderungen und Projektionen zum demografischen Wandel und zur Einwanderung verknüpft er mit Exkursen in das Fach der Biologie, speziell der Genetik, der Vererbungslehre und als dies klar wird, geht es erst richtig los. 50 bis 80 Prozent der Intelligenz seien erblich, das ist sein Credo, dies wiederholt er überall und immerzu, nur vager wird er dann bei den Konsequenzen daraus. Schließlich landet man bei der aufgeregten Diskussion über mögliche Unterschiede vererbter Intelligenz von Deutschen und Türken. Es ist vor allem die *Frankfurter Allgemeine Zeitung*, die Sarrazin das übel nimmt: »Der Punkt ist die Allmacht der Genetik.« Frank Schirrmacher, Mitherausgeber der Zeitung, analysiert die Thesen dann Punkt für Punkt und resümiert, dass es sich eben »nicht um ein bildungsbürgerliches Traktat handelt, sondern um die Etablierung eines völlig anderen Kulturbegriffs.« Es gehe, so Schirrmacher, »um die Verbindung von Erbbiologie und Kultur und damit letztlich um ein Wort, das Sarrazin (Darwin zitierend) so unerschrocken benutzt wie einst Gottfried Benn, ›Zuchtwahl‹ und ›Auslese‹«. Schirrmachers Fazit: »Es ist ein Symptom, dass eine demographisch verwundete Gesellschaft ihren Ausweg in der Biologie sucht. Es ist ein fataler Irrweg.« Sarrazin, der Irrläufer. Die Auseinandersetzung wird bissiger.

Auch *Die Welt* unterstellt Sarrazin eine Nähe zu den Eugenikern des 19. und 20. Jahrhunderts, um dann nachzuhaken: »Es bleibt dabei Thilo Sarrazins Geheimnis, warum er sich nicht fragt, was an diesen Thesen dran ist, wenn sie vor rund 150 Jahren Verfallsprognosen für etwa 1950 erstellten, die dann nicht eintraten.« Sarrazin bleibt auf diesem Gebiet interpretierbar, auch daher sieht er sich wohl um Klarstellung in späteren Auflagen seines Buches gezwungen, nie habe er behauptet, »bestimmte ethnische Gruppen seien genetisch bedingt ›dümmer‹«, sagt er im September 2010 im Vorwort zur Neuauflage. Auch die Passage, in der Sarrazin über eine überdurchschnittlich hohe Zahl von Behinderungen durch Ehen unter Verwandten bei Muslimen schreibt, streicht er. Frank Schirrmacher indessen wird für seine Aufarbeitung gefeiert, die Branchenzeitschrift *medium magazin* kürt ihn 2010 zum »Kulturjournalist des Jahres«.

Der Höhepunkt der Skandalisierung aber ist gar nicht die vermeintliche Entlarvung eines biologistischen Leitgedankens bei Sarrazin, sondern ein Interview, das er der *Welt am Sonntag* am 29. August 2010 gibt. Es geht zunächst um europäische Migrationsbewegungen, um nationale Identitäten und es klingt alles abstrakt, historisierend, ermüdend, und dann stellt man Sarrazin diese Frage: »Gibt es auch eine genetische Identität?« Er antwortet darauf völlig unvermittelt: »Alle Juden teilen ein bestimmtes Gen.« Dann redet er noch von den Basken, aber eigentlich interessiert es niemanden mehr, das Juden-Gen ist in der Welt, später bezeichnet Sarrazin es als »Riesenunfug«, er bemüht in einer Erklärung »Erkenntnisse aus den USA« und so weiter, aber das ist jetzt alles Makulatur. Das Juden-Gen. Welchen Gaul will er denn damit bezwingen?

»Wer in Deutschland von einem Gen der Juden spricht, dem ist nicht mehr zu helfen«, so der knappe Satz dazu in der Leitglosse der *Frankfurter Allgemeinen Zeitung*. Es ist das Tabu im Tabu. Wer sich hierzulande mit Autobahnen im Zusammenhang mit Hitler befasst, droht bei Zweideutigkeiten schnell an den Rand der Fahrbahn gewunken zu werden (Eva Herman), wer allerdings Juden in welche Gruppe auch immer klassifizieren und kategorisieren möchte, der outet sich als Geisterfahrer, völlig falsche Spur, der Aufprall ist programmiert. Das ist auch nicht mehr Sarrazins Weide. Da erscheint der Diskurs-Cowboy weich wie Pudding.

»Als Jude fragt man sich, warum diese Leute immer den Juden brauchen, um ihre eigenen Thesen zu den unterschiedlichsten Themen in der Welt zu verbreiten?«, schreibt Maram Stern, Vizepräsident des Jüdischen Weltkongresses, daraufhin in der *Süddeutschen Zeitung*. Und Bernd Ulrich, Ressortleiter Politik bei der *Zeit*, meint: »Offenbar ist es immer noch so, dass ein deutscher Rechtspopulist wie Thilo Sarrazin nicht tagelang über Genetik, Überfremdung und Bevölkerungspolitik sprechen kann, ohne dass ihm irgendwann das Wort ›Jude‹ rausrutscht.« Sarrazin und das

Juden-Gen, das wird er nun so schnell nicht mehr los. Das ostdeutsche Boulevardblatt *Super Illu* nennt es das »Gen-Debakel«.
»Ich glaube, es wäre besser gewesen, der Schuster wäre bei seinem
Leisten geblieben«, schlussfolgert Gabor Steingart, Chefredakteur
des *Handelsblatts*.

Vielleicht will der Schuster der Statistik aber auch genau diesen Ausflug? Es ist letztlich müßig darüber zu spekulieren, ob das
Juden-Gen Flapsigkeit und Dummheit oder Kalkül war, weil es
den Verlauf des ganzen Dramas um Thilo Sarrazin gar nicht so
gravierend beeinflusst. Die Aufregung ist ihm durch die Diskussion um vererbte Intelligenz ohnehin sicher, freilich fördert das
Juden-Gen noch eine reflexartige Skandalisierung. Es ist eine Zu-
gabe des neuen Pop-Literaten, wenn man so will. Mehr nicht.

Vom Außenseiter zum Volkshelden

Thilo Sarrazin gerät ins Abseits. Es wird einsam um den Provokateur. Der Berliner *Tagesspiegel* bemerkt noch vor der Aufgabe seines
Vorstandspostens bei der Notenbank: »Zu den wöchentlichen Vor-
standssitzungen taucht er zwar auf, zum Mittagessen in die Kantine
geht aber keiner seiner Kollegen mehr mit ihm.« In der Leitglosse
»Zur Strecke gebracht« kritisiert die *Frankfurter Allgemeine Zeitung*,
die zuvor ebenso an der Verbannung mitwirkte, diese Stigmatisie-
rung in Politik und Medien: »Der zur Hölle gewünschte Sarrazin
bekam freilich schon auf Erden das Temperaturniveau des Fegefeu-
ers zu spüren.« Die *Süddeutsche Zeitung* bemerkt: »Ein großer Teil
der politischen und gesellschaftlichen Elite wünscht ihn wohl in
die Sahara oder dorthin, woher die Sarazenen auch immer stammen …« Sarrazin, der Sündenbock, zur Verbannung in die Wüste.
Das hat nun nahezu eine biblische Anmutung, und es ist ja bekanntermaßen auch ein biblisches Thema. In der Schrift ist die Rede von
Aaron, der seine Hände auf den Kopf eines Bockes legt, darüber alle
Sünden der Kinder Israels bekennt, und schließlich den Bock in die

Wüste schickt (Levetikus 16). So sollen die Sünden mit verjagt werden. In Familien, Kleingruppen, Gesellschaften braucht es offenbar dieses Vehikels eines Sündenbocks, eines schwarzen Schafs, und Skandale können dieses Bedürfnis kanalisieren, symbolhaft exerziert man im Eklat die Ausgrenzung, die verpönte Hauptfigur wird zum sprichwörtlichen Sündenbock. Thilo Sarrazin, der Außenseiter. Allerdings führt dies bei ihm nicht zur völligen Verachtung und Preisgabe zur Lächerlichkeit, wie es beispielsweise Eva Herman erfahren muss. Bei Thilo Sarrazin läuft es anders, er entwickelt sich zunehmend zu einem Märtyrer. Was geschieht hier?

Es passiert etwas sehr Seltenes und Seltsames, bedenkt man den »Wut-Tsunami« *(stern)*, dem dieser Mann ausgesetzt ist. Tagelang regen sich Medien aller Art, Zeitungskommentare, Leitartikel, Talkshows, Radiofeatures über Thilo Sarrazin auf, es wird zur Verbannung des Prügelknaben gerufen. Auf seinen Lesungen aber findet sich (neben einigen lautstarken Gegendemonstranten) vor allem ein hundertfaches Publikum ein, das zuhört, klatscht, jubelt, geradezu begeistert scheint. Die Veranstaltungen mit ihm haben Spektakel-Charakter bei stets ausverkauftem Saal. Seinen Auftritt auf der Frankfurter Buchmesse tituliert man gar als »Messe Sarrazin«. Der Absatz des Buches kann darüber hinaus als Zustimmung gewertet werden. Auch Meinungsumfragen weisen Sympathien für Sarrazin aus. Stehen sich hier veröffentlichte Meinung und Öffentlichkeit diametral gegenüber?

Das Massenblatt *Bild* dürfte dafür wohl ein untrügliches Gespür haben. Und so verdammt man zwar das Juden-Gen, Franz Josef Wagner schreibt danach: »Lieber Thilo Sarrazin, wie lebt es sich als Gegenstand des Abscheus?« Kurz darauf aber stilisiert man Sarrazin nach seinem Abgang bei der Bundesbank zu einem mutigen Mann hoch, der verantwortungsvoll gehandelt habe. *Bild* bejubelt ihn schließlich als Vorreiter der freien Meinungsäußerung: »Hoffentlich erhebt Sarrazin dabei auch weiterhin seine Stimme!« Der Wochenzeitung *Die Zeit* fällt auf, dass sich nach nur einem einzigen Interview mit ihm in der Ausgabe am 26. August 2010 innerhalb weniger Tage 1.100 Kommentare auf der Internetseite der Zeitung einfinden. Ein Rekord, und: zwei Drittel äußern demnach zumindest Verständnis für Sarrazin.

Nach der ersten Empörung über Sarrazin bereits Ende August 2010 folgt spätestens ab Mitte September der Kampf um Sarrazin. Hat man ihn zu früh und unberechtigt verteufelt? Ist er der falsche Sündenbock? Hat man vielleicht gerade so zur Solidarisierung beigetragen?

Hinter den publizistischen Rückziehern steht hauptsächlich ein Grund, es ist allzu offensichtlich: Man fürchtet die eigene Kundschaft und will nicht auf Dauer gegen die eigenen Leser anschreiben. »Ihn (Sarrazin) stellen wir in die Schmuddelecke, aber sein Thema müssen wir endlich ernst nehmen«, konstatiert *Bild am Sonntag*. Viele beschwören jetzt die freie Rede, küren ihn zur Ikone des offenen Wortes und erkennen in Sarrazin augenblicklich eine zu schützende, vom Aussterben bedrohte Art. Wenige bleiben dabei, Sarrazin sei durchgeknallt, er sei ein verdächtiger Schnauzbart. Diese Fraktion warnt weiterhin vor dem Demagogen. Brandstifter oder Saubermann – die Hauptsache ist: man spricht überhaupt über ihn (und gerne auch mit ihm). Die Wochenzeitung *Der Freitag* kritisiert diese »Eventkritik« und bemängelt, dass die mediale Inszenierung integraler Bestandteil der Debatte sei. Doch längst hat alles eine Eigendynamik erhalten. So wird die Auseinandersetzung immer weiter angefüttert, Sarrazin – wo es nur geht. Nahe liegend ist zunächst die Diskussion um gescheiterte oder gelungene Integration, alle fahren Beispiele auf, schöne Türkinnen, vorbildhafte Vietnamesinnen, böse Islamisten, viel sozialer Brennpunkt, einige Sprachbarrieren und so weiter, und als dies alles erschöpft scheint, diskutiert man über die Gefahr einer eventuellen Parteineugründung am rechten Rand, und dann versucht man auch eine kleine Neid-Debatte wegen Sarrazins üppiger Pension als ausscheidender Bundesbanker und als millionenschwerer

Bestsellerautor. Es ist einfach jeder Weiterdreh willkommen, alles muss irgendwie beleuchtet werden, solange nur Sarrazin darin eine Rolle spielt. Und Sarrazin kommentiert sich dann immerzu auch noch selbst, er verfasst Leserbriefe oder eine Erklärung, wenn er sich falsch verstanden oder wiedergegeben sieht. So kreist es immer weiter, wochenlang, in jenem Herbst 2010.

Natürlich kritisieren sich die Journalisten diesmal auch eifrig gegenseitig. Auf der Medienseite der *Frankfurter Allgemeinen Zeitung* zerpflückt man die Aufarbeitung der Kollegen von *Spiegel Online*, man kann diese Anmerkungen heute wunderbar stellvertretend für die gesamte Sarrazin-Debatte lesen: »Ein einziger Durchlauferhitzer, das Ewiggleiche neu frisierend, bis zum Sudden death und zur Schubumkehr.« Das Ewiggleiche neu frisierend … Als fast alles ausgereizt ist, als alle Einwanderer, Biologen, Politologen, Politiker, Islamkenner, Integrationsforscher und Medienwissenschaftler alles gesagt haben, da fällt der *Welt am Sonntag* noch einer ein – die Zeitung bittet den israelischen Botschafter zum Gespräch: »Herr Botschafter, ganz Deutschland diskutiert über Thilo Sarrazin. Sie auch?« Ja, wer wartet nicht genau noch auf diese eine Antwort. »Selten hat es einen Zug gegeben, auf den so viele aufspringen wollten«, resümiert *Bild* nach wochenlanger Debatte, in der das Boulevardblatt selbst aber auch keine einzige Pirouette auslässt. Noch im Dezember 2010 druckt es die Schlagzeile »Sarrazin geht auf Ex-Bischöfin Käßmann los«, und zitiert ihn aus einem anderen Interview, Käßmann habe wohl beim Lesen seines Buches »wieder ein bisschen zu tief ins Glas geschaut«. Käßmann hatte Sarrazins Äußerungen zur Integration zuvor als »menschenverachtend« bezeichnet, eine weitere Kommentierung lehnt sie ab. So entsteht für *Bild* wenigstens noch ein kleiner Weiterdreh, ein billiger, künstlicher Überschriften-Streit, sie habe dies gesagt, er habe das gesagt, alles komplett inhaltsleer, Hauptsache, man kann noch einmal irgend etwas im Sarrazin-Dunst berichten.

Alle können von ihm nicht lassen, das wird noch einmal durch den langen Aufsatz klar, den Thilo Sarrazin zum 24. Dezember 2010 für die Feiertagsausgabe der *Frankfurter Allgemeinen Zeitung* schreibt, vier Monate nach der ganzen Hysterie. Es ist sein persönlicher Rückblick auf die Ereignisse, dafür bekommt Sarrazin (entsprechend würdig vorab online angekündigt) ausgerechnet in der Zeitung das umfangreichste Forum, die ihn zuvor am fundamentalsten kritisierte. Sarrazins weihnachtliche Darbietung funktioniert ein weiteres Mal wie ein angestoßener Domino-Stein, der alle anderen in Bewegung setzt: Der Herausgeber des *Freitag*, Jakob Augstein, entrüstet sich in seinem Community Blog: »Am Weihnachtstag die Aufmacherseite des Feuilletons einem Rassisten zu übergeben, ist eine Provokation.« Postwendend kontert Henryk M. Broder, nennt Augstein »Jakob, den Heuchler«, und *Bild* zitiert genüsslich aus dem Feuilleton der Frankfurter Kollegen und mixt daraus einen neuen, stattlichen Aufmacher: »Sarrazins bittere Abrechnung«. Noch einmal klonen sich alle irgendwie selbst.

Dieser Fall des gefallenen Bundesbankers ist ein Großereignis, ein Massenphänomen, ursächlich ist sicher auch der Herdentrieb, keine Zeitung, kein Sender kann sich dem Sog des goldenen Erfolges dieses Wälzers ernsthaft widersetzen. Alle machen mit – auch hier eine Parallele zum Fall Eva Herman. Bleibt die Frage, was ist zuerst da, die Henne oder das Ei? Die mediale Aufmerksamkeit treibt den Buchabsatz hoch, gleichzeitig berichten alle, gerade weil es eben ein Verkaufsschlager ist, und daher jeder ein Stückchen vom Kuchen will. Sarrazin zu ignorieren wäre wohl kaufmännischer Selbstmord gewesen.

Der Sarrazin'sche Kodex

Deutschland schafft sich ab – wieso können dieser Mann und sein Thema so verfangen? Bereits während der ganzen Aufregung versucht man eine Erklärung dafür zu finden. Sarrazin sei der

»Ghostwriter einer verängstigten Gesellschaft«, meint Frank Schirrmacher und es ist zugleich dieses eine Allround-Argument, das stets auftaucht: Die Deutschen hätten Angst, Abstiegsängste, die Mittelschicht sei verunsichert und habe Angst um die Zukunft ihrer Kinder. Die *Süddeutsche Zeitung* kategorisiert das Buch sodann in das Genre der Niedergangsliteratur, die Resonanz sei deshalb so groß, »weil der Niedergang in wohlhabenden Gesellschaften zur latenten Angst der Menschen« gehöre.

Den aufschlussreichsten Beitrag liefert der Autor Andrian Kreye dazu in der *Süddeutschen Zeitung*. Er stellt Sarrazins Buch in eine Reihe mit vielen anderen Ideenbüchern, wie Kreye sie nennt, zum Beispiel Jared Diamonds *Untergang*, Richard Wranghams *Feuer fangen* oder Malcom Gladwells *Tipping Point*. Es gehe darin letztlich meist um Gefahren für die Zivilisation, und diese Ideenbücher artikulierten die »unerwarteten, aber sofort nachvollziehbaren Gedanken, die beim Leser einen unwiderstehlichen Sog entwickeln. Solche Ideen schaffen einen überschaubaren Kontext für komplexe Zusammenhänge.« Eingängige Thesen, simpler Kontext und einfache Lösungen – daraus besteht freilich auch die inhaltliche Rezeptur der Methode Sarrazin.

Hat uns diese Debatte nun klüger gemacht, weiter gebracht? Auf die Frage, was denn Sarrazin eigentlich geschrieben habe, antwortet ein Migrationsforscher im *ARD*-Morgenmagazin: »Einiges. Einiges ist richtig, einiges ist falsch.« Genau deshalb sind seine Gedanken auch so anfällig für Interpretationen aller Art. Wenn einiges stimmt, und einiges nicht, dann stimmt immer irgend etwas. So kann sich jeder herauspicken, was er will. Und tut es auch. Für künftige Skandale mit und um Thilo Sarrazin sind wir gewappnet, es folgen die sechs Regeln des Sarrazin'schen Kodex:

1. Viele werden erneut behaupten, mit vielem habe er Recht.
2. Es wird Einigkeit darüber herrschen, dass er sich im Ton vergriffen hat.

3. Es folgt der Streit darüber, was man denn in diesem Land »noch« sagen dürfe.

4. Die Frage nach Tabus mündet in eine ausufernde Debatte über eine allgemeine deutsche Debattenkultur.

5. Während dessen mutiert Sarrazin ein weiteres Mal zum Märtyrer und Pionier der freien Meinungsäußerung.

6. Der Vorhang fällt – alle gesellschaftlichen und sozialen Probleme sind wie zuvor.

Was lernen wir aus diesem Fall? »Ich wäre ja nobelpreisverdächtig, wenn ich in dieser Debatte einen wirklich neuen Beitrag geleistet hätte«, sagt Sarrazin Ende August 2010 in der *Welt am Sonntag* dazu selbst. Die Gesellschaft für Konsumforschung hat im Auftrag der *Süddeutschen Zeitung* eine interessante Studie vorgelegt, die beantwortet, wer überhaupt etwas von Sarrazin lernen will, also wer seine Leserinnen und Leser sind. Vorab: Der gemeine Sarrazin-Leser liest nicht die *Bild*, was man angesichts der vielen Beiträge dort über Sarrazin auf jeden Fall vermutet hätte. Es ist ein bemerkenswertes Ergebnis: Normalerweise sind Frauen die weitaus aktiveren Buchkäuferinnen, viele Bestseller haben ein weiblich geprägtes Publikum, bei Sarrazin ist es umgekehrt, hier greifen die Männer zu, 62 Prozent der Käufer sind männlich, rechnet man die Frauen oben drauf, die das Buch nur für ihren Mann kauften, sind es sogar 69 Prozent. Das ist auch deshalb so aufschlussreich, weil sich das Buch eigentlich ja mit den Zukunftschancen der nachfolgenden Generationen befassen will, und dieses Themenfeld spricht normalerweise traditionell eher eine weibliche Leserschaft an. Nicht so bei Sarrazin, seine Thesen wollen die Männer lesen, besonders stark vertreten sind die über 60-Jährigen, aber auch die 20- bis 29-Jährigen. Und diese Männer lassen sich noch weiter spezifizieren, es sind laut Studie solche, für die beruflicher Erfolg das Wichtigste im Leben ist, die bei den Tageszeitungen die *Frankfurter Allgemeine Zeitung* bevorzugen und bei denen ein »harmonisches Privatleben« und die »Sauber-keit der Wohnung« ganz weit oben stehen. Übersetzt: ein risiko-scheuer Stubenhocker. Es ist etwas klischeehaft ein Spießbürger der Mittelschicht, der zum Vorschein kommt.

Es sind denn auch zwei Männer, die sich über das Sarrazin-Buch und über die Hysterie um den Autor endlich gefunden ha-ben. Es kommt abschließend zusammen, was zusammen gehört, zwei Brüder im Geiste. Der eine, Hans-Olaf Henkel, ehedem BDI-Präsident und laut Selbstauskunft »ehrenamtlicher Refor-mer«, schrieb unlängst ebenso ein Buch über Deutschland, das sich abwrackt, mit seinem folgenden Titel *Rettet unser Geld!* mahnt er zur Euro-Rettung. Der andere ist Thilo Sarrazin selbst, über den zuvor alles gesagt wurde. Sarrazin rezensiert jetzt gerne Henkel (»Pflichtlektüre«) und Henkel rezensiert gerne Sarrazin (»Er hat was bewirkt«). Mittlerweile darf sich Hans-Olaf Henkel sogar den ehrenhaften Beinamen »Euro-Sarrazin« *(Spiegel Online)* ans Revers heften und Thilo Sarrazin, also dem Original-Sarrazin, dem gefällt das. Balsam für die Seele, verrät sein Blick in der TV-Sen-dung *Menschen bei Maischberger.*

Man kann sich die Gentlemen idealerweise zusammen sitzend am Kaminfeuer vorstellen. Dabei kommt einem unweigerlich das eine *Zeit*-Interview vom Anfang dieses Kapitels in den Sinn. Sicherlich dürften beide auch rasch darin übereinstimmen, wie es denn nun um den Sex muslimischer Männer im Zusammenhang mit deutschen Unterschichtenmädchen bestellt ist. Sarrazin hat auch da bekanntermaßen ungetrübte Überzeugungen. Und wäh-rend die beiden obersten Aufrüttler der Republik am knisternden Feuer sinnieren und versuchen dieses Land zu retten, während dessen also droht Deutschland, sich abzuschaffen. Nein, eher schläft es ein.

Der fabelhafte »Dr. Googleberg«

Karl-Theodor zu Guttenberg – vom Traumprinzen zum Märchenonkel

Bunte: »Herr Minister, die Deutschen scheinen zu glauben,
dass Sie über Wasser laufen können.«
Karl-Theodor zu Guttenberg: »Ich würde mit dem
ersten Schritt erbärmlich baden gehen. Dessen sollte
man sich schon sehr bewusst sein.«
*(aus einem Interview mit Karl-Theodor zu Guttenberg
in Bunte vom 13. August 2009)*

Dieser Fall markiert eine Zeitenwende und Zäsur in der Skandal-
historie in Deutschland. »Netz besiegt Minister«, meldet *Spiegel
Online* am 1. März 2011. Es ist der Tag des Rücktritts von Karl-
Theodor zu Guttenberg, dem »ersten deutschen Spitzenpolitiker
der Twitter- und Facebook-Generation«, wie ihn der frühere
Außenminister Joschka Fischer bezeichnet. Noch nie hatte das
Internet für einen Politiker eine derartig weitreichende Bedeutung
als Motor einer persönlichen und skandalträchtigen Entwicklung.
Wissenschaftler, Hobbyfahnder und Internetfreaks konnten in
Guttenbergs Doktorarbeit alle Fälschungen, die nicht kenntlich
gemachten Zitate und geklauten Fremdtexte, schnell und effizi-
ent aufspüren und schonungslos auf *Gutten.Plag-Wiki* offenlegen.
Von einer neuen »Jagdgesellschaft« spricht die *Süddeutsche Zei-
tung*: »Aus der Ferne, wie aus einem Nichts feuert die unsichtbare
Meute immer neue Pfeile auf den längst Waidwunden – und trägt

ihre Treffer fein säuberlich in Listen ein.« Die Listen zählen am Tag seines Abgangs mehr als 75 Prozent geklauter Textstellen in dieser Dissertation.

Gleichzeitig ist es ebenso das Internet, das Karl-Theodor zu Guttenberg selbst während seines rasanten Aufstiegs allzu gerne für (Eigen-)PR nutzt, und in dem ihn seine Fans feiern. Am 23. März 2011, drei Wochen nach dem Rücktritt, meldet sich Guttenberg ganz selbstverständlich noch einmal im World Wide Web zurück, und bedankt sich auf *facebook* in einer Videobotschaft bei seinen Unterstützern. Es ist der Schlusspunkt seines aufsehenerregenden Skandals, sicherlich aber nicht der seiner politischen Ambitionen. Zu vielversprechend war diese Karriere.

Karl-Theodor zu Guttenberg ist gerade einmal 100 Tage als CSU-Generalsekretär in München im Amt, da wird er schon auf die bundespolitische Bühne in Berlin gehievt. Im Februar 2009 tritt er überraschend die Nachfolge des amtsmüden Parteifreundes Michael Glos als Wirtschaftsminister in Merkels schwarz-roter Großkoalition an. Befördert vom CSU-Parteichef Horst Seehofer, der sich damit in der ausgelaugten CSU der Post-Stoiber-Ära frischen Wind erhofft. Später, als Guttenberg in der Beliebtheitsskala alle anderen Politiker überholt, betont Seehofer immer wieder, dass er es gewesen sei, der dieses Talent entdeckt habe. Der kometenhafte Aufstieg des Freiherrn beginnt exakt mit diesem Wechsel von der bayrischen Provinz in die deutsche Hauptstadt. Guttenberg ist da gerade einmal 37 Jahre, er ist der jüngste Wirtschaftsminister in der Geschichte der Bundesrepublik.

Die Superlative über diesen Mann ließen sich mühelos fortsetzen, angefangen von der bloßen Anzahl seiner zehn Vornamen (Karl-Theodor Maria Nikolaus Johann Jakob Philipp Franz Joseph Sylvester), seiner adeligen Herkunft (inklusive Schloss in Guttenberg im Landkreis Kulmbach), bis zu seiner ebenfalls adeligen Ehefrau Stephanie, geborene Gräfin von Bismarck-Schönhausen, einer Ururenkelin des deutschen Reichskanzlers Otto von

Bismarck. Und so werden über die zu Guttenbergs rasch Anekdoten eines vermögenden und gebildeten Adelsgeschlechts mit makelloser Vita kolportiert. Er lese in den Ferien Platons *Politeia* im griechischen Original, ist eines dieser Anekdötchen, das in die Berichte über ihn einfließt. Er unterschreibe persönliche Briefe mit »Dein Dir ergebener …«, weiß *Bild*. Das alles passt einfach gut ins Bild, das aber auch nicht zu spießig sein soll. Davor bewahrt ihn sogleich sein Musikgeschmack: Guttenberg ist Fan der australischen Rockband AC/DC. Auch dieses Detail spricht sich schnell herum. Fünf Tage vor der Bundestagswahl 2009 kommentiert die *Süddeutsche Zeitung:* »Dass der Mann auch noch adelig ist, erhöht einfach seinen Sex-Appeal. Guttenberg muss gar nichts machen, um auf die Leute zu wirken, es reicht, dass er einfach da ist.« Die *Frankfurter Allgemeine Zeitung* erblickt gar schon einen rundweg neuen Politikertyp am Horizont: »Es kommt die Generation G.«

In dieser ersten Hochphase zwischen August und Oktober 2009 überschlagen sich die Jubelmeldungen, er ist der »Klartext-Minister«, das »Mutmacher-Gesicht«, der »Mega-Star im Kabinett«, der »Stimmungsmacher«, der »Popstar aus Bayern«, der »DJ Feelgood«, der »Strahlemann der Politik«. Man läuft sich warm, die Heiligsprechung folgt 2010, ein Jahr später, wenige Monate vor seinem jähen Sturz im März 2011.

Mit Bild ins Kanzleramt?

Zum Zirkus um Guttenberg gehört *Bild*. Keine einzige Vorstellung von ihm läuft ohne die Boulevardpostille. Generell gilt: Ist *Bild* während eines Skandals um einen Prominenten auffällig defensiv (wie im Fall Michel Friedman) oder gar anhaltend positiv auf denjenigen zu sprechen, kann man meist von einer engeren Verbindung der Springer-Journalisten mit dem Prominenten ausgehen. Der Fall Guttenberg mutiert zu einer kampagnenartigen

Hofberichterstattung. Fortwährend verbreitet das Blatt Über-schwängliches über den CSU-Mann und seine Ehefrau, wie: »Wir finden die GUTT!«, oder: »Diese Sehrguttenbergs«. Das stößt in der Medienbranche selbst unangenehm auf. Die *Frankfurter All-gemeine Zeitung* ortet eine »strategische Partnerschaft«, die ex-zellente Beziehung von Chefredakteur Kai Diekmann zu Karl-Theodor zu Guttenberg ist allen bekannt. Spötter witzeln über die »Koalition der Gegelten« in Anspielung auf die glänzenden Haare von Diekmann und Guttenberg, vom heißen Draht zwischen »KD« und »KT« ist die Rede. »Es ist eine Waffenbrüderschaft mit gegeltem Haar: adelig der eine, mächtig der andere«, meint die *taz*.

Das Nachrichtenmagazin *Der Spiegel*, das selbst drei Titel-stories über Guttenberg produziert, macht im Februar 2011 mit einer ungewöhnlichen, großen Anti-*Bild*-Geschichte auf (»Die Brandstifter«). *Bild* sei die »Leibgarde von Karl-Theodor zu Gut-tenberg«, sie mache »kein Hehl mehr daraus«, so *Der Spiegel*, »wen sie gern und bald im Kanzleramt sehen möchte.« Und die *Frank-furter Allgemeine Sonntagszeitung* argwöhnt, *Bild* habe ihn sich lange Zeit »wie ein Haustier« gehalten. Die Lobgesänge auf Gut-tenberg sind in *Bild* tatsächlich noch schriller als in allen anderen Publikationen. Kritikern entgegnet die Zeitung mit dieser Schlag-zeile: »Nörgler, Neider, Niederschreiber. Einfach mal die Klappe halten.« Ein Kanzlermacher-Kalkül aber geht nicht auf, obwohl es phantastisch anläuft.

Wirtschaftsminister – einer gegen alle

Der Politiker Guttenberg strahlt anders als alle anderen. Er pflegt das Image eines Nicht-, sogar Anti-Politikers. Es gelingt ihm zum einen durch die Wirkung seiner blaublütigen Biografie, zum an-deren durch seine rhetorische Gabe, seinen dynamischen Auftritt, seinen höflichen Habitus, was in dieser Dosis so fern von gewöhn-licher Politikerdarbietung scheint. Dabei ist der Politiker Guttenberg nicht so anders als andere. 1999 tritt er dem oberfränkischen CSU-Ortsverband Guttenberg bei, wird in der kleinen Runde schnell der Vorsitzende, seit 2002 ist er Abgeordneter im Bundestag (freiwillig ausgeschieden im März 2011 in Folge des Rücktritts), seit 2007 Vorsitzender des CSU-Bezirksverbandes Oberfranken. Er durchläuft also erst einmal übliche Stationen in der Politik. Es ist keine mühsame Ochsentour, aber der absolute Quereinsteiger ist er auch nicht. Er aber pflegt dieses Image mit Freude.

Sein Erweckungserlebnis dürfte die Krise um den angeschlagenen Autohersteller Opel gewesen sein. In der Nacht vom 29. auf den 30. Mai 2009 kommen die Spitzen der Großen Koalition im Kanzleramt zusammen. Guttenberg, erst drei Monate Bundeswirtschaftsminister, spricht sich anders als die anderen Regierungsmitglieder und Ministerpräsidenten gegen staatliche Hilfe für Opel zu Ungunsten des Steuerzahlers aus. Auch mit Rücktritt soll er gedroht haben. Seine Position hätte durchaus einen ersten und ernsten Imageschaden bedeuten können, hätte man ihm vorgeworfen, er nehme leichtsinnig viele Arbeitslose in Kauf. Die SPD versucht es, nennt ihn abfällig den »Baron aus Bayern«. Es verfängt nicht, im Gegenteil.

Man feiert ihn vielmehr als den »unbequemen Baron« *(Super Illu)*. Seine Meinung teilt laut Umfragen eine breite Mehrheit, und in den meisten Medien ist er jetzt der Mann mit Rückgrat. Der Mythos vom unabhängigen, ehrlichen, so komplett anderen Politiker ist in der Welt. Dieser Mann klebt nicht an seinem Sessel, er würde gehen, wenn nötig, ein Unabhängiger, so die Interpretation. Als junger Bundestagsabgeordneter engagierte er sich zuvor in außenpolitischen Themen, dass er sich so schnell als Wirtschaftsminister in Szene setzen kann, rechnet man ihm hoch an. Dass er sich dabei vorzüglich auf Kosten des eigenen Kabinetts profiliert, entgeht wohl selbst einigen Parteifreunden. Karl-Theodor zu Guttenberg ist von nun an der Freigeist aus Franken. 2009 wird er »Politiker des Jahres«. Die *Frankfurter Allgemeine*

Sonntagszeitung nennt ihn im Dezember 2009 den »Versprecher«, und meint damit sein Geheimnis zu erkennen: »Er hat ein Versprechen abgegeben, ein ziemlich großes: Ich spreche aus, was der Wähler denkt.« Das People-Magazin *Bunte* kürt ihn 2009 zum »Mann des Jahres«, mit »seiner schönen Frau Stephanie an der Seite« habe er den Beweis erbracht: »Politik verträgt auch Glamour.«

Verteidigungsminister – erste Flecken auf der weißen Weste

Nach der Bundestagswahl im September 2009 wechselt Angela Merkel den Koalitionspartner (von SPD zu FDP), Karl-Theodor zu Guttenberg wird Verteidigungsminister. Im Vergleich zum Wirtschaftsministerium ist das Verteidigungsressort ein Schleudersitz, zumal Deutschland seit Jahren die Bundeswehr in Auslandseinsätze schickt. Es geht um Krieg und Frieden, ein im wahrsten Sinne des Wortes vermintes Gebiet. Guttenberg redet als erster Verteidigungsminister in Bezug auf den Afghanistan-Einsatz ohne Eiertanz von Krieg, auch damit kann er punkten. Es passt zu seinem seit der Opel-Nacht gepflegten Nimbus: Hier sagt einer ehrlich, was er denkt und was ist.

In erste Turbulenzen kommt er allerdings auch schon gleich nach Amtsantritt in der sogenannten Kundus-Affäre. Guttenberg erklärt den Bombenangriff auf zwei Tanklaster vom 4. September 2009, bei dem 142 Menschen ums Leben kamen, noch Anfang November zunächst für angemessen und unvermeidlich. An dieser übereilt vorgetragenen Version wachsen Zweifel, schon bald dreht sich alles um die Frage, ob die Öffentlichkeit über den Angriff unzureichend oder falsch informiert worden war. Dann nimmt Guttenberg seine Einschätzung von der Unvermeidbarkeit prompt zurück, ihm seien Informationen vorenthalten worden. Er entlässt am 26. November 2009 Bundeswehrgeneralinspekteur Wolfgang

Schneiderhan und Verteidigungsstaatssekretär Peter Wichert. »Der Gentleman schaltet auf Angriff«, notiert *Spiegel Online*. Regierung und Opposition streiten heftig darüber, was der Minister eigentlich wirklich wusste. Lügt er?

Guttenberg sieht die Schuld allein bei anderen. Er tritt dabei sehr entschlossen, forsch und entschieden auf. Im Allgemeinen sind Bauernopfer zum Schutz eines Ministers nichts Ungewöhnliches, dennoch irritiert (auch einige Kommentatoren) bereits schon da, wie flott und konsequent er Verantwortlichkeit auf andere abwälzt. Fast im Handstreich entledigt sich der Minister-Neuling zweier erfahrener Führungskräfte. (Im März 2010 rückt er im Untersuchungsausschuss von seinem Vorwurf ab, ihm seien von Schneiderhan bewusst wichtige Dokumente vorenthalten worden. Konsequenzen hat das für Guttenberg nicht.) Dieses Verhaltensmuster wiederholt sich in der nächsten Affäre um die »Gorch Fock«, womit das spätere Hohngelächter bei seinem gefälschten Doktortitel zu erklären ist, diesmal könne er ja leider nicht seinen Doktorvater entlassen.

Seit der Kundus-Affäre sind erste Flecken auf der weißen Weste. »Jedes Mal vertritt er seine Positionen mit einem Anspruch auf absolute Klarheit, ja Wahrheit. Das Merkwürdige ist nur: Wenn Guttenberg sich dann korrigieren muss, macht er es wieder so«, bemerkt die *Süddeutsche Zeitung* im Dezember 2009. »Der Entzauberte«, titelt *Der Spiegel*. »Was ist Stil, was Substanz?«, fragt *Die Zeit*. Auch während des Untersuchungsausschusses zu Kundus gibt es Anfang 2010 unangenehme Schlagzeilen für ihn. »Doch einer wie alle«, befindet ernüchtert die *Frankfurter Rundschau*. Seiner Popularität schadet es nicht.

Und die Schützenhilfe von *Bild* ist ihm sicher. Als der entlassene Generalinspekteur Schneiderhan Guttenberg (in einem nicht autorisierten Interview, wie Schneiderhan später korrigiert) im Klartext der Lüge bezichtigt, erhält Guttenberg sofort publizistischen Beistand von Franz Josef Wagner. Der Boulevard-Journalist ermahnt den General, er solle Guttenberg nicht derartig scharf angehen, denn der Vorwurf der Lüge sei schließlich »giftuntermischtes Wasser« – »so, als wäre er unsauber, verwahrlost.« Wenn man sich erinnert, wie bereitwillig der *Bild*-Mann selbst das vergiftete Nass der SPD-Politikerin Andrea Ypsilanti unterschob, dann verwundert es umso mehr, wie heftig Wagner nun vermeintliche Anschuldigungen eines Generals gegen den Freiherrn abzuwehren sucht. Welche Dimensionen die Frage nach Lüge und Betrug im Zusammenhang mit der Doktorarbeit noch einnehmen wird, konnte zu dem Zeitpunkt freilich niemand wissen. Da ist es allein der Generalinspekteur der Bundeswehr, der um seine Ehre kämpft, Guttenberg selbst zieht sich galant aus der Misere, und inszeniert sich zugleich als zupackender, rasch handelnder und allein um die Wahrheit bemühter Politiker.

Unsere Guttenbergs – »ein Geschenk des Himmels«

Ab dem Frühjahr 2010 setzt sich Guttenberg intensiv für die Aussetzung, also de facto Abschaffung, der Wehrpflicht ein, die Union folgt ihm. Dann rollt die zweite publizistische Hoch- und Jubelwelle, eine Beinahe-Krönung, bei der in vielen Medien viele Sicherungen durchbrennen. Es sind zwei Geschichten, die facettenreich aufbereitet, aber inhaltlich identisch von Juli bis Oktober 2010 auf unzähligen Titelblättern und in Talkshows vorgetragen werden: Erstens, der Mann kann Kanzler, und zweitens, der Mann und seine Frau sind das neue deutsche Traumpaar. Dazu nur eine kleine Auswahl der schönsten Schlagzeilen: »Ein Paar läuft sich warm« (*Hamburger Abendblatt*, 16. September 2010), »Ein Power-Paar erobert die Herzen« (*Bunte*, 30. September 2010), »Das Königspaar aus Kulmbach« (*Frankfurter Rundschau*, 16. Oktober 2010), »Die fabelhaften Guttenbergs – Paarlauf ins Kanzleramt« (*Der Spiegel*, 18. Oktober 2010), und: »Operation Kanzlerwechsel« (*Focus*, 18. Oktober 2010).

Karl-Theodor zu Guttenberg, den smarten Märchenprinzen, stilisiert man in diesen Wochen zu einer Art Kanzler der Herzen, und Stephanie zu Guttenberg, die galante Frau und *working mom*, zur heimlichen First Lady. Die Guttenbergs hätten »die Rolle der Erzmonarchen übernommen, stolz, edelmütig und strahlend schön«, schwärmt *Welt am Sonntag,* sie seien »ein Geschenk des Himmels.« Den höchsten Thron der Anbiederung und Geschmacklosigkeit besteigt *Bild am Sonntag* mit dieser Story vom 19. September 2010: »Wie schaffen das die Guttenbergs? Deutschlands Power-Paar: Er Minister und Reservekanzler, sie Mutter und Bestseller-Autorin.«

Diese monarchischen Inszenierungen spielen der CSU-Politiker und seine Gattin von Beginn an mit. Guttenberg ist gerade einmal einen Monat Bundeswirtschaftsminister, da lässt er sich im März 2009 mit großer Pose und in Frank-Sinatra-Manier auf dem glitzernden New Yorker Times Square ablichten. Was kostet die Welt, sagt der Freiherr von Welt mit seiner Haltung, den weit geöffneten Armen und dem strahlenden Siegerlächeln, auf diesem Foto. Natürlich setzen sich die Guttenbergs im Oktober 2009 mit Vergnügen auf das Prominenten-Sofa von *Wetten, dass …?* bei Thomas Gottschalk. Sie geben das perfekte Paar: Während er sich im weltweiten Einsatz um Arbeitsplätze in Deutschland und dann um deutsche Soldaten im Ausland kümmert, tritt sie mit ihrem Engagement für die Kinderschutzinitiative *Innocence in Danger* als Schirmherrin häuslicher Fürsorge auf. Womit sie *en passant* auch ganz eigene Karriere-Ziele verfolgt, beispielsweise als TV-Moderatorin.

Doch Karl-Theodor zu Guttenberg überspannt den Bogen eklatant, als er zusammen mit seiner Frau und dem *Sat.1*-Talkmaster Johannes B. Kerner kurz vor Weihnachten 2010 nach Afghanistan reist. Schon oft war der Verteidigungsminister im Kriegsgebiet, anders als seine Vorgänger und sein Nachfolger gerne in Top-Gun-Pose, begleitet von großen, mitunter rührenden *Bild-*

Frontberichten (»Hier holt Guttenberg die verletzten Soldaten aus Afghanistan«). In dieser sehr speziellen Reiseformation mit Gattin und Kerner ist es eine Premiere. Die sonst eher glamouröse Ehefrau erscheint in kumpelhaftem Outdoor-Outfit, dazu im Schlepptau der smarte und ihm wohl gesonnene Fernsehtalkmaster. Das ist dann doch zu viel des Guten. Dieser Paarlauf vor Kriegskulisse wird zerpflückt: »Minister für PR und Pathos«, meint *Spiegel Online*; der *Tagesspiegel* belustigt sich im Kulturteil: »Schatz, wir fahren nach Afghanistan!«

Bild findet die Show – es ist keine Überraschung - »einfach großartig«. Franz Josef Wagner dichtet in vorweihnachtlicher Stimmung: »Es ist eine öffentliche Liebeserklärung an unsere Soldaten: Wir sind eine Familie, wir gehören zusammen. Herz zeigen, Gefühle zeigen. All diese Dinge geschehen so selten in der Politik.« Und *Bild* bleibt nah dran, die Guttenbergs sind bekanntlich sehr beschäftigt (»Wie schaffen die das?«), doch schon verkündet das Blatt am 20. Dezember 2010 den nächsten Besuch, diesmal den einer Spendenveranstaltung: »Von der Front direkt zur Gala.« 2010, auch das ist ein Guttenberg-Jahr.

»Gorch Fock«-Affäre – dubioses Krisenmanagement

Im November 2010 stürzt auf dem Bundeswehr-Segelschulschiff »Gorch Fock« eine junge Marinesoldatin bei einer Kletterübung aus der Takelage und kommt ums Leben. Ein tragischer Unfall. Eigentlich wäre für Guttenberg als Minister keine Gefahr in Verzug, was sollte man ihm auch vorwerfen, und doch macht er gerade hier einen unnötigen, gewaltigen Fehler. Noch am Freitag, den 21. Januar 2011, warnt er im Bundestag vor einer Vorverurteilung des Kapitäns des Schiffes. Guttenberg wolle vielmehr die Untersuchungsergebnisse abwarten. Er tritt als ein ruhiger Minister auf, der sich hinter seine Soldaten stellt, nichts könnte ihn aus der Fassung bringen. Noch am selben Tag aber erfährt Guttenberg (freundlicherweise vorab von der Zeitung selbst), dass *Bild am Sonntag* Skandalgeschichten über die »Gorch Fock« bringen will. Es soll um zweifelhafte Rituale an Bord und um eine Faschingsfeier nach dem Tod der Soldatin gehen. Sogleich lässt er sich von der Springer-Presse mit den Worten »Es reicht« zitieren, und entbindet den Kommandanten, Kapitän Norbert Schatz, von seinem Amt. (Wochen später entlastet ein Untersuchungsbericht den Kapitän.) Wieder hat Guttenberg einen Sündenbock wie schon in der Kundus-Affäre sofort ausgemacht und auch gleich mit allen Insignien der Entrüstung gekürt. Nur einen Tag zuvor hatte derselbe Guttenberg noch vor einer Vorverurteilung gewarnt. Wieder gibt es herbe Kritik. Entlässt hier ein Minister jemanden vorschnell, nur weil Medien unschön berichten? Was soll dieser Aktionismus? Wer bestimmt sein Handeln, seine Politik, er selbst oder ein Verlagshaus?

Altbundeskanzler Helmut Schmidt, *Zeit*-Herausgeber und einst selbst Verteidigungsminister, appelliert: »Um einen Rat gebeten, würde ich sagen: Sorge dafür, dass die Vorschriften eingehalten werden. Zu den Regeln gehört beispielsweise auch, dass über niemandem der Stab gebrochen wird, ehe er angehört wurde.« Auch die *Süddeutsche Zeitung* bemängelt das Führungsverhalten: »Solange schönes Wetter herrscht, übernimmt er gern Verantwortung.« Guttenbergs nachgeschobene Begründung, er habe den Kommandanten nicht entlassen, sondern nur zu seinem Schutz suspendiert, können die neu aufkommenden Zweifel an ihm nicht überdecken. Er versagt immer dann, wenn die Kunst höchsten Krisenmanagements gefragt ist, schlimmer noch, er bringt sich erst durch sein nahezu panisches Handeln selbst in Not. Dabei will er gerade in seinen Auftritten in Ton und Mimik genau das Gegenteil suggerieren. Ist er ein handlungsstarker Macher oder ein vorschneller Blender? Die Kritiken schaden seiner Popularität weiterhin nicht.

Seine größte Krise um den Doktortitel soll noch kommen, es dürfte inzwischen aber kaum mehr verwundern: Wollte er die überstehen, hätte er wohl über sich hinauswachsen müssen. Doch er begeht in der »12-Tage-Schlacht«, wie *Bild* es nennt, einen Fehler nach dem nächsten.

Der erschwindelte Doktor

Am Mittwoch, den 16. Februar 2011, berichtet die *Süddeutsche Zeitung*, Guttenberg habe Teile seiner juristischen Doktorarbeit aus dem Jahr 2007 offenkundig gefälscht. Der Beitrag geht zurück auf den Bremer Jura-Professor Andreas Fischer-Lescano, dem beim Schreiben einer Rezension für die Zeitschrift *Kritische Justiz* über Guttenbergs Arbeit aufgefallen ist, dass mehrere Textstellen von anderen Autoren übernommen worden sind. Guttenberg weist die Vorwürfe umgehend als »abstrus« zurück und gibt sich jovial: »Ich bin gerne bereit zu prüfen, ob bei über 1200 Fußnoten und 475 Seiten vereinzelt Fußnoten nicht oder nicht korrekt gesetzt sein sollten und würde dies bei einer Neuauflage berücksichtigen.« Seine erste Reaktion ist eine gönnerhafte Geste voller Überheblichkeit.

»Haben Sie an Rücktritt gedacht?«, fragt das Nachrichtenmagazin *Focus* gleich zu Beginn des Skandals, Guttenbergs knappe Antwort: »Unsinn!«

Ebenfalls am 16. Februar 2011 kommt heraus, dass die Einleitung der Guttenberg'schen Dissertation fast wörtlich aus einem Artikel der *Frankfurter Allgemeinen Zeitung* aus dem Jahr 1997 abgeschrieben worden ist. Auf *FAZ.net* fordert der Medienwissenschaftler Stefan Weber noch am selben Tag: »Sein Doktortitel muss widerrufen werden.« Guttenberg hätte vermutlich allein am Tag nach den ersten Vorwürfen am 16. Februar 2011 die einzige Chance gehabt, aus dem Schlamassel ohne Rücktritt herauszukommen. Dazu hätte er sofort alles selbst schonungslos eingestehen, um Verzeihung und eine zweite Chance bitten müssen.

»Um zu ermessen, wie dicht ein Politiker am Abgrund steht,

hilft ein Blick auf die Verteidigungsstrategie«, bemerkt das (auch zu Springer gehörige) *Hamburger Abendblatt*, und ahnt nichts Gutes: Guttenbergs Strategie habe »Endzeitcharakter«. Er wählt die fatale Strategie des stufenweisen Eingeständnisses, wodurch generell bei Skandalen der Eindruck des Strauchelns entsteht.

Guttenbergs Kapital war bis dahin seine persönliche Integrität. Die *Berliner Zeitung* analysiert, »dass er habituell genau den Vorstellungen entspricht, die sich das durch und durch bürgerliche Publikum vom Adel der Moderne macht: weltgewandt und patriotisch, nachdenklich und tatenvoll, sozial vernetzt und aufgeschlossen, lebenslustig und doch diszipliniert, auf Gala-Dinners daheim wie an der Würstchen-Bude, vor allem aber geradlinig und unabhängig.« Dieser Mythos schmilzt jetzt wie Eis in der Sonne. Auf einmal geht es nicht mehr um politische Schadensbegrenzung, es geht um ihn als Person, um eine moralische Kategorie: Wie ehrlich ist dieser Mensch?

Zugleich liegt für Karl-Theodor zu Guttenberg und Angela Merkel ein parteipolitisches Dilemma in dem Vorfall: Das Selbstverständnis von CDU und CSU ist durch konservativ indizierte Werte wie Redlichkeit und Rechtschaffenheit bestimmt. Diese Überzeugung soll man zugunsten eines zweifelsfrei beliebten, aber offensichtlich unehrlichen Ministers kassieren? »Konservative haben sich einmal dadurch ausgezeichnet, dass ihnen Sekundärtugenden wichtig waren«, mahnt sogleich das *Handelsblatt*. Jakob Augstein, Herausgeber des *Freitag*, drückt es in seiner wöchentlichen »S.P.O.N. – Im Zweifel links«-Kolumne auf *Spiegel Online* drastischer aus: »Guttenberg beschmutzt den Konservatismus – und Angela Merkel, die einst als Reinigungskraft in der CDU angefangen hat, sieht zu.«

Wie hätte *Bild* einen anderen Politiker als Guttenberg mit einem gefälschten Doktortitel bezeichnet? Wahrscheinlich sind die Varianten »Dr. Schwindel!« oder »Der Schummel-Doktor!«. Man denke nur einmal an die Wortkreationen des Boulevards im Fall Andrea Ypsilanti (»Lügilanti«, »Tricksilanti«). Und jetzt? Franz Josef Wagner notiert: »Macht keinen guten Mann kaputt. Scheiß auf den Doktor.«

Die Maxime steht: Unser Guttenberg ist kein Ganove, kein Ehebrecher – es geht doch »nur« um eine ferne, elitäre, universitäre Welt, da kommt es doch nicht so darauf an, der Mann hat sich schließlich im Leben und der Politik allemal bewährt. Diese Strategie, die *Bild*, die Kanzlerin mit ihrem Satz, sie habe ja »keinen wissenschaftlichen Assistenten eingestellt«, und phasenweise Guttenberg selbst vortragen, erweist sich als Brandbeschleuniger für den Unmut im wissenschaftlichen Betrieb und entwickelt sich zum Inferno. Soll hier ein politisches Spiel auf Kosten der Wissenschaft betrieben werden? An den Universitäten rumort es, und junge Akademiker sind hervorragend im Internet verbunden. Die Blog-Gemeinde macht mobil, nur hatte diesen Umstand als ernst zu nehmenden Machtfaktor bis dato niemand auf der Rechnung.

Gutten.Plag-Wiki – die Plagiatsjäger

Für Blogger und Freunde digitaler Netzwerke ist es im interaktiven Web 2.0 normal, alles und jeden zu bewerten, Informationen blitzschnell zu posten oder zu twittern. Jetzt werden Textpassagen der Guttenberg'schen Doktorarbeit fleißig online überprüft, meist gegoogelt, und dann auf der neu eingerichteten Plattform *Gutten.Plag-Wiki* veröffentlicht. Wissenschaftler, selbsternannte Experten und andere Helfer tragen alles an Plagiaten in dem Werk zusammen, was sie aufspüren können, sogar Auszüge aus Reiseführern finden sie. Das erste Zwischenergebnis ist frappierend, nach nur wenigen Tagen werden bereits mehr als 3000 Plagiats-Zeilen nachgewiesen (von 16 325 Zeilen), optisch erstklassig aufbereitet: rote und schwarze Balken sind Plagiate, weiß ist plagiatsfrei. Seine Arbeit wird immer farbiger, die »Trefferquote« steigt stündlich.

Wer aber sind diese Plagiatsjäger, die anonym agieren und am Ende maßgeblich zum Sturz eines Ministers beitragen? Eine Untersuchung des Instituts für Journalistik der TU Dortmund von Max Ruppert und Julius Reimer (veröffentlicht in *journalist* 04/2011), basierend auf einer umfassenden Onlinebefragung der *Gutten.Plag*-Nutzer, findet heraus: der typische Netzjäger ist durchschnittlich gut 38 Jahre alt, männlich (nur 18 Prozent sind Frauen) und gebildet (60 Prozent haben einen Hochschulabschluss, jeder Fünfte trägt einen Doktortitel). Bemerkenswert ist: nur 144 Aktivisten (von 1034 Befragten) suchen tatsächlich selbst nach Plagiaten, erledigen also die Recherchearbeit, 86 Prozent der *Gutten.Plag*-User wollen sich auf der Online-Seite dagegen lediglich informieren, oder ihren Unmut über Guttenberg loswerden. Die Gruppe der beharrlichen Plagiatsjäger ist also zahlenmäßig vergleichsweise klein – aber wirkungsvoll.

Der Selbstverteidigungsminister

Die Plagiatsliste im Internet wächst und wächst. Am 18. Februar 2011 räumt Guttenberg »Fehler« ein, und erklärt, »vorübergehend, ich betone vorübergehend«, auf den Doktortitel zu verzichten. Er werde von nun an darüber nur noch mit der Universität kommunizieren. Es sollte ein Befreiungsschlag sein. Doch diese Erklärung gerät zum Eklat, weil er sie nur einigen wenigen Journalisten (»ausgewählten Medienvertretern«), vor allem aber Fotografen, Kameraleuten und Tonassistenten, die vorsichtshalber von den Redaktionen dort postiert wurden, im Ministerium verliest. Zeitgleich tagt die versammelte Hauptstadtpresse in der Bundespressekonferenz und erfährt von Guttenbergs Sprecher von dem exklusiven Parallel-Auftritt des Ministers, ohne jedoch über den Inhalt seiner Erklärung etwas in Erfahrung bringen zu können. Auf Nachrichten- und Videoplattformen im Internet lässt sich kurz darauf auch noch ansehen, wie der Minister für dieses Statement (»Können wir noch mal? Ist nicht live, oder?«) zweimal ansetzt, um mit entsprechend überzeugtem Gesichtsausdruck dazustehen. Ein derartiges Kommunikations-Debakel hätte dem Star der Medien wohl bis zu diesem Tag niemand zugetraut. Die Berliner Korrespondenten fühlen sich brüskiert und verlassen mehrheitlich die Bundespressekonferenz.

Die Aufregung um Guttenberg geht in die zweite Woche, *Der Spiegel* stellt ihn in der Ausgabe vom 21. Februar 2011 als Märchenonkel dar: »Das Märchen vom ehrlichen Karl – (Dr.) zu Guttenberg und die Wahrheit«. Das Titelfoto zeigt den Minister im Juni 2009, als er Kindern bei einer Veranstaltung Grimms *Hans im Glück* vorlas. Es ist die Geschichte eines Jungen, der mit einem Klumpen Gold aufbricht und am Ende mit leeren Händen dasteht. Dennoch, befreit und unbeschwert, springt Hans, der Habenichts, herum. Mit leeren Händen steht Guttenberg bereits da, befreit aber wirkt er nicht, er ist angespannt wie noch nie in seiner kurzen Politikerkarriere, noch einmal versucht er eine Offensive.

In einer Rede auf einer Wahlkampf-Veranstaltung in Hessen am 21. Februar 2011 revidiert Guttenberg seine Ankündigung drei Tage zuvor, nur noch mit der Universität zu kommunizieren, er spricht nunmehr von »besonders peinlichen Fehlern«, von »Blödsinn«, er habe wohl »den Überblick über die Quellen verloren.« Der Verzicht auf den Doktortitel sei »schmerzlich, aber wichtig«, da er den Schaden für die Universität und seinen »honorigen Doktorvater« begrenzen wolle, im Klartext: Ein Edelmann auch jetzt, er stellt sich vor andere, ein großmütiger Beschützer. Auch gegen die »Hauptstadtpresse in Berlin« wettert er noch einmal, ist froh, bei der Basis zu sein, denn die Öffentlichkeit könne »aus erstem Munde« erfahren, was ihm »am Herzen« liege, nicht durch »Kommentierung«. Guttenberg versucht seine Beliebtheit noch einmal als strategisches Machtinstrument auszunutzen. Populäre Politiker greifen gerne auf dieses Mittel zurück. Ein gewiefter Fachmann dieser Taktik war Gerhard Schröder, der mit dem Wissen um seine Popularität im März 1998 sogar eine Landtagswahl in Niedersachsen vorbei an den SPD-Gremien zur Abstimmung über die Kanzlerkandidatur erklärte. Die (parteiinternen) Jubelclaqueure in Hessen dienen Guttenberg jetzt als hervorragende Kulisse, die Botschaft: die einfachen Bürger stehen hinter mir. Vielleicht fühlt er sich sogar tatsächlich getragen und bestätigt.

Auch Angela Merkel möchte ungern auf ihren besten Wahlkämpfer verzichten, zumal Landtagswahlen in Baden-Württemberg und Rheinland-Pfalz und Kommunalwahlen in Hessen im März 2011 unmittelbar bevorstehen. Die *Frankfurter Rundschau* kritisiert seine »fatale Masche«, in der »einfache Bürger« gegen »die in Berlin« ausgespielt würden. Allerdings hatte er genau so von Beginn an Politik betrieben, sich als eine Art »Volksminister«, wie *Der Spiegel* einmal schrieb, inszeniert. »Die Wähler lieben Politiker, die Knoten durchschlagen, Unmögliches möglich machen oder auch nur Mögliches möglich«, analysiert die *Frankfurter Allgemeine Sonntagszeitung* und meint: »Schnell wird dabei die Grenze zu einem Deal überschritten: Jene, die Übermenschen sein wollen, beweisen denen, die an Übermenschen glauben wollen: dass es sie gibt. Und jene, die an Übermenschen glauben wollen, beweisen denen, die es sein wollen, durch ihre Anhänglichkeit und Begeisterung: dass sie es sind.«

Plagiator trifft Parlament

Am Mittwoch, den 23. Februar 2011 muss sich Guttenberg im Bundestag als Lügner und Heuchler beschimpfen lassen, es herrscht eine aufgebrachte, gereizte Stimmung im Plenarsaal. Normalerweise würde der Bundestagspräsident bei derlei Charakterisierungen zur Ordnung rufen und rügen, in diesem Fall aber geht das schlecht. Eine bizarre Situation. Der grüne Fraktionschef Jürgen Trittin vergleicht Guttenberg mit Thomas Manns Hochstapler

Felix Krull. Guttenberg gibt sich demütig. Die Rolle des Jovialen, wie er es zu Beginn des Skandals ausstrahlte, legt er im Parlament weitgehend ab. Die Opposition schäumt umso mehr, es kann als Punktsieg für Guttenberg gewertet werden. Denn seine Partei hält weiter zu ihm. Solange die eigene Machtbasis steht, kann sich ein Politiker trotz Skandalisierung im Amt halten (wie wir es ja auch im Fall Ypsilanti zunächst erleben konnten). Die *taz* kommentiert das Heldenpathos um Guttenberg wenige Tage vor dem Rücktritt: »Heroen sind Projektionen menschlicher Sehnsüchte, und Guttenberg bedient sie perfekt. Ein Held wie er stürzt nicht durch Rücktrittsforderungen oder universitäre Prüfaufträge. Sondern wenn seine Anhänger ihm die Zuneigung entziehen. Guttenberg ist noch nicht am Ende.«

Bild zeichnet sodann das Bild eines reuigen, gnadenlos Verfolgten. Guttenberg werde »gegrillt«, empört sich Franz Josef Wagner. Das Axel-Springer-Haus versucht alles und schwärmt in die TV-Kanäle aus. *Bild-am-Sonntag*-Redakteurin Anna von Bayern verteidigt den jungen Familienvater Guttenberg in der *ARD*-Sendung *Menschen bei Maischberger*, Nikolaus Blome, der Berliner *Bild*-Büro-Chef, agiert im Sinne des Ministers bei Frank Plasbergs *Hart aber fair*. In einer Fernsehkritik zur Talkshow *Anne Will* schreibt *Spiegel Online* : »Von Alice Schwarzer bemitleidet, von Monika Hohlmeier verteidigt, mit Thomas Gottschalk verglichen: Es steht schlimm um Karl-Theodor zu Guttenberg«, das Fazit: »Wer solche Freunde hat, braucht keine Feinde.« Dabei galt bisher: Die Feinde können dem egal sein, wer *Bild* als Freund hat.

Hat er nun wie ein kleiner Junge »Blödsinn« gemacht, einfach mal ein paar Zitate nicht richtig angegeben, zumal bei der Belastung als »junger Familienvater«? Ist es das? Nicht nur die Ergebnisse der Internetaktivisten auf *Gutten.Plag-Wiki* strafen ihn Lügen. Die *Frankfurter Allgemeine Zeitung* schaut sich beispielhaft einige Stellen der Dissertation und die Art und Weise der benutzten Zitate an und kommt zu einem vernichtenden Urteil:

»Eine so aufwendige und liebevoll hergestellte Täuschung findet man in der jüngeren deutschen Universitätsgeschichte nicht so leicht. Wer hier am Werk war, wusste, was er tat, und dass es nicht gestattet ist.« Einige Wochen nach dem Skandal, am 6. Mai 2011, gibt dann auch die Universität Bayreuth das Ergebnis ihrer Untersuchung bekannt, demnach habe Guttenberg »vorsätzlich getäuscht«.

Eine neue Skandal-Choreographie

Noch ist Guttenberg im Amt. Es dürfte jetzt an der fortdauernden Kritik aus den Universitäten liegen, dass sich am 28. Februar 2011 Forschungsministerin Annette Schavan (CDU) in einem Interview mit der *Süddeutschen Zeitung* äußert: »Ich schäme mich nicht nur heimlich.« Andere missbilligende Stimmen aus der eigenen Partei werden lauter. Auch der emeritierte Doktorvater, der Bayreuther Jura-Professor Peter Häberle, distanziert sich nach tagelangem Schweigen öffentlich von seinem früheren Bestnoten-Prüfling. Oliver Lepsius, Jura-Professor und Nachfolger von Häberle, beklagt: »Wir sind einem Betrüger aufgesessen.« Im *heute-journal* des *ZDF* spricht Lepsius von Vorsatz, an dem es »keinen Zweifel« mehr gebe. Vor dem Skandal hatte sich die Universität auf ihrer Homepage in einem Werbe-Clip mit ihrem prominenten Ehemaligen, der ministrabel und zielstrebig in die Kamera schaut, noch gerne geschmückt. Rasch geht das Video offline.

Ein offener Brief von Doktoranden an Angela Merkel, in dem sie die »Verhöhnung« aller ehrlichen Wissenschaftler beklagen, wird binnen weniger Tage durch die Veröffentlichung im Internet tausendfach unterzeichnet und zählt am Ende 63 713 Unterschriften. Ein Mausklick reicht für diesen Protest. Zeitgleich machen die Plagiatsjäger weiter, worüber wiederum Zeitungen und Fernsehen berichten. Der Webauftritt *Gutten.Plag-Wiki* schafft es auch in die *Tagesschau* der ARD. Ein Schneeballeffekt: Das gewaltige Echo der traditionellen Medien auf die Netzbewegung dürfte die Internetfahnder noch zusätzlich motivieren.

Während die einen von Hexenjagd sprechen, geben sich die Internetaktivisten (zumindest nach außen) politisch neutral, ihren Elan erklären sie auf *Gutten.Plag-Wiki* so: »Wir möchten klarstellen, dass diese Aktion nichts mit politischer Ausrichtung, persönlicher Schmutzkampagne oder Ähnlichem zu tun hat. Unser Ziel ist, die wissenschaftliche Integrität eines Doktortitels in Deutschland zu sichern, damit auch weiterhin eine korrekte wissenschaftliche Arbeitsweise von Trägern eines solchen Titels erwartet werden kann. (…) Sollten sich auch Dissertationen von Politikern am anderen Ende des Spektrums durch Plagiate ›auszeichnen‹, hätten wir keinerlei Probleme, genauso zu verfahren.«

Tatsächlich ist das politische Spektrum der *Gutten.Plag*-Aktivisten mehrheitlich im grün-roten Lager, wie die Befragung des Instituts für Journalistik der TU Dortmund ergibt. Parteipolitische Überzeugungen sind aber nicht die Hauptmotivation, 64 Prozent geben an, vor allem den Ruf der Wissenschaft und die Aussagekraft des Doktortitels erhalten zu wollen. Fraglich ist aber, ob ein solcher Proteststurm bei Politikern aus einer älteren Generation als Guttenberg funktionieren würde. Zumal eine solche Internetrecherche bei Doktorarbeiten aus den Siebziger oder Achtziger Jahren weitaus weniger erfolgreich wäre. Diese Dissertationen sind selbst ohne das Netz entstanden, »copy and paste« war gar nicht möglich, man bediente sich klassischer Sekundärliteratur, Quellen, die ebenso offline waren und heute wohl noch immer sind. Möglicherweise würde die Recherchefreude der Internetjäger in so einem Fall mangels Erfolg schnell verebben, und damit ihre Wirkung und Einflussmöglichkeit.

Ein Zurück in die alte, analoge Zeitrechnung aber gibt es nicht. Ohne das Internet hätte Guttenberg auf Zeit spielen können, er hätte mit Hinweis auf die Untersuchungen der Universität Bayreuth den Skandal verschleppen können. In der Hoffnung, dass das Medieninteresse abebbt, dass er derweil eine bessere Strategie gefunden hätte. Altbundeskanzler Helmut Kohl beispielsweise war ein Meister der Verlangsamung, öffentliche Erregung konnte in seiner Epoche geradezu ausgesessen werden. Diese Taktik funktioniert in der Internet-Ära der Gleichzeitigkeiten nicht mehr. Hans Leyendecker, Journalist und Spezialist für investigative Recherche, merkt in der *Süddeutschen Zeitung* folgerichtig an, dass die »traditionelle Choreographie« eines Skandals aufgrund der neuen Online-Welt nicht mehr gelte: »So hat die Netzgemeinde die alten Gesetzmäßigkeiten gesprengt und zu neuen Allianzen geführt. Die Dynamik dieser besonderen Affäre erlahmt nicht, sondern nimmt an Tempo zu.«

Am 1. März 2011 tritt Karl-Theodor zu Guttenberg zurück. Mit pathetischer Geste schreitet er die Treppe zum Statement hinunter. Sieben Minuten benötigt er für den Abgang. Bis zum Schluss, auch an diesem Tag, spricht er allein von »Fehlern«, nicht von Täuschung. Der Gegenbeweis ist da online längst erbracht. Völlig absurd sind Guttenbergs Klagen darüber, dass sich die »öffentliche und mediale Betrachtung« so sehr auf ihn selbst fokussiert habe, dass es auf »dem Rücken der Soldaten nur noch« um ihn gehe, dies könne er nicht mehr verantworten. Dies sagt der Mann, der sich zuvor nie darum geschert hat, dass sich immerzu alles um seine Person drehte, er mimte gerne den Shootingstar, er war es auch, der seine Ehefrau mit nach Afghanistan nahm, was dazu führte, dass niemand über Afghanistan sprach, sondern vielmehr über die Rolle und den Dresscode der Gattin. Jetzt aber, als es alles andere als in seinem Sinne läuft, ausgerechnet da beanstandet er diese Zentrierung auf ihn. Dieser Reflex, sich über Medien zu beschweren, ist ja nichts Ungewöhnliches, bei ihm, dem »Media-Player« *(Cicero),* dem »Medien-Jongleur« *(Frankfurter Rundschau),* aber ist es besonders dreist und dumm, schließlich betrieb und genoss er vorher explizit diesen Personenkult.

Der Tag danach. In *Bild* ist nichts wie sonst, auf der Titelseite verzichtet das Boulevardblatt sogar auf das tägliche, leicht bekleidete Cover-Girl. Am 2. März 2011 ist nur Platz für ihn: großflächig nimmt das Foto von Karl-Theodor zu Guttenberg die Seite 1 ein, dazu in riesigen Lettern: »Der Rücktritt!« Garniert ist der Aufmacher mit Zitaten aus der Rücktrittserklärung. Es folgen auf den Seiten 2, 3 und 4 – monothematisch: Guttenberg, Guttenberg und noch mal Guttenberg (allein auf Seite 4 ist am Rand noch etwas Platz für ein paar kleinere Meldungen). Diese mehrseitige Fokussierung ist außergewöhnlich, es spiegelt das Gewicht wider, welches das Blatt diesem Ereignis zuspricht. Und das ist Chefsache, den Kommentar des Tages gibt Guttenberg-Freund Kai Diekmann höchstpersönlich, auch das kommt selten vor, er schreibt: »Verloren haben alle. Karl-Theodor zu Guttenberg erst mal seinen guten Ruf und sein Amt. Und Deutschland eines seiner größten politischen Talente.« Schwülstiger schafft das nur noch Franz Josef Wagner in seinem Liebesbrief des Tages: »Was bedeutet Rücktritt? Rücktritt vom Licht, vom Geliebtsein, vom Königssohn Deutschlands.«

Während *Bild* um eine (ihre) Lichtgestalt trauert, bezeichnet die *Frankfurter Allgemeine Zeitung* Guttenberg als den »Ikarus der deutschen Politik«: »Auch in der Stratosphäre gelten noch die Gesetze der Schwerkraft.« Die implizite Degradierung der akademischen Zunft während dieses Skandals brachte das Fass zum Überlaufen. »Fast jedem, der ehrlich und hart an einer wissenschaftlichen Arbeit gesessen hat, schwellen die Zornesadern, wenn ein adeliger Abgeordneter als externer Promovierender ein ›summa cum laude‹ mit einer zusammengeklebten Arbeit abräumt«, so die *Süddeutsche Zeitung*. Die Regierungspolitik hatte ein Glaubwürdigkeitsproblem. Wer die »Bildungsrepublik« ausruft, sollte wohl dafür Sorge tragen, dass wissenschaftliche Standards eingehalten werden.

Mit dem Axel-Springer-Verlag im Rücken hatte Karl-Theodor zu Guttenberg einen treuen Verbündeten. Die Causa Guttenberg lehrt etwas Neues: Sicher kann *Bild* auch künftig jemanden in den Abgrund stürzen, einen geliebten Prominenten davor retten aber, das kann sie nicht mehr ohne Weiteres. Am Ende zerplatzt auch die Guttenberg-Online-Fangemeinde wie eine Seifenblase. Bundesweite Pro-Guttenberg-Demos verkommen in Berlin oder Köln zur karnevalesken Lachnummer (»Wir sind dein Volk!«) oder werden mangels Interesse beispielsweise in Hannover oder Leipzig wieder abgesagt. Der »Gefällt-mir-Button« ist bei *facebook* schnell angeklickt, eine virtuelle Anhängerschaft lässt sich aber offensichtlich nicht 1:1 ins reale Leben übertragen.

»Vom Feuerwerk zur Funzel«, steht in einem Leserbrief an den *Spiegel*. Nur verglüht ist es nicht, das Feuer lodert. In Guttenbergs Video-Statement nach dem Rücktritt verabschiedete er sich bei seiner *facebook*-Gemeinde mit einem Schmunzeln: »Wir werden voneinander hören, und ich werde mich melden.«

Der Glaubenskrieg

Jörg Kachelmann – vom lustigen Wetterfrosch zum Schattenmann

»Die flotte Sonne war er. Der frische Wind
oder die lustige Kumuluswolke. Jörg Kachelmann, 51, galt
als Schweizer Hoch am deutschen Fernsehhimmel.«
(Neue Zürcher Zeitung am Sonntag, 28. März 2010)

»Dann erzählte er mir von einer Wetterstation in Indien, die er mit
mir besuchen möchte. Schmunzelnd meinte er noch, dass er nicht
garantieren kann, dass er in Indien die Finger von mir lässt.«
*(Indira Weis, Sängerin der Ex-Castingband Bro'Sis und
RTL-Dschungelcamp-Teilnehmerin 2011 in Bild, 7. April 2010)*

30 Minuten – dann war die Sache im Prinzip gelaufen. Am 22.
März 2010 um 14:17 Uhr hatte eine Nachrichtenagentur gemeldet, die Staatsanwaltschaft Mannheim habe gegen einen
»Journalisten und Moderator« Haftbefehl wegen des Verdachts
der schweren Vergewaltigung erlassen. Er stehe im Verdacht, Anfang Februar 2010 seine langjährige Freundin nach einem Be-
ziehungsstreit in ihrer Wohnung im Rhein-Neckar-Kreis mit
einem Messer bedroht und zum Geschlechtsverkehr gezwungen
zu haben. Eine halbe Stunde später meldete die Agentur, der Leiter der Mannheimer Justizvollzugsanstalt habe einen Bericht von
Bild online bestätigt, wonach es sich bei dem Mann um den *ARD*-
Wettermoderator Jörg Kachelmann handelte.

Was folgte, war eine mediale Explosion: Mehr als ein Jahr lang, in immer neuen Schüben, erfuhr die Öffentlichkeit alles über Jörg Kachelmann und seine vermeintlichen Abgründe, vielleicht mehr, als er selbst über sich wusste. Dass vieles davon privat und äußerst intim war, merkte man nach einer Weile kaum noch. Sein veröffentlichtes Intimleben wurde zum alltäglichen Konsumartikel, wie der Wetterbericht, den er einst so erfolgreich moderiert hatte.

Parallelen zum Fall Andreas Türck

In der Berichterstattung der ersten Tage nach der Inhaftierung gab es immer wieder den Verweis auf den Fall Andreas Türck. Es war wie eine Warnung, auch an die eigene Adresse: Der *Pro-Sieben*-Moderator war 2003 von der Staatsanwaltschaft Frankfurt der Vergewaltigung angeklagt worden. Angeblich hatte er auf einer Frankfurter Brücke eine Frau gewaltsam zum Oralsex gezwungen. Monatelang wurde diese vermeintliche Tat medial ausgeschlachtet. Die Tatsache, dass es sich um einen Verdacht handelte und nicht um ein erwiesenes Verbrechen, dass auch für einen bekannten Fernsehmoderator die Unschuldsvermutung zu gelten hat – all das spielte letztlich keine Rolle. Türck war im September 2005 freigesprochen worden, auf Antrag der Staatsanwaltschaft, wegen »erheblicher Zweifel« an der Glaubwürdigkeit des Opfers. Die Genugtuung über diesen Freispruch war für ihn nur gering, denn seine Fernsehkarriere war beendet. »Auch wenn sich die Vorwürfe am Ende nicht bewahrheiten, kein Sender will jemanden in seinem Programm haben, den die Zuschauer mit einer Vergewaltigung in Verbindung bringen.« *(Frankfurter Rundschau)* Die Warnung in diesem Kontext: Wenn wir, die Medien, so weitermachen mit der Berichterstattung, dann wird Jörg Kachelmann aufgrund eines Verdachts ebenso exekutiert werden wie Andreas Türck. Doch genau so kam es, ja noch schlimmer. Bei Kachelmann war dieser Verdacht zusätzlich der Türöffner für die Enthüllung eines Privatlebens, das sich bisher – aus guten Gründen – im Verborgenen abgespielt hatte.

Und noch eine, und noch eine, und noch eine … nach diesem Muster findet man in der russischen bunt bemalten Puppe aus Holz eine Matrjoschka nach der anderen. Ähnlich lief es bei Jörg Kachelmann mit der Entdeckung seiner Ex- und Noch-Geliebten: Nach und nach tauchte eine nach der anderen im Licht der Öffentlichkeit auf, und das Abstruse war, dass sie alle sich für die *einzige* Kachelmann-Freundin gehalten hatten. Jörg Kachelmann hatte, wie sich im Laufe der Zeit herausstellte, ein Beziehungsuniversum errichtet, in dem zahlreiche Frauen um ihn kreisten, von dem aber nur er selbst wusste. Kachelmann geriet, über den Verdacht einer Straftat hinaus, durch diese Enthüllungen über sein Privatleben ins Zwielicht.

Ein mediales Volksfest

Anfänglich lebte auch der Fall Kachelmann vor allem von der spektakulären Inhaftierung und dem Vorwurf der Vergewaltigung, und schon das war ein mediales Volksfest, mit einer Vielzahl von Akteuren: Kachelmann selbst, der zunächst fast fröhlich seine Unschuld beteuerte und dann nur noch schwieg, die Justiz mit einer Auskunftsfreude, die an Deutlichkeit nichts zu wünschen übrig ließ, die Anwälte mit Klagen, Gegenklagen und kalkulierten Indiskretionen, der Boulevard mit Heuchelei und Häme, die seriösen Medien mit Mahnungen und der üblichen Kritik am Boulevard, die Fans mit »Free Kachelmann«-Aktionen im Internet und Schuldig-Unschuldig-Rankings – irgendwie waren alle auf den Beinen, wie bei einem Ereignis von nationaler Bedeutung. Nur die *ARD* nicht, die sich weigerte, in *Tagesschau* oder *Tagesthemen* über die Verhaftung ihres Wettermannes zu berichten und dafür von etlichen anderen Medien heftig kritisiert wurde. Der Vorwurf der Zensur hing in der Luft. *Bild* übernahm bei diesem Sidekick die Führungsrolle

und fand auch prompt eine Schwachstelle in Gestalt eines Gur-
kenlasters: »Frage: Warum bringt die *Tagesschau* eine Meldung über
den Gurkenlaster-Unfall eines Daniel Küblböck und nicht über die
Festnahme von Jörg Kachelmann?« Antwort (*ARD*-aktuell-Chef-
redakteur Kai Gniffke): »Bei Jörg Kachelmann handelt es sich zum
jetzigen Zeitpunkt um einen Verdacht, der Küblböck-Unfall war
erwiesen.« Der Frage nach dem Küblböck'schen Gurkenlaster (wer
Küblböck nicht kennt, bitte googeln) kann man eine gewisse Be-
rechtigung nicht absprechen.

Eine Frau wird über Nacht zur öffentlichen Person

Natürlich war auch über die Frau, die Kachelmann angezeigt hatte,
binnen Kürze alles bekannt, hier hatte vor allem auch die Schweizer Boulevardpresse bei der Aufdeckung der Identität sehr schnell
ganze Arbeit geleistet. Zwar wurde ihr Gesicht anfangs nur ge-
pixelt gezeigt und nicht ihr voller Name genannt, doch abgesehen davon wurde alles veröffentlicht, dessen man habhaft werden
konnte. Simone D. *(Spiegel, Zeit),* Tatjana R. *(Bunte),* Sabine W.
(Focus, Bild), Claudia D. *(Welt),* Sylvia May *(stern),* eine bis dahin
völlig unbekannte Radiomoderatorin bei einem Provinz-Sender,
die ihren prominenten Ex-Partner Jörg Kachelmann wegen Vergewaltigung angezeigt hatte, wurde über Nacht zur komplett öffentlichen Person. Am 25. März 2010, drei Tage nach Bekanntgabe
der Verhaftung, zitiert *stern online* ein (nicht näher benanntes)
regionales Online-Medium aus der Heimatstadt der Frau: »Es ist
schon verrückt, was seit gestern über Schwetzingen hereinbrach.
Fernsehteams aus ganz Deutschland und der Schweiz waren vor
Ort, Reporter aller großen Zeitungen, gleich ob das Berliner Boulevardblatt BZ oder die seriöse Frankfurter Allgemeine Zeitung,
ob die öffentlich-rechtlichen Teams vom Hessischen Rundfunk
und ZDF oder die Boulevard-Magazine von RTL oder der Nachrichtensender N 24 – alle Fährten des Kachelmann-Falles führ-

ten in die Spargelstadt. In der Redaktion stand das Telefon nicht still. Wir hielten uns daran, *den* uns bekannten Namen des Opfers nicht preiszugeben.« Die regionale Quelle darf durchaus als authentisch gelten, denn niemand außer einem Lokaljournalisten würde schreiben: alle Fährten des Kachelmann-Falles führten in die *Spargelstadt.* Andere hielten sich an nichts: Sie veröffentlichten den Namen des Radiosenders, bei dem die Frau arbeitete, sie veröffentlichten Fotos von der »beschaulichen Straße in Schwetzingen, in der Kachelmann-Affäre Petra (36) lebt« *(BZ).*

Die Medien-Flotte hatte an diesem 24. März nicht nur in Schwetzingen zu tun, ein womöglich noch größerer Truppenteil war in Mannheim im Einsatz. Dort hatte Kachelmann auf dem Weg von seiner Vernehmung im Amtsgericht zum Untersuchungsgefängnis sein »Ich bin unschuldig« lächelnd in die Kameras und Mikrofone gesprochen, ein sekundenlanger Auftritt zwischen Gerichts- und Autotür. Der Berliner Medienanwalt Christian Schertz nannte das eine »Vorführung«: »Mir ist kein Fall in der deutschen Pressegeschichte bekannt, wo es die Justiz ermöglicht hat, dass ein bloß Beschuldigter vor laufenden Kameras in eine grüne Minna weggeschlossen wurde.« (zitiert nach *Spiegel Online*). Schertz musste allerdings von Kachelmanns Anwälten erfahren, dieser habe sich vor dem Gericht auf eigenen Wunsch an die Öffentlichkeit gewandt. Ein Fernsehprofi, der weiß, was er seinem Publikum schuldig ist, und der zu diesem Zeitpunkt davon ausgehen konnte, dass er seinen Bonus beim Publikum noch nicht verspielt hatte. Zunächst aber musste Kachelmann in Untersuchungshaft bleiben.

Die Blumenkohlwolken des Jörg Kachelmann

Kachelmann, der lustige Wetterfrosch, das war nicht jedermanns Geschmack, aber doch der einen großen Fangemeinde. 1992, mit dem Start des *ARD Frühstückfernsehens*, tauchte der Schweizer im

deutschen Fernsehen auf und »seine Heiterkeitsoffensive veränderte die Präsentation von Regen- und Sonnenwahrscheinlichkei-
ten wie nichts davor und nichts danach«, schrieb die *Süddeutsche
Zeitung*. Seine »Blumenkohlwolken« haben sich offensichtlich ins
kollektive Gedächtnis gebrannt und viele hat es begeistert, dass er,
zum Beispiel, nicht von starken Niederschlägen sprach, sondern
stattdessen sagte: »es schifft«. Sein Durchbruch und größter Erfolg kam, als er 2002 einen Orkan vorhersagte, den der Deutsche
Wetterdienst (DWD) schlicht verschlafen hatte. Danach durfte er
mit seiner Firma Meteomedia AG vom DWD den quoten- und
prestigeträchtigen (und nebenbei auch noch sehr gut bezahlten)
Wetterbericht nach den ARD-*Tagesthemen* übernehmen (den
Auftrag für den Wetterbericht *vor* der *Tagesschau* hatte er sich
schon seit Mitte der 90er Jahre sichern können). Kachelmann,
der sein Meteorologie-Studium abgebrochen hatte, machte das
Wetter zu seinem Lebensthema und einem äußerst erfolgreichen
Business. Seine Popularität prädestinierte ihn für weitere Fernsehjobs, wie zum Beispiel für den des Moderators in der *MDR*-Talk-
show *Riverboat*. Erstaunlich war, dass Kachelmann all die Jahre
als Softieausgabe eines Neandertalers über den Bildschirm toben
durfte, mit Zottelhaar und Fisselbart, aber vielleicht waren die
Verantwortlichen der Meinung, dass die Waldschrat-Attitüde gut
zum Thema Wetter passte. Er selbst kalkulierte diese Wirkung
vermutlich ein, ein unverwechselbarer Auftritt gehört bekanntlich
zu einer Marke dazu, Kachelmann wurde zu einer.

Der prominente Untersuchungshäftling

»Kachelmann bleibt in U-Haft« – das war in den Wochen und
dann Monaten nach der Verhaftung die immer wiederkehrende
Überschrift, an die man sich allmählich gewöhnte und die auf
Dauer auch ein bisschen langweilig wurde. Zwar wurde hin und
wieder diskutiert und spekuliert, warum seine Anwälte keinen

Haftprüfungstermin beantragten, wann Anklage erhoben würde und welche Rolle Gutachten in einem Vergewaltigungsprozess spielen. Hauptsächlich jedoch suchten sich die Medien in dieser Zeit eigene Betätigungsfelder und präsentierten der Öffentlichkeit, wie eingangs schon erwähnt, immer mehr ehemalige und Noch-Geliebte, Ex-Frauen, Ex-Freundinnen, eventuelle Noch-Freundinnen und zahlreiche andere Frauen, die über Jörg Kachelmann und angeblich exklusive Liebesbeziehungen zu ihm Auskunft gaben. Häufig in allen Einzelheiten, garniert mit Zitaten aus echten oder erfundenen Liebesschwüren. Federführend war dabei das People-Magazin *Bunte*, dem sich die Ex-Geliebten im Laufe der Wochen und Monate gleich reihenweise anvertrauten, so dass *Bild* Ende April 2010 fragen musste: »Hatte Jörg Kachelmann 6 Frauen gleichzeitig?«

Es waren womöglich sogar noch mehr, so genau ließ sich das nicht mehr klären. Doch schon bei sechs zugleich wäre es – abgesehen von allem anderen – eine logistische Meisterleistung gewesen und so wurde verschiedentlich darauf verwiesen, dass vermutlich das berufsbedingte Hopping von Wetterstation zu Wetterstation dabei äußerst hilfreich war. Und die modernen Kommunikationsmittel, mit denen man jederzeit agieren kann, ohne dass der andere weiß, wo man sich befindet. Ein perfektes multiples Leben. Kachelmanns Anwälte gingen juristisch gegen zahlreiche dieser Veröffentlichungen – darunter auch E-Mail-Korrespondenz – vor, konnten auch gewisse Teilerfolge verbuchen, waren aber letztlich gegen die Flut der privaten Enthüllungen machtlos.

Auch deshalb, weil einige der betroffenen Frauen freiwillig mit ihren Geschichten in die Öffentlichkeit gingen. Mag sein, dass, wie vielfach vermutet und später auch bestätigt, ein üppiges Honorar dabei eine Rolle spielte. Doch sicher auch ein Motiv: Die Medien boten ihnen die Chance, den Mann, der sie so schmählich hintergangen hatte, öffentlich an den Pranger zu stellen. Aus dem netten Wetterfrosch wurde erst das Rätsel Kachelmann und dann der Mann mit der dunklen Seite. Die Frauen – übrigens alle jung, attraktiv und gebildet – zeichneten ein Bild von Kachelmann, das ihn in der Gesamtheit der inzwischen bekannt gewordenen Beziehungsgeflechte als notorischen Lügner entlarvte, als Falschspieler und Meister der Manipulation. Und Anhänger besonderer Rituale und Sexpraktiken. All diese Geschichten bedienten nicht nur den Voyeurismus, sie berührten auch die gängigen Moralvorstellungen und den Kern der Beziehung zwischen Mann und Frau. Dieses Minenfeld war größer als jeder Kriegsschauplatz und bot reichlich Stoff für immer neue Stories. Natürlich war das fatal, denn Kachelmann stand unter dem Verdacht, *eine* Frau vergewaltigt, und nicht *zahlreiche* Frauen wie auch immer hintergangen zu haben. Doch wer sollte eine Berichterstattung darüber verhindern? Genauso gut hätte man versuchen können, eine Lawine wieder den Berg hinaufzurollen.

Zwei Monate nach der Verhaftung erhob im Mai 2010 die Staatsanwaltschaft Mannheim Anklage gegen Jörg Kachelmann. Danach sollte er seine ehemalige Lebensgefährtin mit einem Küchenmesser bedroht, vergewaltigt und mit dem Tod bedroht haben. Strafmaß in einem solchen Fall: eine Freiheitsstrafe nicht unter fünf Jahren. Die Anklage stützte sich neben den Aussagen des mutmaßlichen Opfers auf Ergebnisse kriminaltechnischer (DNA-Spuren auf dem Küchenmesser) sowie rechtsmedizinischer (Hämatome an den Oberschenkeln, Schnittspuren am Hals) Untersuchungen. Ein aussagepsychologisches Gutachten über die Glaubwürdigkeit der Frau sei zwar noch nicht endgültig fertig, so die Staatsanwaltschaft, eine »Kurzmitteilung« der Gutachterin lasse jedoch den Schluss zu, dass der Tatverdacht gegen Kachelmann nicht entkräftet wurde. Diese Anklage sollte der Staatsanwaltschaft später um die Ohren fliegen.

Wurde Jörg Kachelmann von den Ermittlungsbehörden besonders hart angefasst, weil er ein Prominenter ist? Diese Auffassung
wurde in der Presse von Anfang an thematisiert. Kachelmanns
Verhaftung nach seiner Rückkehr von den Olympischen Spielen
in Kanada in der Tiefgarage des Frankfurter Flughafens wurde
als Inszenierung empfunden, die Tatsache der Untersuchungshaft
und vor allem ihre lange Dauer als Promimalus angesehen. Man
unterstellte der Staatsanwaltschaft und dem Gericht, sie hätten
Kachelmann der Öffentlichkeit zum Fraß vorgeworfen und wären
besessen von dem *unbedingten Willen zur Verurteilung*. Doch worin
bestand dieser Promimalus tatsächlich? Ein Mann wird von einer
Frau angezeigt und einer schweren Vergewaltigung bezichtigt. Im
Sinne des Rechtsstaats hofft man, dass Polizei, Staatsanwaltschaft
und Gericht den *unbedingten Willen zur Aufklärung* zeigen, unabhängig von der Prominenz des Verdächtigen. Im konkreten Fall
passierte nichts, was nicht auch bei einem Nicht-Prominenten
hätte passieren können. Nur die öffentliche Wahrnehmung war
eine andere. Die Polizeibeamtin, die Kachelmanns Ex-Freundin
als erste vernommen hatte, hielt die Zeugin für glaubwürdig. Dieser Eindruck konnte richtig oder falsch sein, unabhängig von der
Prominenz des Verdächtigten. Wäre Kachelmann ein unbekannter
Geschäftsmann gewesen, hätte sich niemand über die eher diskre-
ten Umstände der Festnahme in einer Tiefgarage des Frankfurter Flughafens aufgeregt. Der Haftrichter glaubte Kachelmanns
Version des Hergangs nicht und erließ Haftbefehl, ein alltäglicher
Vorgang. Und einiges hätte dafür gesprochen, diesen unbekannten Geschäftsmann wegen Fluchtgefahr in U-Haft zu nehmen:
eine Schweizer Staatsbürgerschaft, Firmen- und Wohnsitz in
der Schweiz, ein familiärer Ankerpunkt in Kanada und keinerlei Bindungen in Deutschland. Vielleicht ist der auch bei anderen
Prominenten in der Strafverfolgung so oft thematisierte Malus

tatsächlich nur die Abwesenheit eines Promibonus'? Der Verweis darauf, dass ein falscher Verdacht die Existenz eines Menschen ruinieren kann, gilt nicht nur für TV-Moderatoren, sondern auch für LKW-Fahrer, Bäcker oder Bauarbeiter. Im Fall Kachelmann hatte sich die Staatsanwaltschaft in der Tat weit aus dem Fenster gehängt. Doch das hätte sie bei einem unbekannten Angeklagten womöglich genauso getan. Dann wäre es der breiten Öffentlichkeit nur nicht aufgefallen.

Anfang Juni 2010 sickerte durch, dass die Gutachten, die Kachelmann angeblich belasteten, doch nicht so eindeutig waren. Das psychologische Gutachten kam, als es dann fertig war, zu dem Ergebnis, dass die Schilderung der Vergewaltigung durch das mutmaßliche Opfer nicht die Mindestanforderungen an die logische Konsistenz, Detaillierung und Konstanz erfülle. Damit sei, so die Bremer Psychologin Luise Greuel, die auf dem Gebiet der Aussagepsychologie als Expertin gilt, keineswegs eine Falschaussage erwiesen. Die im gerichtlichen Kontext gebotene Zuverlässigkeit der Aussagen sei aber eben auch nicht gegeben. Zu diesem Ergebnis kam die Gutachterin unter anderem deswegen, weil die Frau, wie die Ermittler inzwischen herausgefunden hatten, zu einigen Vorgängen im Vorfeld der angeblichen Vergewaltigung gelogen hatte. Auch die Spuren am vermeintlichen Tatmesser erwiesen sich als kriminaltechnisch zweifelhaft. Und ein weiterer Gutachter kam zu dem Ergebnis, dass die Hämatome an den Oberschenkeln mit großer Wahrscheinlichkeit selbst beigebracht waren und das Messer als Tatwaffe ausscheidet. Das alles waren überraschende Entlastungen für Jörg Kachelmann, manche sprachen von einer Wende.

Als Erster hatte der *Spiegel* über diese neuen Fakten aus den Ermittlungsakten berichtet und aus dem Gutachten von Luise Greuel zitiert. Woher hatte der *Spiegel* seine Informationen? Von Kachelmanns Anwälten? Es war nicht das erste Mal, dass Details aus diesen Akten in die Öffentlichkeit gelangten. Bislang hatte vor allem *Focus* besonders gut informiert über die Ermittlungen gegen Kachelmann berichtet, unter dem heftigen Protest seiner Anwälte. Jetzt sollte oder wollte offensichtlich der *Spiegel* die Führung bei der Entlastungs-Fraktion und der entsprechenden medialen Kampagne übernehmen. Und anders als bei *Focus* oder *Bild*, protestierten die Kachelmann-Anwälte in diesem Fall nicht gegen die Veröffentlichung von Interna aus den Ermittlungsakten. Eine neue Qualität im Ringen um das Urteil der Öffentlichkeit, noch bevor der Prozess überhaupt begonnen hat. »Mit dem Spiegel-Bericht ist die Vorab-Erörterung von Kachelmanns Schuld oder Unschuld in eine neue Phase getreten – und dass allein die Staatsanwälte mit ihrer ›skandalösen Schwatzsucht‹ daran schuld sein sollen, wird man bezweifeln dürfen«, kommentierte der *Tagesspiegel*. *Focus* trat sofort gegen den *Spiegel* an und berichtete von weiteren, Kachelmann belastenden DNA-Spuren. Auch diese Informationen mussten aus den Ermittlungsakten stammen. Doch das war erst der Anfang. Um das Gutachten der Bremer Psychologin Luise Greuel und um ihre Person sollte es noch einen monatelangen Streit geben. So berichtete beispielsweise *Focus* Anfang Juli, das Gutachten entlaste Kachelmann keinesfalls, im Gegenteil. Weitere Gutachter kamen ins Spiel, duellierten sich und kämpften um die Deutungshoheit. Die mediale Parteinahme pro und contra Kachelmann kulminierte in eine Art Mediengericht, entwickelte sich zu einer fragwürdigen Instanz neben der Justiz. Gespeist mit Insider-Informationen, die offensichtlich sowohl aus dem Lager der Anklage als auch aus dem der Verteidigung lanciert worden waren. Berichterstatter schlüpften in die Rolle von Richtern und Kommentatoren, versuchten sich als Experten verschiedener Genres und übten sich in Anmaßung gegenüber der Justiz.

Auf der einen Seite, der Contra-Kachelmann-Fraktion hatten sich ziemlich eindeutig die Burda-Publikationen *Focus* und *Bunte* positioniert, auf der anderen, der Pro-Kachelmann-Fraktion standen *Spiegel* und *Zeit*. In der *Zeit* hatte sich Ende Juni die Gerichtsreporterin Sabine Rückert – die inzwischen vermutlich ähnlich bekannt und einflussreich sein dürfte wie Gisela Friedrichsen vom *Spiegel* – ausführlich zum Fall Kachelmann zu Wort gemeldet. Rückert zeichnete, auch unter Berufung auf das Greuel-Gutachten, ein Bild der Ex-Freundin, das nur einen Schluss zuließ: »Schlug also die Huldigung einer blind Verliebten um in Vernichtungswünsche gegen den Verräter?« Zur Untermauerung wurde das Alte Testament bemüht, wo im ersten Buch Mose von der Vergeltungssucht der zurückgewiesenen Frau erzählt wird: »Die Gemahlin des Ägypters Potiphar hatte vergeblich versucht, den schönen Israeliten Joseph zu verführen. Weil dieser ihre Offerten schroff zurückwies, zerriss sie sich die Kleider und behauptete von ihm vergewaltigt worden zu sein. Die Obrigkeit schenkte ihr Glauben und Joseph wurde in den Kerker geworfen. Gott selbst musste eingreifen und den Unschuldigen aus dem Gefängnis retten.« Dieses Mal nicht Gott, sondern Sabine Rückert.

Es war das mediale Gegenprogramm zu den Bekenntnissen der diversen Kachelmann-Frauen in *Bunte:* Dort die angeblich gedemütigten Frauen, die der Welt die Wahrheit über Jörg Kachelmann mitteilen wollten. Hier der angeblich wehrlose Untersuchungshäftling, dessen Existenz von rach- und geltungssüchtigen Frauen vernichtet wurde und dessen Unschuld schon so gut wie bewiesen war. Dazu ein Anwalt, der, wie Rückert befand, seinen Job schlecht machte und schuld daran war, dass Kachelmann immer noch in Untersuchungshaft saß. Damit schob die *Zeit*-Journalistin eine Diskussion an, die von anderen Zeitungen aufgegriffen wurde: »Hat Kachelmann den falschen Anwalt?«, fragte beispielsweise eine *Bild*-Überschrift (1. Juli 2010). Später wurde berichtet, Rückert habe dem Kachelmann-Anwalt Reinhard Birkenstock, der sich Hilfe suchend an sie gewandt habe (!), empfohlen, einen Hamburger Anwalt hinzuzuziehen. Wir dürfen vermuten, dass es sich dabei um Johann Schwenn handelte, gemeinsam mit ihm hatte Sabine Rückert einst Fehlurteile in Vergewaltigungsprozessen aufgedeckt und darüber das viel beachtete

Buch *Unrecht im Namen des Volkes* geschrieben. Die *Frankfurter Rundschau* entdeckte noch einen anderen Zusammenhang:

>»Die Vorgeschichte macht das im Artikel über den Anwalt (gemeint ist Kachelmanns Anwalt Reinhard Birkenstock) gefällte Urteil fragwürdig. Am 21. Mai hatte Rückert in einer E-Mail dem Kachelmann-Verteidiger Reinhard Birkenstock empfohlen, einen Hamburger Kollegen hinzuzuziehen: ›Wir können nur zusammenkommen, wenn Ihre Verteidigung in dem angedeuteten Sinne professionalisiert wird, dazu sollten Sie sich überlegen, einen Kollegen einzubinden, der Verfahren dieser Art auch gewachsen ist.‹ Birkenstock lernt aus dem Schreiben auch, wie Rückert und er fast schon zu so etwas wie Kollegen geworden wären, wenn er auf ihren Vorschlag eingegangen wäre. Sie schildert dazu ihre Zusammenarbeit in anderen Fällen: Am Tag, als ihr Artikel in der *Zeit* erschienen sei, habe den Richtern der Wiederaufnahme-Antrag des empfohlenen Kollegen vorgelegen. ›Das hat dafür gesorgt, dass sich die Richter‹ und ›die Nebenklage gehütet haben, presserechtliche Schritte‹ gegen *Die Zeit* zu ergreifen.
>
>Rückert teilt auf Anfrage mit, dass Birkenstock ihr Akten angeboten habe. Nach einigen Telefonaten habe sie den Deal abgelehnt: ›Als Herr Birkenstock lieber allein weiterwursteln wollte, habe ich keinen Grund gesehen, die Kommunikation fortzusetzen.‹ Auf die Frage zu dieser höchst problematischen Zusammenarbeit von Gerichtsreportern mit Anwälten schreibt sie: ›Ich suche mir Fälle und Anwälte allerdings sehr genau aus, deshalb kann ich sinnvollen Informationsaustausch mit seriösen Verteidigern mit meinem Gewissen und Arbeitsethos auch gut vereinbaren.‹«

Birkenstock bestritt, Rückert Akten angeboten zu haben und was den Hamburger Kollegen betraf, konnte oder wollte er ihr nicht folgen und so kam es schließlich im November 2010 zu einer »feindlichen Übernahme« des Mandats. Doch dazu später mehr.

Am 1. Juli 2010 lehnte das Landgericht Mannheim die Aufhebung des Haftbefehls mit der Begründung ab, Jörg Kachelmann sei weiterhin dringend tatverdächtig. Aus der Sicht des Gerichts waren die in den Medien diskutierten Entlastungen keine, gab es keine Wende. Jetzt musste sich das Oberlandesgericht in Karlsruhe mit der Aufhebung des Haftbefehls befassen. Am 9. Juli eröffnete das Landgericht Mannheim das Hauptverfahren gegen Jörg Kachelmann und kündigte für Anfang September den Prozessbeginn an.

In den Medien vertrieb man sich diese Zeit mit weiteren Enthüllungen aus dem bizarren Liebesleben von Kachelmann und den beteiligten Frauen, weiterer Veröffentlichungen aus den Gutachten und Ermittlungsakten – es fehlte eigentlich nur eine Internet-Veröffentlichung der Akten à la Wikileaks – sowie der durch ein Gutachten befeuerten Diskussion der Frage, ob das mutmaßliche Opfer sich die angeblich von Kachelmann verursachten Verletzungen selbst beigebracht hatte. Und weil inzwischen Hochsommer war, veröffentlichte *Bild* unter Verletzung aller Persönlichkeitsrechte das passende Foto: Jörg Kachelmann sitzt mit freiem Oberkörper und inmitten anderer Häftlinge im Hof der JVA in der Sonne. Dennoch, es wurde höchste Zeit, dass die Causa Kachelmann neue Fahrt aufnahm.

Ende Juli dann der Paukenschlag: Jörg Kachelmann wurde aus der Untersuchungshaft entlassen, das Oberlandesgericht Karlsruhe sah keinen dringenden Tatverdacht. Das war kein Freispruch und hieß auch nicht, dass es keinen Tatverdacht gab. Es hieß aber vermutlich, wie zum Beispiel die *Süddeutsche Zeitung* schrieb, dass das Oberlandesgericht mehr an der Glaubwürdigkeit des mutmaßlichen Opfers als an der des mutmaßlichen Täters zweifelte. Und manche interpretierten diesen Vorgang als einen Fingerzeig in Richtung Freispruch. Mit dieser Haftentlassung trat das Rennen um mediale Vorverurteilung bzw. mediale Vorfreisprechung in eine neue Phase. Die Stimmen, die jetzt in Kachelmann ein Opfer sahen, überwogen. Kachelmann wusste diese Stimmung für sich zu nutzen, denn abgesehen von dem Vorwurf der Vergewaltigung hatte sein Image durch die Enthüllungen über sein multiples Liebes- und Beziehungsleben schweren Schaden genommen.

»Es ist das perfekte Comeback in der Öffentlichkeit, kein Fernsehregisseur hätte seine Auftritte besser inszenieren können«, die mit allen Wassern gewaschenen Profis von *Bild* zogen den Hut vor Kachelmann und zitierten ausführlich aus einem *Spiegel*-Interview (*Bild* selbst war von den Kachelmann-Anwälten gerade verklagt worden und hatte vielleicht deshalb kein eigenes Interview). In diesem *Spiegel*-Interview gab sich Kachelmann aufgeschlossen und versöhnlich. Auf die Frage nach dem Vorwurf der Ex-Freundin antwortete er nach Gutsherrenart: »Diese Beziehung lief länger, als ich es hätte zulassen sollen.« Elf Jahre hatte diese Beziehung gedauert und nach allem, was bekannt geworden war, war ihm dies durchaus nicht unangenehm gewesen. Und auf die Frage nach den vielen anderen Frauen in seinem Leben reagierte er, wie er offensichtlich fand, hinreichend zerknirscht: »Ich hätte keiner Frau vorgaukeln dürfen, dass sie die einzige ist.« Mit solchen Äußerungen spekulierte er wohl nicht nur auf die augenzwinkernde Solidarität so manch eines männlichen Lesers, sie waren hanebüchen angesichts dessen, was über die Beziehungen zu zahlreichen Frauen bekannt war. Kachelmann hätte zu all dem wie bisher einfach schweigen können. Stattdessen stilisierte er sich zum Buddy next door mit kleinen Testosteron-Ausrutschern. In Interviews, die das Magazin der *Süddeutschen Zeitung* anonym mit mehreren Freundinnen und Kolleginnen Kachelmanns führte, entstand dagegen, wie zuvor schon in den Offenbarungen in *Bunte*, das Bild eines getriebenen Egomanen, der die Frauen mit machtbewusstem Charme, exklusiven Liebesschwüren und vor allem mit Versprechen auf eine gemeinsame Zukunft an sich band. Die Frauen kannten Kachelmann vielleicht aus dem Fernsehen, aber den Mann an ihrer Seite kannten sie, wie sie nun feststellen mussten, nicht. Sie wehrten sich in diesen Interviews auch gegen den vielfach erhobenen Vorwurf, sie hätten sich nur in Kachelmann verliebt, weil sie von seinem Ruhm als Fernsehstar etwas abhaben wollten: »War es nicht vielleicht umgekehrt? Dass er etwas von der Jugend und der Schönheit seiner Freundinnen abhaben wollte? Schließlich waren seine Freundinnen alle jünger und schöner als er.« In der Tat, viel hatten sie von seinem TV-Ruhm nicht. Nicht nur, weil Kachelmann kein Red-Carpet-Prominenter war, sondern vor allem, weil er seine Beziehungen vor der Öffentlichkeit verbarg.

Ein medialer Glaubenskrieg

Der Prozess im September 2010 begann als juristischer Stellungs-krieg mit Befangenheitsanträgen. Jörg Kachelmann war zum Schweigen zurückgekehrt, und sein Anwalt ließ mitteilen, es werde von ihm in der Hauptverhandlung keine weiteren Einlassungen ge-ben. Er hatte sich, wie die *Süddeutsche Zeitung* schrieb, in die Rolle des aus seiner Sicht unschuldig Angeklagten eingefügt, schweigend, lächelnd und in adrettes Grau gekleidet. Zum Tatvorwurf wurde seine Aussage vor dem Amtsgericht verlesen. Und noch vor der Aussage der Belastungszeugin, so das Gericht, sollten eine Reihe anderer Ex-Freundinnen als Zeugen aussagen. Ein ungewöhnli-ches Vorgehen nach Meinung von Experten und womöglich Aus-druck der schwachen Position der Staatsanwaltschaft. Den Antrag der Verteidigung, auf die Vernehmung dieser insgesamt 10 »Bezie-hungszeuginnen« zu verzichten, lehnte das Gericht ab, ihre Aus-sagen seien »zur Beurteilung der Persönlichkeit des schweigenden Angeklagten« notwendig (zitiert nach *Frankfurter Allgemeine Sonn-tagszeitung*). Die Medien jedenfalls richteten sich auf einen langen Prozess und eine Schlacht der Gutachter ein. Als neue Kommenta-torin aus dem Gerichtssaal – sofern die Öffentlichkeit nicht wie sehr häufig in diesem Verfahren ausgeschlossen war – trat Alice Schwar-zer auf den Plan, sie berichtete in einer wöchentlichen Kolumne für *Bild*. Eine zumindest ungewöhnliche Allianz, stehen doch Schwar-zer und *Bild* publizistisch überwiegend auf unterschiedlichen Seiten.

In zahlreichen Zeitungen wunderte man sich, dass Alice Schwarzer ausgerechnet neben den nackten Mädchen auf der Titelseite antreten wollte. Doch der Zweck heiligt die Mittel, haben sich in diesem Fall vielleicht beide Seiten gesagt. Schwarzer jedenfalls erklärte, sie wolle damit auch erreichen, dass die Sicht des mutmaßlichen Opfers – das inzwischen Morddrohungen erhalten hatte und unter Polizeischutz gestellt werden musste – ernst genommen werde. Und so waren auch in der Berichterstattung aus dem Prozess beide Kachelmann-Lager vertreten, das Contra-Lager, unter Führung von Alice Schwarzer, und das Pro-Lager unter Führung der …? Die *Frankfurter Allgemeine Sonntagszeitung* berichtete darüber, ohne einen Namen zu nennen: »Das andere Lager macht einen ›Prominentenmalus‹ Kachelmanns aus und sieht ihn ungerecht behandelt; eine Vertreterin dieses Lagers sitzt im Gerichtssaal in der ersten Reihe, dem Vorsitzenden Richter direkt gegenüber, und nickt mitunter, wenn die Verteidigung spricht.« Handelte es sich bei dieser Person eventuell um Gisela Friedrichsen, die Gerichtsreporterin des *Spiegel*? Wie auch immer, im medialen Glaubenskrieg um Schuld oder Unschuld hatten längst Ladies die Führung übernommen: neben den schon genannten – Schwarzer, Friedrichsen, Rückert – Patricia Riekel, die einflussreiche Chefredakteurin von *Bunte*, und ihre Redakteurin Tanja May.

Mitte Oktober 2010 lehnte das Landgericht Mannheim endgültig den Gutachter Bernd Brinkmann wegen Befangenheit ab, und beendete damit einen tagelangen juristischen Kleinkrieg. Der Rechtsmediziner Brinkmann war zu diesem Zeitpunkt der wichtigste Zeuge der Verteidigung. Es ging dabei um Fotos von blauen Flecken am Oberschenkel des mutmaßlichen Opfers. Brinkmann war in seiner Expertise zu dem Ergebnis gekommen, die Frau könnte sich die Verletzungen selbst zugefügt haben, um eine Vergewaltigung vorzutäuschen. Der Ausschluss Brinkmanns war ein schwerer Rückschlag für die Verteidigung, brachte ihre gesamte Strategie ins Wanken.

Ende Oktober scheiterte sie dann mit einem erneuten Befangenheitsantrag gegen das Gericht. Ob die Verteidigung durch die erste Vernehmung der Zeugin der Anklage wie behauptet punkten konnte, ließ sich nicht überprüfen, die Vernehmung fand wegen der Intimität der Aussage unter Ausschluss der Öffentlichkeit statt. *Bunte* schilderte die äußeren Umstände dieses Vernehmungsmarathons anschaulich und ausführlich: Vier Tage lang und insgesamt ca. 20 Stunden hatte die 37-jährige Frau, die Jörg Kachelmann angezeigt hatte, ausgesagt. Damit jeder im Gerichtssaal – 25 Prozessbeteiligte, von denen 20 das Recht hatten, ihr Fragen zu stellen – sie während ihrer Aussage sehen konnte, wurde das Bild einer Videokamera auf eine Großleinwand projiziert. Vor allem die neun Sachverständigen (auch für einen Vergewaltigungsprozess war das eine ungeheuer große Anzahl) wollten und sollten während der Vernehmung Mimik und Gestik der Frau genau sehen. Dabei ging es auch um die detaillierte Rekonstruktion der angeblichen Tatnacht.

Für die nächste Überraschung sorgte Kachelmann, als er, mitten im Verfahren, *Bild* ein ausführliches Interview gab. Überraschend auch deshalb, weil seine Anwälte wiederholt gegen die Springer-Berichterstattung vorgegangen waren und den Konzern angeblich (laut *Bild*-Chef Kai Diekmann war eine solche Klage allerdings nie eingegangen) wegen Verletzung der Persönlichkeitsrechte auf Schmerzensgeld in Millionenhöhe verklagt hatten. Nun jedoch bot *Bild* ihm offensichtlich die Bühne für den öffentlichen Bußgang an, und so gab er bereitwillig über sein Privatleben Auskunft. Abgesehen davon, dass er verkündete, nie wieder im Fernsehen aufzutreten, präsentierte er sich unter der Überschrift »Ich werde noch viele Menschen um Verzeihung bitten müssen« äußerst reumütig. »Ich war nicht immer treu, offen und ehrlich mit meinen Partnerinnen.« (*Bild* 3. November 2010). Das Jörgi – das Frauenversteherli, so wollte er gern gesehen werden. Sein Eingeständnis kam gerade noch rechtzeitig, bevor *Bild* am 9. November über Katharina T. berichtete: »Wie gefährlich wird diese Frau für Kachelmann?«. Die 29-Jährige, eine der vielen Ex-Freundinnen, sorgte für erheblichen medialen Wirbel. Zum einen hatte sie ihre Kachelmann-Story exklusiv an *Bunte* verkauft. Zum anderen trat sie offensiv auf, eine Frau, die auch ohne Kachelmann die Öffentlichkeit gesucht hatte, als Umweltaktivistin beispielsweise oder als Deutsche Meisterin im Luftgitarrespielen. Und sie war sauer auf Kachelmann, weil sie wie alle anderen Frauen durch die Medien erfahren hatte, dass sie während ihrer Beziehung zu Kachelmann nicht die einzige Freundin war. Katharina T. hatte sich bei der Staatsanwaltschaft gemeldet, um über ein aus ihrer Sicht ungewöhnliches Telefonat zu berichten, das Kachelmann am Tag nach der angeblichen Vergewaltigung mit ihr geführt hatte.

Der Starfighter landet

Kurz bevor der Prozess Ende November 2010 mit der Anhörung der Sachverständigen in seine nach Beobachtern entscheidende Phase trat, fand für die meisten überraschend ein Anwaltswechsel statt. Reinhard Birkenstock erklärte, dass er ab sofort nicht mehr der Anwalt von Herrn Kachelmann sei. Er gab – sicher nicht freiwillig, aber ohne jede weitere Erklärung – das Mandat an den Hamburger Juristen Johann Schwenn ab. Nun also doch Johann Schwenn, den die *Zeit*-Redakteurin Sabine Rückert schon Monate vorher ins Spiel gebracht hatte. Auf Nachfrage erklärte sie der *Süddeutschen Zeitung*, mit diesem Verteidigerwechsel absolut nichts zu tun zu haben. Ein Mann wie Johann Schwenn, ein so genannter Star-Anwalt, war auf Fürsprache auch nicht angewiesen. Ein Hanseat von unerschütterlichem Selbstbewusstsein, der als Strafverteidiger äußert konfrontativ und erfolgreich agiert – diesen Ruf hatte Schwenn schon. Und er hatte sich mit einem Artikel in der Zeitschrift *Cicero*, in dem er den »Glauben an den Missbrauch« als Modeerscheinung geißelte, selbst für den

Job empfohlen: »Wer mit der Zeit geht, hält den sexuellen Missbrauch für die Pest unserer Tage«, schrieb er da und: »Da mögen
die fallenden Zahlen der Kriminalstatistik sagen, was sie wollen:
Gegen den Glauben an den Missbrauch scheint kein Kraut gewachsen. Dass dieser Glaube inzwischen auch jene erfasst hat, die
es von Amts wegen besser wissen sollten, ist im Verfahren gegen
Jörg Kachelmann zu besichtigen. Dort kämpft die Staatsanwaltschaft für die Verurteilung des Angeklagten Seite an Seite mit
Alice Schwarzer, die sich zuvor mit der Bild-Zeitung verbündet
hatte.«

Gleich bei seinem ersten Auftritt im Kachelmann-Prozess
setzte Schwenn sich äußerst wirkungsvoll in Szene und machte
klar, was er von der Presse, den Richtern, der Staatsanwaltschaft,
den Zeugen, den Gutachtern hielt: nichts. »Alles, was hier bisher
passiert ist, ist irrelevant«, zitierte die *Frankfurter Rundschau*. Und
in diesem Stil ging es weiter: »Nur selten haben seitdem (seit den
RAF-Prozessen Anfang der 8oer Jahre) Verteidiger, auch Kon-
fliktverteidiger, so anmaßend, so arrogant, so eitel und so um Ef-
fekte heischend agiert wie Johann Schwenn, Kachelmanns neuer
Verteidiger in diesem Verfahren.« *(Stuttgarter Zeitung)*

Die Bilanz nach 100 Tagen Prozessdauer Mitte Dezember
2010: In der Klärung der Frage, ob Jörg Kachelmann seine Ex-
Freundin vergewaltigt hatte oder nicht, war man keinen Schritt
weiter gekommen. Und es war, so bemängelte die *Süddeutsche Zeitung,* auch nicht gerade hilfreich, dass Kachelmann vor Gericht
schwieg: »Immer häufiger raten oder besser: befehlen Verteidiger
ihren Mandanten, von ihrem Schweigerecht Gebrauch zu machen.
Es verteidigt sich leichter, wenn der Mandant die Klappe hält, ins-
besondere bei Angeklagten, die sehr von sich selbst eingenommen
sind und zur Redseligkeit neigen. Wer nichts sagt, kann jedenfalls
nichts Falsches sagen. Der Wahrheitsfindung dient das nicht. Wie
soll sich ein Gericht ein Bild von der Persönlichkeit eines Angeklagten machen, wenn es nicht mit ihm sprechen kann?«

In der Tat hatte dieser Prozess Züge einer Fahrt mit der Geisterbahn: Die Zeugin der Anklage wurde unter Ausschluss der Öffentlichkeit mehrere Tage lang intensiv befragt, zahlreiche weitere Ex-Freundinnen berichteten unter Ausschluss der Öffentlichkeit von ihren Beziehungen zu Jörg Kachelmann, und der Angeklagte selbst sprach zwar in der Öffentlichkeit, nicht aber vor Gericht.

Aus dem ursprünglich angepeilten Ziel, noch vor Weihnachten 2010 das Urteil zu sprechen, war man weit entfernt. Und so ging man stattdessen mit zwei neuen Statements in die Weihnachtspause: ·1. Das Gericht lehnte die von der Verteidigung beantragte Durchsuchung der Redaktionsräume von *Focus* und *Bunte* ab (eine schlechte Nachricht für das Kachelmann-Lager) und 2. Die DNA-Spuren am vermeintlichen Tatmesser waren so gering, dass sie nicht aussagekräftig waren (eine sehr gute Nachricht für das Kachelmann-Lager). Und Gisela Friedrichsen gab im *Spiegel* Johann Schwenn noch den wenig schmeichelhaften Weihnachtsgruß mit, der Verteidigerwechsel habe zwar für viel Tamtam gesorgt, dem Angeklagten aber wenig Entlastung gebracht. Dennoch stand Kachelmann aufgrund von Gutachteraussagen insgesamt sehr viel besser da als zu Beginn des Prozesses.

Und diese Entwicklung setzte sich 2011 fort. Nach dem 9. Februar, dem großen Tag der Gutachter, sahen Beobachter endgültig die Wende. Der von der Staatsanwaltschaft beauftragte Rechtsmediziner Reiner Mattern erklärte, die festgestellten Verletzungen könnte sowohl der Angeklagte als auch die Frau selbst verursacht haben. Der von der Verteidigung geladene Rechtsmediziner Markus Rothschild erklärte in seinem Gutachten, die Vergewaltigungsschilderungen der Zeugin erschienen ihm angesichts der Verletzungen nicht nachvollziehbar. Und der ebenfalls von der Verteidigung bestellte Gutachter Klaus Püschel sprach von eindeutigen Hinweisen auf Selbstverletzung. Ende Februar dann ein weiteres Gutachten, das die Aussage der Ex-Freundin demontierte: Der Psychiater Hans-Ludwig Kröber erklärte vor Gericht, die angeblichen Erinnerungslücken seien nicht wissenschaftlich zu belegen. Kachelmanns Verteidiger Johann Schwenn beantragte daraufhin die erneute Befragung der Ex-Freundin. Nach den bisherigen Ergebnissen der Beweisaufnahme zeichne sich ab, dass sie die Unwahrheit gesagt habe. Er wolle ihr, so wurde berichtet, dabei helfen sich zu »besinnen«.

Doch die Ex-Geliebte besann sich nicht. Sie wurde Ende März 2011 erneut vernommen und blieb – offensichtlich unbeeindruckt vom ihr vorgehaltenen Gang der Beweisaufnahme, sprich den Zweifeln der Gutachter – bei ihrer Aussage. Dieses Mal ging das Ganze in zwei Stunden über die Bühne. Auch, weil Kachelmann-Verteidiger Schwenn zur Überraschung vieler auf eine ausführliche Befragung der Frau verzichtete.

Ein abschreckendes Beispiel

Aus Sicht juristischer Laien hätte man jetzt eigentlich zu einem Ende kommen können: Die beiden Beteiligten blieben bei ihren Aussagen, die Gutachter hatten zahlreiche Zweifel an der Tatversion der Frau vorgetragen. Vieles sprach dafür, dass das Urteil »im Zweifel für den Angeklagten«, also Freispruch lauten müsse. Was sollte vor Gericht noch passieren? Das mediale Interesse an diesem Prozess hatte sich mittlerweile auf Normalmaß mit fallender Tendenz eingependelt. Einen kurzfristigen Ausschlag nach oben gab es durch die von der Verteidigung beantragte erneute Vernehmung einer anderen Ex-Geliebten. Sie hatte, wie sich Ende März 2011 herausstellte, für eine Titelstory in *Bunte*, 50 000 Euro bekommen. Das war in der Tat eine Rekordsumme, Scheckbuchjournalismus, wie die *Süddeutsche Zeitung* schrieb, und sicher nicht dazu angetan, die Glaubwürdigkeit dieser Zeugin zu untermauern. Andererseits war sie nicht die einzige, die sich in der Causa Kachelmann geschickt in Szene gesetzt und verkauft hatte. Jörg Kachelmann selbst erschien zu dieser Zeit mit einem Accessoire im

Gerichtssaal, das höchste Aufmerksamkeit erregte: ein schmaler goldener Ring am Ringfinger der linken Hand. Schnell war klar, in der Schweiz werden Eheringe links getragen. Verschiedene Zeitungen berichteten, Kachelmann habe eine seiner früheren Geliebten, eine 25-Jährige, die in der Schweiz lebt und zu der er seit Jahren eine Beziehung habe, geheiratet. Der Ring war auch dem Vorsitzenden Richter Michael Seidling aufgefallen, und er soll Kachelmann gefragt haben, ob er sich dazu äußern wolle. Sein Verteidiger soll dies verneint haben. Nicht nur Patricia Riekel, die Chefredakteurin von *Bunte,* fragte sich, was das für eine Botschaft war: »Könnte es nicht sein, dass Kachelmann einen Hintergedanken hatte? Er dem Gericht beweisen wollte, dass er sich geändert hat, dass er sehr wohl einer Frau treu sein kann?«.

War das noch eine Gerichtsverhandlung, oder war es nur noch die Simulation einer Gerichtsverhandlung? Gisela Friedrichsen berichtete ebenfalls Ende März, der nicht enden wollende Kachelmann-Prozess werde mittlerweile in anderen Strafverfahren als abschreckendes Beispiel für spektakuläres Prominenten-Getue zitiert: »Der Satz ›Wir sind doch nicht bei Kachelmann‹ – er ist jedes Mal Anlass für befreiendes Gelächter.«

Finaler Showdown

Und dann endlich, der 31. Mai 2011, der Tag des Urteils. In der Woche zuvor hatte die Staatsanwaltschaft vier Jahre und drei Monate Gefängnis für Kachelmann gefordert, die Verteidigung hatte, natürlich, auf Freispruch plädiert. Medial wurde der Tag der Urteilsverkündung zelebriert, als ginge es um das Schicksal der Nation und nicht nur um das zweier Menschen, die einmal ein Liebespaar waren. Eine Eilmeldung jagte die nächste: Freispruch für Jörg Kachelmann. Nachrichten und Bilder im Minutentakt. Im Gerichtssaal selbst, so wurde berichtet, brach nach der Urteilsverkündung spontaner Jubel aus, das Publikum klatschte Beifall.

Das Gericht hatte »in dubio pro reo«, also »im Zweifel für den Angeklagten« entschieden. Das war erwartet worden, und nach allem, was zu beobachten war, trug es der komplizierten Sachlage – noch immer war nicht klar, was an dem besagten Abend tatsächlich geschehen war, noch immer stand Aussage gegen Aussage, und die Gutachter hatten zahlreiche Zweifel an den Aussagen der Frau – am ehesten Rechnung. Letztlich hatte das Gericht zwar Zweifel an Kachelmanns Schuld, aber eben auch an seiner Unschuld. Der Verdacht gegen den Angeklagten habe sich »abgeschwächt, aber nicht verflüchtigt.« Ein Freispruch zweiter Klasse, ein Makel für Jörg Kachelmann, der seinen Verteidiger Johann Schwenn unmittelbar nach der Urteilsverkündung vor Reportern zu heftigen Ausfällen gegen das Gericht veranlasste.

Und der mediale Glaubenskrieg hob zum Showdown an: »Wer in diesem Fall auch nur erwog, die Ex-Freundin könnte vielleicht die Wahrheit sagen, der wurde platt gemacht«, beklagte Alice Schwarzer auf *Bild.de*. Sabine Rückert dagegen adelte bei *Zeit Online* die im Gerichtssaal jubelnden Zuschauer zu Robin Hoods der Mannheimer Justiz: »Mochten die Menschen früher in diesen Prozess geströmt sein, weil mit Jörg Kachelmann ein Prominenter aus dem *ARD*-Fernsehen auf der Anklagebank saß, so trieb jetzt viele wohl etwas anderes her: Sie wollten sehen, ob Deutschland ein Rechtsstaat ist, oder ob ein Bürger, für dessen angebliche Schuld kein Beweis zu finden ist, hierzulande tatsächlich verurteilt wird. Sie wollten erfahren, ob allein eine Bezichtigung ausreicht, um einen Menschen mit Mitteln der Strafjustiz zu erledigen.« Der Prozessbeobachter der *Frankfurter Rundschau* hat die Mannheimer Zuschauer offenbar weniger edel erlebt, er nennt sie »Justiz-Hooligans«. Einige von ihnen hätten noch im Gericht mit Sekt auf ihr Idol Jörg Kachelmann angestoßen.

So ist das bei Glaubenskriegen, jeder bleibt bei seiner Wahrheit.

Gibt es etwas, das all die in diesem Buch beschriebenen Fälle Prominenter gemeinsam haben? Ja. Es ist – bei aller Unterscheidung in tatsächliche und vermeintliche Skandale – die Tatsache, dass sie über ihre konkrete Eigenart hinaus archaische Grundkonflikte (wie Schuld, Sühne, Macht, Betrug, Lüge) oder spezifische Tabus der deutschen Gesellschaft berühren. Oder beides zusammen. Abgesehen von kommerziellen Interessen und medialen Inszenierungen, steht dabei am Anfang der journalistische Instinkt: Taugt diese Person, diese Konstellation zum Skandal? Passt die Story in den Zeitgeist? Ist das Empörungs-Potential groß genug? Diese Entscheidung fällt oft, *bevor* der Skandal stattfindet. Man schafft sich durch eine entsprechende Berichterstattung die nötige Fallhöhe für den eventuell zu erwartenden Sündenfall. Findet er statt, umso besser, findet er nicht statt, kräht kein Hahn danach.

Es ging beispielsweise bei *Andrea Ypsilanti* ja nicht nur um eine Landtagswahl, sondern um ein Wahlversprechen, das ein ganzes Bündel skandalträchtiger Implikationen hatte, die abrufbereit im kollektiven Gedächtnis gespeichert sind: der überlieferte Antikommunismus der Ära des Kalten Krieges, der alte, verbitterte Kampf der politischen Lager in Deutschland, der in der Konfrontation mit der Linkspartei fortlebt und der noch dazu in Hessen unter der Führung konservativer Scharfmacher wie Dregger oder Koch traditionell besonders heftig ausgetragen wurde. Und natürlich die politische Lüge als solche – der ein philosophischer Diskurs seit der Antike zugrunde liegt. Auf dem Hintergrund dieses emotional hoch aufgeladenen Grundkonfliktes wurde Andrea Ypsilanti zunächst zu einer neuen politischen Lichtgestalt stilisiert, die man dann umso tiefer fallen ließ.

Bei Skandalen, die durch ein plötzlich eintretendes Ereignis ihre Schatten vorauswerfen, wie im Fall von *Dieter Althaus*, greift im Grunde der gleiche Mechanismus: Mit Instinkt und Erfahrung werden die involvierten Personen, denkbaren Reaktionen und Entwicklungen offensiver und inzwischen aggressiver behandelt als in Zeiten geringerer Konkurrenz auf dem Medienmarkt. Längst treten bei solchen Personalien auch die seriösen Medien auf den Plan. Im Fall von Dieter Althaus war die Tatsache allein, dass ein Ministerpräsident am Tod eines Menschen schuld war, noch kein Skandal, sondern ein tragischer Unfall. Das reicht unter Umständen nur für ein paar Schlagzeilen und Krokodilstränen. Doch der Zeitpunkt dieses Ereignisses, das Zusammentreffen vom Wahlkampf auf dem Zenit seiner Karriere und Tod auf der Piste, das hatte ein gewisses Potential, darauf musste man medial vorbereitet sein. Und dann trat ein, was immer wieder zu beobachten ist: Nicht der vermeintlich skandalträchtige Anlass wird zum Problem, sondern der Umgang damit – falsch, verspätet, unbefriedigend. Althaus sorgte selbst für seine Demontage, die Medien mussten nur noch zugreifen.

Das »Hochschreiben« gehört in allen Fällen dazu. Das Hochschreiben, die über das schon Bekannte hinaus behauptete Bedeutung einer Person (die auch ein negatives Vorzeichen haben kann), ist ein schlagendes Verkaufsargument, erhöht nebenbei die eigene Bedeutung und ist eine nach oben und nach unten offene Richterskala. Bei einem weiteren Höhenflug surft man auf der Welle ganz oben, beim Sturz gilt es, die schönsten Abgründe aufzutun. Das Hochschreiben ist ein unverzichtbarer Teil der medialen Skandal-Inszenierung, denn nur wer oben ist, kann tief fallen, bloß keine halben Sachen.

Wenn sie gefallen sind, beklagen sich Prominente gerne über ihre mediale Glorifizierung, was häufig grotesk ist. Denn die Anlässe für Lob (und dann Tadel) liefern allein die Betroffenen, das Hochschreiben ist kein bloßer, blinder Selbstläufer, die Prominenten mischen mit, sie bieten an, sie legen vor, sie spielen selbst dieses Spiel. Dass sich ausgerechnet der Mediendarling *Karl-Theodor zu Guttenberg* in seiner Rücktrittserklärung über die Zentrierung auf seine Person beklagte, war an Absurdität nicht mehr zu überbieten, hatte er zuvor doch nur allzu gerne diesen Hype angefüttert. Journalisten selbst verlieren beim Hochschreiben selten völlig die Besinnung. Sogar bei dieser glamourösen Nebelkerze Guttenberg – von der Ausnahme *Bild* abgesehen – blieben sie durchaus noch bei Verstand, der CSU-Mann wurde in seriösen Blättern für sein Krisenmanagement in den Bundeswehr-Affären scharf kritisiert. Dass das seiner Popularität nicht schadete, steht auf einem anderen Blatt. Veröffentlichte Meinung und Öffentlichkeit marschieren nicht immer zusammen. Andererseits schreiben oder senden Medien auf Dauer ungern gegen das eigene Publikum, wie auch die Kehrtwende im Fall Sarrazin zeigte: Von der ersten Verbannung zur Endlosschleife, Hauptsache Sarrazin.

Die medialen Skandale um Aufstieg und Fall einer prominenten Person haben immer seltener mit investigativer journalistischer Recherche, also der Aufdeckung eines gesellschaftlich relevanten Missstandes zu tun. Viel häufiger dreht es sich um private Verfehlungen, um vermeintlich unmoralisches Verhalten, um die unzulässige Vermengung von Moral und Recht wie im Fall *Jörg Kachelmann*.

Als Tabubrecher gesellschaftlicher Missstände wiederum gab sich *Thilo Sarrazin* aus. Sein gepflegtes Image als Märtyrer beweist allerdings keinesfalls, dass es um gesellschaftliche Tabus ging, vielmehr waren seine Genetik-Elogen Ausdruck einer gelungenen Selbstinszenierung, ohne die er wahrscheinlich gar nicht so viel Wirbel erzeugt hätte. Man sollte daher grundsätzlich skeptisch sein, wenn in Skandalen neuerdings vermeintliche gesellschaftskritische Tabus debattiert werden. Es kann die Frage verschleiern, wer eigentlich die besseren Argumente auf seiner Seite hat, der Tabubrecher (»Man wird doch noch mal sagen dürfen«)

oder andere Diskutanten. *Thesenreiter suchen Aufmerksamkeit, nicht Aufklärung.*

Und manchmal geht es tatsächlich, wie vor allem der Fall *Eva Herman* zeigt, um fast nichts. Was aber einer groß angelegten öffentlichen Skandalisierung nicht im Wege stehen muss, denn auch hier waren die Zutaten ja nicht grundsätzlich falsch: eine TV-Prominente, gewagte Thesen zu einem gesellschaftlichen Aufreger-Thema (Eva Herman hat aus subjektiver Perspektive thematisiert, was Thilo Sarrazin umtreibt, nämlich dass in Deutschland die Frauen der Mittel- und Oberschicht zu wenig Kinder gebären), eine tatsächliche oder vermeintliche Nazi-Analogie.

Die Dramaturgie der Skandal-Berichterstattung folgt dabei dem immergleichen Muster. Meistens entstehen die Skandale nur scheinbar plötzlich, fast immer haben sie einen langen Vorlauf, so stolperte *Cem Özdemir*, anders als sein Parteifreund Rezzo Schlauch, über privat genutzte Bonusmeilen, weil er sein Image des multikulturellen Musterknaben überzogen hatte. Jede noch so kleine Fehlbarkeit kann dann zum Verhängnis werden. Auf die Phase, in der die Person und ihr Thema eher unterschwellig kursieren, folgt die Phase der Skandalisierung. Dann nimmt die öffentliche Beachtung und Berichterstattung explosionsartig zu – und zugleich naht das Ende. Egal, wie groß die Empörung war, das Thema verschwindet dann meist sehr schnell und oft folgenlos in der Versenkung. Sogar die zuvor unermesslich hohe Aufregung um Karl-Theodor zu Guttenberg verpuffte rasch nach seinem Rücktritt. Allein *Margot Käßmann* wurde nach ihrem Abgang noch kurz als Rücktrittsikone gefeiert. Danach gehen alle wieder auf Anfang: Die nächste Sau wird durchs Dorf getrieben.

Die Skandal-Berichterstattung hat sich zu einem eigenen Genre entwickelt, in dem es neben der Benennung derselben Fakten viel um Interpretation und die Bewertung von Charakteren, Motiven, Stimmungen und Beziehungen geht. Das ist für Journalisten nicht nur eine willkommene Abwechslung vom harten Brot des politischen Alltags bei Themen wie Hartz IV oder Gesundheitsreform. Es ist im Falle von Rücktritt oder Sturz einer Person das Ausleben des journalistischen Jagdinstinkts, die Ausübung öffentlicher Macht. Die Skandal-Berichterstattung ist auch eine Spielwiese, auf der Wortneuschöpfungen und Assoziationen blühen, die nicht frei sind von Selbstverliebtheit und Eitelkeit. Sie ist aber – allen Verwerfungen zum Trotz – auch der Raum für überraschende Erkenntnisse und Zusammenhänge, für neue Blickwinkel. Weil alle berichten, entsteht ein Wettlauf um neue Informationen und Zusammenhänge, mit denen man im Wettbewerb punkten will und von dem die Leser, die Hörer oder die Zuschauer durchaus profitieren können. Immer wieder bilden sich neue mediale Fraktionen, die einander (aus welchen Gründen auch immer) kritisieren oder bekämpfen, und die im besten Fall für ein erkenntnisreiches Skandal-Ende sorgen. Dass dabei eine gewisse Heuchelei im Spiel ist, eine Empörung über die medial inszenierte Empörung, muss man wohl hinnehmen. Allen Beteiligten ist klar, dass es, einerlei worum es im konkreten Fall geht, kein Zurück mehr gibt in eine Ära der Diskretion und Fairness, wenn es sie denn jemals gab. Unter den heutigen Bedingungen der permanenten Beschleunigung und massenhaften Konkurrenz folgt ein Dammbruch nach dem anderen.

Und was passiert, wenn alle Dämme gebrochen sind? Wer und was wird die Zukunft der medialen Inszenierung bestimmen? Noch orientieren sich Politiker, so genannte Entscheidungsträger und Prominente an den Marschrichtungen bundesdeutscher Leitmedien wie *Spiegel, Bild, Süddeutsche Zeitung, Frankfurter Allgemeine Zeitung*. Sie sind es im Wesentlichen, die über Aufstieg und Fall Prominenter entscheiden. Er brauche nur *Bild, BamS* und Glotze, gab Altbundeskanzler Gerhard Schröder als Parole aus, und in seiner Ära dürften führende Politiker damit auch noch gut durchgekommen sein.

Doch das Beispiel *Wikileaks* und gerade auch *Gutten.Plag-Wiki* in der Causa Guttenberg zeigen: Im Internet betreten neue Akteure die öffentliche Bühne der Enthüllungen. Das Internet selbst kann eine neue Macht entfalten, die mit digitalen Paukenschlägen über die Qualität und den Ausgang eines Skandals entscheidet. Diese Entwicklung steht erst am Anfang und wirft neue Fragen auf: Welche Rolle nimmt der Leser, Zuschauer oder Hörer künftig ein, wenn er aktiv *als User* sogar substanziell Nachrichten und Berichterstattung beeinflussen und beispielsweise den Machtverlust eines Politikers beschleunigen oder herbeiführen kann? Welche Aufgabe haben traditionelle Medien, wenn Internetaktivisten mit ihrer Recherchekapazität allein personell und zugleich in ihrer mobilisierenden Wirkung den professionellen Redaktionen haushoch überlegen sind? Recherche (und zuweilen Kampagne) war bisher eine Kernkompetenz und die Domäne von ausgebildeten Journalisten, wie seriös sind anonyme Internetaktivisten? Kann man ihren Informationen trauen? Wer betreibt hier was, und warum? Niemand zweifelte beispielsweise – und das wohl zu Recht! – an den Ergebnissen der Plagiatsjäger auf *Gutten. Plag-Wiki*. Traditionelle Medien müssen auf diese Dynamik aus dem Internet reagieren, wollen sie auch in Zukunft den Ton angeben und eine maßgebliche Rolle in der Skandalberichterstattung spielen.

In der Skandal-Zeitrechnung *vor* Guttenberg stand das Internet vor allem für eine gewisse Beschleunigung durch die Online-Ausgaben der diversen Zeitungen, hatte es mit Plattformen wie *youtube*, *facebook* oder *twitter* bei Skandalen eher die Rolle des *supporting acts:* Prominente versuchen, sich über ihre Homepages mit Eigen-PR in die Diskussion einzubringen oder sich gegen ihrer Ansicht nach ungerechtfertigte Angriffe zu wehren, gern auch mit Unterstützung ihrer Fangemeinde. Solche Plattformen gab es früher gar nicht. Wer noch nicht prominent genug ist, um Nachrichten lancieren zu können, kann unter Umständen mit einer gezielten Provokation auf seiner Homepage die Aufmerksamkeit der klassischen Medien erregen, wie beispielsweise *Gabriele Pauli*, die auf diesem Weg ihren Anti-Stoiber-Kampf publik machte. *Jörg Kachelmann* hat zu einem Zeitpunkt, als er noch mitten im Prozess wegen des Vorwurfs der Vergewaltigung seiner Ex-Freundin steckte, offensiv seine Rückkehr in die mediale Normalität gestartet. Zum einen machte er Wetter-Ansagen bei einer Schweizer Radiostation, zum anderen, und das war von der Wirkung her sicher sehr viel wichtiger, twitterte er wieder. Das Internet bot ihm die einfachste Möglichkeit der medialen Selbstdarstellung jenseits des Prozesses und jenseits all der negativen Beziehungsgeschichten, die über ihn im Umlauf waren.

In der Skandal-Zeitrechnung *nach* Guttenberg muss jeder, der in der Öffentlichkeit steht und sich etwas zu Schulden kommen lässt, mit dem Internet als anonymer, schneller, effektiver und gnadenloser Instanz bei der Aufdeckung von Verfehlungen rechnen. Aber auch mit schnell organisierter Stimmungsmache. Schon jetzt gibt es zu jedem Medien-Skandal die entsprechenden Internetforen, in denen sich die Anhänger und Gegner eines Protagonisten mit leidenschaftlich subjektiven Äußerungen oder haarsträubenden Vorurteilen positionieren, wie beispielsweise im Fall Kachelmann oder Guttenberg. Das wird den professionellen Journalismus beeinflussen und vermutlich *einen ganz neuen Skandaltypus* hervorbringen. Wenn die Generation *facebook* an der Macht ist, werden ihre Erfahrungen der medialen Selbstinszenierung – bei der scheinbar alles Private und noch mehr preisgegeben wird – neue Formen der professionellen medialen Skandal-Inszenierung etablieren.

Schon jetzt treten auch Journalisten aus dem klassischen Kontext mehr oder weniger heraus und agieren vor allem im Weblog, wie etwa Stefan Niggemeier. Sein Spezialgebiet ist die kritische Kommentierung der Arbeit der Medien, vor allem von *Bild*. Über die Vorzüge des Bloggens hat er in der Zeitung seines früheren Arbeitgebers, der *Frankfurter Allgemeinen Sonntagszeitung* bekannt:

»Für mich ist es eine Sucht. Ein unstillbarer Hunger nach Aufmerksamkeit. Oder, um es positiver und weniger egozentrisch zu sagen: nach Kommunikation.« Jedenfalls war es ein Weg, aus der Masse der Journalisten hervorzustechen und bekannt zu werden. Gerade Journalisten starten über das Internet oft Zweitkarrieren, nutzen dort die Möglichkeit zur subjektiven Äußerung, die ohne formalen Rahmen vom Zwang zur Neutralität befreit ist.

Wie wird der Skandaltypus der nahen Zukunft aussehen? Da gibt es zum einen schon heute den *Medienprominenten*, mit einer, wie der Medienwissenschaftler Bernhard Pörksen in seiner Untersuchung *Die Casting-Gesellschaft* sagt, weitgehend selbstreferenziell erzeugten *Medienprominenz*, »ohne besondere Leistung, ohne spezifische Kompetenz, ohne eine per se Interesse weckende gesellschaftliche Stellung.« Die *Medienprominenz* trete erfolgreich in Konkurrenz zur *Status- und Leistungsprominenz* und mache ihr die Bühne der medialen Aufmerksamkeit streitig, so Pörksen. Sie sind die Jahrmarktfiguren des Medienzeitalters und dienen der reinen Unterhaltung. Bei ihnen ist der Skandal der Normalfall und fester Bestandteil der medialen Inszenierung.

Ein anderes Kaliber sind junge Politiker der neuen Generation, die »thirty-somethings«, die vor allem ein *Karriere*-Konzept haben und bei ihrem politischen Engagement auf Sieg setzen. So zum Beispiel Kristina Schröder (CDU) oder Christian Lindner (FDP). Junge Politiker wie sie verfügen über glatte Karriere-Wege als Bundesministerin oder Generalsekretär, fallen aber nicht sonderlich durch politische Visionen auf. Politik läuft so Gefahr, nur noch zur Simulation auf dem Weg zur kompletten Medialisierung des eigenen Handelns zu verkommen, wie wir es in Vollendung bei Karl-Theodor zu Guttenberg bereits erlebt haben. Die Konsequenz aus dieser Entwicklung kann nur sein: *Mehr Inhalt, weniger Darbietung.* Das aber klingt wie das Pfeifen im Walde. Dennoch: Inszenierungen zu enttarnen, das dürfte *eine* journalistische Herausforderung in der Web-2.0-Ära sein, gerade weil sich die Formen der Kommunikation, die Möglichkeiten zur eigenen Personalityshow so rasant ändern.

Freilich, nicht jeder Prominente schafft es schließlich auf eine Guttenberg-Position, nicht jeder wird von Medien und vom Publikum dermaßen nach oben getragen. Hat man aber einmal zueinander gefunden, kann man womöglich für geraume Zeit gut miteinander leben und voneinander profitieren. Doch jede Liaison kann eines Tages im Skandal enden. Die Dramen um die dreizehn gefallenen Helden der zurückliegenden Kapitel hätten immer auch anders verlaufen können. Letztlich bleibt es stets ein offenes Spiel, darin mag wohl der größte Reiz liegen, für beide Seiten.

Literatur

Bergmann, Jens/Pörksen, Bernhard (Hg): Skandal! Die Macht öffentlicher Empörung, Köln 2009.

Beucker, Pascal/Krüger Anja: Die verlogene Politik. Macht um jeden Preis, München 2010.

Bruns, Tissy: Republik der Wichtigtuer. Ein Bericht aus Berlin, Freiburg 2007.

Burkhardt, Steffen: Medienskandale: Zur moralischen Sprengkraft öffentlicher Diskurse, Köln 2006.

Deutschland Stiftung Integration (Hg): Sarrazin. Eine deutsche Debatte, München 2010.

Dietzsch, Steffen: Kleine Kulturgeschichte der Lüge, Leipzig 1998.

Hachmeister, Lutz: Nervöse Zone. Politik und Journalismus in der Berliner Republik, München 2007.

Herman, Eva: Das Eva Prinzip. Für eine neue Weiblichkeit, München 2006.

Herman, Eva: Das Prinzip Arche Noah. Warum wir die Familie retten müssen, München 2007.

Herman, Eva: Die Wahrheit und ihr Preis. Meinung, Macht und Medien, Rottenburg 2010.

Hildebrandt, Dieter/Willemsen, Roger: »Ich gebe Ihnen mein Ehrenwort!« Die Weltgeschichte der Lüge. Ein Text von Traudl Bünger und Roger Willemsen, Frankfurt a. M. 2009.

Hondrich, Karl Otto: Enthüllung und Entrüstung. Eine Phänomenologie des politischen Skandals, Frankfurt 2002.

Käßmann, Margot: In der Mitte des Lebens, Freiburg 2009.

Kepplinger, Hans Mathias: Die Mechanismen der Skandalisierung. Die Macht der Medien und die Möglichkeiten der Betroffenen, München 2005.

Kepplinger, Hans Mathias: Publizistische Konflikte und Skandale, Wiesbaden 2009.

Klotz, Johannes/Wiegel, Gerd (Hg): Geistige Brandstiftung? Die Walser-Bubis-Debatte, Köln 1999.

Kramp, Leif/Weichert, Stephan: Die Meinungsmacher. Über die Verwahrlosung des Hauptstadtjournalismus, Hamburg 2010.

Leinemann, Jürgen: Höhenrausch – Die wirklichkeitsleere Welt der Politiker, München 2004.

Lohse, Eckart/Wehner, Markus: Guttenberg. Biographie, München 2011.

Martin, Georg: Recht auf Lüge, Lüge als Pflicht. Zu Begriff, Ideengeschichte und Praxis der politischen »edlen« Lüge, München 2009 (Dissertation).

Müller-Vogg, Hugo: Volksrepublik Deutschland: Drehbuch für die rot-rot-grüne Wende, München 2009.

Müller, Albrecht: Meinungsmache. Wie Wirtschaft, Politik und Medien uns das Denken abgewöhnen wollen, München 2009.

Naumann, Michael (Hg): »Es muss doch in diesem Lande wieder möglich sein …«. Der neue Antisemitismus-Streit, München 2002.

Özdemir, Cem: Ich bin Inländer. Ein anatolischer Schwabe im Bundestag, München 1997.

von Pierer, Heinrich: Gipfel-Stürme. Die Autobiographie, Berlin 2011.

Philipp, Michael: Persönlich habe ich mir nichts vorzuwerfen. Politische Rücktritte in Deutschland von 1950 bis heute, München 2007.

Pörksen, Bernhard/Krischke, Wolfgang (Hg): Die Casting-Gesellschaft. Die Sucht nach Aufmerksamkeit und das Tribunal der Medien, Köln 2010.

Rückert, Sabine: Unrecht im Namen des Volkes. Ein Justizirrtum und seine Folgen, Hamburg 2007.

Sarrazin, Thilo: Deutschland schafft sich ab. Wie wir unser Land aufs Spiel setzen, München 2010.

Schertz, Christian/Schuler, Thomas (Hg): Rufmord und Medienopfer. Die Verletzung der persönlichen Ehre, Berlin 2007.

Schimmeck, Tom: Am besten nichts Neues. Medien, Macht und Meinungsmache, München 2010.

Schirrmacher, Frank: Die Walser-Bubis-Debatte. Eine Dokumentation, Frankfurt a. M. 1999.

Schwanitz, Dietrich: Das Shylock Syndrom oder Die Dramaturgie der Barbarei, Frankfurt a. M. 1997.

Schwartz, Patrick (Hg): Die Sarrazin-Debatte. Eine Provokation – und die Antworten, Hamburg 2010.

Seligmann, Rafael: Der Musterjude. Hildesheim 1997.

Wuketits, Franz M.: Wie viel Moral verträgt der Mensch?, Gütersloh 2010.

Zastrow, Volker: Die Vier. Eine Intrige, Berlin 2009.